LES FRANÇAIS EN COCHINCHINE AU XVIII<sup>e</sup> SIÈCLE

# MONSEIGNEUR PIGNEAU DE BEHAINE

## ÉVÈQUE D'ADRAN

PIGNEAU DE BEHAINE

ÉVÊQUE D'ADRAN

# LES FRANÇAIS EN COCHINCHINE

## AU XVIIIᵉ SIÈCLE

—

# Mᵍʳ PIGNEAU DE BEHAINE

## ÉVÊQUE D'ADRAN

PAR

**Alexis FAURE**

PARIS

AUGUSTIN CHALLAMEL, ÉDITEUR

LIBRAIRIE COLONIALE

5, rue Jacob, et rue Furstenberg, 2

—

1891

# MONSEIGNEUR PIGNEAU DE BEHAINE

## ÉVÊQUE D'ADRAN

### (1741-1799)

## CHAPITRE PREMIER

Etat civil de Pigneau de Behaine ; sa famille. — Ses études, commencées à Laon, se terminent à Paris, dans la maison des Missions-Etrangères. — Son départ furtif ; son embarquement à Lorient (novembre 1765). — Sa correspondance avec sa famille (encore inédite). — Son séjour à Cadix ; son arrivée à Macao (Chine). Ses impressions de voyage. — Comment il se décide pour la Cochinchine. Il se fixe à Cancâo (Hatien).

« Le troisième jour du mois de novembre 1741, par messire Joseph Nicart, abbé régulier de l'abbaye royale de Bucilly, a été baptisé Pierre-Joseph-George, fils de maître George Pigneau, receveur de la terre d'Origny, et de Marie-Louise Nicart, son épouse, de cette paroisse, né le deuxième jour du dit mois et an. Son parrain a été maître Pierre Hautreux, procureur fiscal de la Justice du dit Origny, de cette paroisse ; sa marraine a été Louise Pigneau, de la ville de Vervins, qui ont signé avec moi le présent acte (1).

Pierre-Joseph-George Pigneau fut l'aîné de dix-neuf enfants,

(1) Extrait des actes de l'état civil du bourg d'Origny-en-Thiérache, canton d'Hirson, arrondissement de Vervins, département de l'Aisne. (L'auteur doit la communication de cet acte au maire de cette commune et l'en remercie.)

tous issus de l'union de George Pigneau avec Marie-Louise Nicart.
Son père, indépendamment de la charge de receveur ou intendant
de la terre d'Origny, apanage des ducs de la Vallière, exploitait
pour son compte personnel une fabrique de cuirs bruts, autrement dit une tannerie qui devint très prospère sous son habile
administration ; et c'est grâce aux bénéfices qui en résultaient
qu'il put noblement élever sa grande famille. George Pigneau
était originaire de Behaine, section d'une commune du département de l'Aisne. Selon un usage adopté par nombre de familles
de riche bourgeoisie au xviiie siècle, on ajouta, sans doute pour
le distinguer d'une autre branche, à son nom patronymique celui
de la petite localité dont il sortait, et il s'appela ou on l'appela
communément : Pigneau de Behaine. De sorte que les historiens
qui ont attribué aux Pigneau la noblesse se sont évidemment
trompés.

Du reste, nous avons, sur ce fait particulier, l'opinion de
Mgr Pigneau lui-même, laquelle peut sembler décisive à cet
égard. « Dans son village ou sa petite ville, écrit-il à son père
et à sa mère, on est grand seigneur par l'erreur des paysans et,
oubliant son état, on n'inspire aux enfants que l'honneur et l'ambition qu'on a toujours en soi-même. Je vous dirai, à ma honte,
qu'autrefois, à force de l'entendre dire, je me croyais un homme
de condition et fort riche, et que, même pendant longtemps,
après l'avoir cru par bêtise, j'ai voulu le soutenir par vanité.
Peut-être ceux qui restent à la maison se persuadent la même
chose. C'est à vous de leur rappeler qu'ils ne sont rien moins
que cela et que, si peu de biens qu'ils aient, ils en auront toujours assez pour soutenir leur état. » Dans un autre passage de
la même lettre, l'évêque insiste encore là-dessus : « Je sais que
nous ne sommes ni nobles ni fort riches, mais gens de campagne
et obligés d'entretenir leur petite fortune par l'industrie (1). »
C'est catégorique et formel.

(1) Pigneau (P.-J.-G.) à sa famille, de Pondichéry, 1772. Les lettres
du futur évêque d'Adran, que nous allons citer, sont inédites. Elles
proviennent de la collection de M. Meniolle, allié de la famille Pigneau,
et elles nous ont été gracieusement communiquées par M. J. Jardinier,

On a prétendu, il est vrai, que, lorsqu'il vint en France en 1787
et à la suite de sa laborieuse négociation couronnée par le traité
de Versailles qui plaçait le royaume de Cochinchine sous le protectorat français, Mgr Pigneau aurait été anobli par Louis XVI.
C'est encore là une erreur manifeste. Car il n'y a dans nos
archives de la chancellerie aucune trace d'un acte quelconque de
cette nature, et on sait, d'autre part, que le roi, pour tout cadeau,
remit simplement à l'évêque, au moment où il quitta la cour,
« son portrait et une tabatière enrichie de brillants. » Il ne fut
pas question d'autre chose. On sait, de plus, que l'évêque de la
Cochinchine, lors de son court passage à Versailles, fut en butte
à la malignité de ses collègues de l'épiscopat métropolitain qui,
étant tous de « noble condition », le prirent de haut avec celui
qu'ils traitaient « d'évêque des cuirs », par allusion au négoce
que son père exerçait. C'était aussi parfaitement vrai que peu
chrétien. Les grands services rendus à son pays par l'évêque
d'Adran, que nous allons retracer, ses vertus, sa haute intelligence
sont donc les seuls et vrais titres de noblesse de sa famille, et
ces titres-là sont assez éclatants pour nous permettre de l'appeler
dorénavant Pigneau de Behaine.

Pierre-Joseph-George Pigneau de Behaine commença ses études au collège de Laon ; il alla les continuer à Paris au séminaire
« de la Sainte-Famille », ou « des Trente-Trois », et il les cou-
ronna par un stage de deux années passées dans la « maison des
Missions-Etrangères » de la rue du Bac. Cette instruction religieuse continue du point de départ au point d'arrivée indique
suffisamment la carrière que le jeune Pigneau de Behaine se
proposait de parcourir. Cependant, si le bourgeois d'Origny avait
consenti dès longtemps à ce que l'aîné de ses enfants se fît prêtre,
au lieu de lui succéder dans ses affaires, il ne paraît pas qu'il ait

curé actuel de Notre-Dame de Chauny (Aisne), précédemment curé d'Ori-
gny-en-Thierache. M. J. Jardinier, que nous sommes allé voir à Chauny,
nous a, en outre, fourni quelques détails complémentaires, dont nous sommes heureux de le remercier ici publiquement. Nous avons vu dans sa cure
le portrait de l'Evêque, peint en 1787, ainsi qu'un autre portrait du prince
de Cochinchine, son élève, fait à la même époque.

vu du même œil le projet qu'il nourrissait de se consacrer à l'apostolat lointain, qui devait forcément amener son expatriation et le
lancer dans des risques que l'amour paternel eût voulu écarter.
Il y eut, sous ce rapport, un conflit aigu entre le père et le fils ;
et celui-ci n'espérant pas vaincre l'autorité paternelle prit le parti
énergique de passer outre. En effet, à l'insu des siens et contre
leur gré assurément, l'ordinand quitta la maison des Missions
dans le courant de septembre 1765, se rendit furtivement au port
de Lorient et s'y embarqua clandestinement sur un vaisseau de
la Compagnie des Indes qu'il savait sans doute être en partance
alors pour l'Extrême Orient.

Une fois en mer et bien certain qu'on ne pourrait mettre obstacle à ce qu'il appelait « sa vocation irrésistible », le jeune missionnaire adressa à sa famille la lettre suivante, dans laquelle, par
des considérations de l'ordre surnaturel, il s'efforce et de justifier
sa conduite et de calmer ses parents justement inquiets et sans nul
doute irrités. « Nous gémirions encore, mon très cher père et ma
très chère mère, sous l'empire du démon et dans les ténèbres de
l'idolâtrie, si des hommes remplis de l'esprit de Dieu et d'un zèle
vraiment apostolique n'avaient eu le courage de s'expatrier pour
venir nous éclairer des lumières de l'Evangile. L'amour, la tendresse et le respect qu'ils avaient pour leurs parents n'ont pas été
capables de les arrêter, et les parents mêmes, si dignes de l'attachement inviolable de leurs enfants, ont fait étouffer tous les
sentiments de la nature pour ne suivre que les impressions de la
grâce. Elevés, dès leurs plus tendres années, dans la crainte du
Seigneur, ils avaient inspiré à leurs enfants le zèle de sa gloire
et du salut des âmes. Et lorsque cette étincelle entretenue par
leurs soins les eut embrasés, loin de s'opposer au progrès de ce
feu sacré, ils furent les premiers à les encourager. Nous devons
ainsi à ces âmes généreuses qui ont sacrifié ce qu'ils avaient de
plus cher au salut de nos âmes le dépôt précieux de la foi qui
nous a été confié ; et notre reconnaissance à leur égard ne saurait
être trop grande. Leur exemple ne saurait, non plus, être un
simple sujet d'admiration. Un nombre infini d'âmes, qui marchent
dans la même voie où nous étions, nous tendent les bras et nous

conjurent de leur faire part des mêmes avantages qu'on nous a procurés. Nous sommes chrétiens, et si nous n'étouffons pas le germe de la foi que nous portons dans nos cœurs, nous devons sentir une ardeur insatiable pour la propagation de notre sainte religion. Chacun doit y contribuer selon son état, et si la Providence ne vous a pas destinés vous-mêmes à voler au secours de tant de pauvres abandonnés, vous aurez au moins la consolation et la joie de voir que le Seigneur ne dédaigne pas les soins et le ministère de ceux à qui vous avez donné le jour. Je me sens intérieurement pressé depuis plusieurs années d'aller travailler au salut de tant de malheureux qui sacrifient sans pitié leurs âmes au démon de l'erreur et du mensonge. J'espère que vous ne pourrez qu'applaudir à un dessein si conforme à votre manière de penser et que vous ne me refuserez pas votre bénédiction, que je vous demande avec toutes les instances possibles. Je ne l'ai pas attendue pour partir, parce que je connais ma faiblesse et votre amitié. Mais, pour éviter toute surprise, j'ai fait en sorte que ma lettre ne vous soit remise que deux ou trois mois après mon départ. » Et il termine en disant : « Je ne vous oublierai jamais dans mes prières. »

Mais il se ravise ; dans un *post-scriptum*, il fournit à sa famille divers renseignements d'ordre privé fort intéressants, en ce qu'ils nous révèlent le caractère de l'homme et nous font connaître sa situation exacte, ses projets d'avenir, ses relations déjà établies au delà des mers. — « Je dois parcourir, dit-il, une partie des pays qu'a parcourus saint François Xavier. Demandez au Seigneur qu'en suivant ses traces j'imite ses exemples. — Je suis prêtre depuis quelque temps par dispense de Rome (il n'avait pas, en effet, encore l'âge requis pour la prêtrise). Mon adresse sera à présent : à Madame Kouallan, au port Louis (île de France), pour faire parvenir à M. Pigneau, prêtre, missionnaire apostolique des Indes. Cette dame, s'empresse-t-il d'ajouter franchement, chez qui je vous ai donné mon adresse, qui est une personne de considération et de distinction, me fera parvenir vos lettres. Personne ne pourra vous donner de mes nouvelles que moi-même, dans un an. »

« Avant de partir, ajoute encore le missionnaire, pour un aussi
long voyage, j'avais absolument besoin d'une montre, parce qu'on
ne trouve ni horloge ni cadran dans le pays où je vais (qu'il ne
précise pas, qu'il ne veut pas préciser, soit qu'il l'ignore encore,
soit par crainte de surprise désagréable). En conséquence, j'ai
emprunté deux cents livres que je vous demande avec instance
de faire remettre au plus tôt à M. l'abbé Liévard, au collège
Louis-le-Grand. Je m'en suis servi pour payer une montre d'argent qui m'a coûté cinquante écus et quelques livres dont j'avais
besoin. Le même abbé Liévard est celui qui a toujours eu soin
de mon petit frère jusqu'à présent ; vous pouvez avoir une parfaite confiance en lui. L'abbé Desharbes le connaît beaucoup. Je
l'ai prié de vouloir bien continuer à s'en charger, et il me l'a
promis. Mais je voudrais pour cela que vous eussiez la bonté de
lui laisser toujours quelque argent d'avance, comme je faisais.
Vous pouvez lui écrire à ce sujet et prendre des arrangements
avec lui. — Je m'étais chargé aussi de remettre six livres à
Jacque Fleury et trois livres à son voisin, M. Magny. Je vous
prie aussi de ne pas y manquer. » Ces menus détails, qui témoignent d'une scrupuleuse probité, d'un esprit d'ordre recommandable, nous ont paru dignes d'être rapportés. Chez les vrais
grands hommes on trouve toujours l'honnêteté privée intimement
unie à l'honnêteté professionnelle et politique.

Il se rencontre, parfois, d'étranges coïncidences dans l'histoire,
qui affectent la destinée des hommes et produisent des événements inattendus. Il nous faut noter, à ce titre, le fait suivant.
Sur le même bâtiment qui emportait le futur évêque d'Adran, avait
également pris passage un homme que nous connaissons déjà (1),
Pierre Poivre. Poivre ayant vu cesser enfin l'injuste disgrâce
dans laquelle il était tombé à la suite de la mission qu'il avait
heureusement accomplie à Hué, en 1750, allait prendre possession du poste d'intendant général des îles de France et de Bourbon, qu'on venait de lui confier et qu'il devait occuper avec éclat

(1) Voir la première partie de notre ouvrage que publie la *Revue de
Géographie* (Delagrave, éditeur, 15, rue Soufflot, Paris), sous le titre de :
« Les origines de l'Empire français de l'Indo-Chine. »

et succès pendant une période de sept années consécutives. On est porté à croire que, dans le cours de la traversée et étant donné que Poivre avait, lui aussi, jadis appartenu aux « Missions », il ait pu s'établir facilement entre le haut fonctionnaire et le modeste missionnaire des rapports capables de décider celui-ci à diriger plus spécialement son apostolat dans la Cochinchine par préférence aux pays « qu'avait parcourus saint François Xavier », comme il le dit d'abord dans une lettre précitée. Nous allons voir, en effet, le jeune missionnaire faire tous ses efforts pour prendre la route conforme à ses secrets désirs.

En attendant, suivons ses traces d'après sa correspondance. Dans une lettre datée de Cadix (27 décembre), il cherche encore à atténuer ses torts vis-à-vis de sa famille. « J'ignore encore, mon très cher père et ma très chère mère, de quelle manière vous avez reçu la nouvelle de mon départ secret et la peine qu'il vous a causée. Il m'en a beaucoup coûté pour prendre un parti sans vous en avertir; mais comme j'avais tout à craindre de votre opposition, dont j'étais bien assuré, j'ai cru être obligé par la religion de tenir toutes mes démarches secrètes pour ne pas m'exposer à manquer ma vocation. Aujourd'hui je suis en chemin de la remplir... Je vous connais assez de piété pour croire que vous ne ferez qu'applaudir à une entreprise aussi grande et que vous me pardonnerez volontiers ce manque de soumission qui n'a pour but que la gloire de Dieu et le salut des âmes. Sur douze enfants que nous sommes encore, pouviez-vous mieux faire que d'en consacrer un à une si belle œuvre ? Je remercierai le bon Dieu tous les jours d'avoir jeté les yeux sur moi par préférence aux autres. Je pense souvent aux réflexions que vous avez pu faire sur mon départ. Vous m'avez sans doute traité comme un enfant dénaturé et sans aucun égard pour vous. Mais, si cela est, vous ne m'avez pas rendu justice. Je conserverai toujours les sentiments de tendresse que je vous dois, et le souvenir continuel que j'aurai de vous en présence du Seigneur en sera la preuve... O mon très cher père et ma très chère mère, ainsi que tous mes chers frères et sœurs et tous mes autres parents et amis, vous ne pouvez douter que je n'aie très à cœur votre salut. Vous m'êtes

bien plus chers que les infidèles au salut desquels je cours. Je
désire avec bien de l'ardeur que vous ne négligiez pas les grâces
de Dieu.

« J'embrasse de tout mon cœur toute notre famille, depuis le
plus petit jusqu'au plus grand. J'embrasse aussi mon oncle et ma
tante. Je souhaite aussi une bonne année à M. le doyen, à M. l'abbé
Desharbes, pour lequel je conserve une amitié toute particulière,
et à M^me et M^lle Lefebvre. (Je ne parle pas de M. Lefebvre (1) et
de son épouse, parce que je les ai compris plus haut dans le
nombre de mes frères). »

Cependant, une fois ce souvenir attendri accordé à ses parents,
à ses amis, à sa patrie, qu'il ne reverra peut-être plus jamais, le
missionnaire ne laisse pas que de s'occuper d'autres soins dans
sa lettre. Cadix est la première ville étrangère qu'il voit depuis
son départ, et il n'omet pas de dire ce qui l'a frappé et qu'il
décrit d'un trait rapide et net. Déjà même perce dans cette correspondance le fin observateur. « Nous avons abordé à Cadix, en
Espagne, parce que le vaisseau sur lequel je me trouve doit y
embarquer des piastres pour les Indes, et, comme j'y suis pour
quelques jours, je profite de cette occasion pour vous donner de
mes nouvelles qui sont les dernières que vous recevrez de moi
d'Europe. Cadix est fort peuplée et assez mal bâtie. Les églises
y sont assez richement ornées, mais on n'y fait pas si bien l'office
qu'en France. Il y a ici un des plus beaux ports qu'on puisse voir.
Il y a, en rade, près de deux cents vaisseaux marchands. Nous
avons fait cette traversée (de Lorient à Cadix) en beaucoup
moins de temps qu'on n'a coutume d'y mettre. Les vents nous
ont beaucoup favorisés, et, quoiqu'il y ait beaucoup de danger à
naviguer en cette saison, le long de ces côtes, il ne nous est pas
arrivé la moindre chose. »

Le missionnaire annonce plus haut à sa famille qu'elle ne rece-
vrait des nouvelles de lui que dans un an : le fait se vérifia. Sa

---

(1) C'est de cette famille Lefebvre, beau-frère de l'évêque d'Adran, que
descend, je crois, M. Lefebvre de Behaine, ambassadeur de la République
française au Vatican, dont la carrière vient d'être close par son admission
à la retraite après de longs services.

première lettre après celle que nous connaissons est, en effet, datée de Macao (en Chine), 19 décembre 1766, et elle contient encore des renseignements intéressants sur son voyage. « Grâce à Dieu, je me trouve actuellement dans une parfaite santé. J'ai souvent pensé à vous et prié pour vous pendant ce temps. Et soyez assurés que je ne célèbre jamais le saint Sacrifice sans que je n'y fasse une spéciale mention de vous. Nous avons été très favorisés dans notre voyage. Presque toujours nous avons eu beau temps.

« La première île infidèle que nous avons vue se nomme Madagascar. Elle est presque aussi grande que les deux tiers de la France. Il n'y a cependant pas un seul prêtre. Nous avons relâché à Tugouan, qui est habité par des Arabes mahométans et des noirs qui sont leurs esclaves. Nous y sommes restés environ quinze jours. Nous partîmes ensuite, toujours avec assez beau temps, et nous arrivâmes à Pondichéry (21 juin 1766), où nous avons un procureur.

« Nous étions dans l'espérance de passer de là dans la mission de Siam, mais le procureur nous apprit qu'actuellement ce royaume était en guerre, que les missionnaires avaient été dispersés et qu'il fallait aller ailleurs. En conséquence, nous profitâmes des vaisseaux qui allaient de Madras en Chine. Nous arrivâmes à Malaque (Malacca), où saint François Xavier avait converti beaucoup de monde autrefois. J'y restai beaucoup plus de temps que les autres, parce que j'espérais toujours pouvoir me rendre au Cambodge par la voie d'une jonque chinoise. Mais, voyant que cela ne finissait point, pour ne pas m'exposer à rester un an à Malaque, je m'embarquai sur un vaisseau portugais et j'arrivai ici (Macao) le 21 ou 22 septembre. Je dois en partir vers la fin du mois pour me rendre en Cochinchine où je suis envoyé pour travailler. Je suis actuellement occupé à apprendre la langue du pays. Nous sommes ici cinq missionnaires français (1), dont l'un

---

(1) Ces missionnaires s'appelaient : Artaud, Morvan, Levavasseur et Halbout. Les deux premiers vont suivre la fortune de Pigneau de Behaine ; le troisième alla au Cambodge, où il mourut en 1777. (Il a traduit le catéchisme en langue cambodgienne et composé un traité contre les supersti-

est procureur. Deux vont en Chine, un autre au Tonking et moi en Cochinchine. La persécution a cessé l'année dernière dans la mission où je vais (1). On peut actuellement prêcher la religion sans trop de danger. Il y a déjà un nombre considérable de chrétiens qui feront au jugement dernier la confusion de ceux qui sont nés dans les pays catholiques. Ces pauvres gens exposent leurs biens et leur vie pour les intérêts de Jésus-Christ. Continuellement ils souffrent pour la gloire de la religion. Et, dans nos pays, nous-mêmes les premiers nous sommes occupés de cette misérable vie sans penser jamais ou presque jamais à notre salut...

« Je vais vous rapporter, pour vous édifier, ce qui est arrivé en Cochinchine l'année dernière. Au mois de décembre s'est élevée une persécution assez violente. Les missionnaires furent obligés de fuir et de se cacher (2). Un pauvre vieillard indigène, âgé de plus de soixante ans, a été pris. On voulait lui faire déclarer le lieu où étaient les missionnaires, et on lui présenta une image pour la fouler aux pieds. Il refusa constamment d'obéir ; il souffrit trois fois la torture, et la troisième fois il expira. — Dans une autre province (de Chine cette fois), il y a déjà plusieurs années, était un homme simple qu'on avait souvent pressé de se faire chrétien. Ce bon homme répondait toujours qu'il était trop ignorant pour comprendre notre religion ; que, à la vérité, il le désirait beaucoup, mais qu'il n'entendait rien à ce qu'on lui disait. A quelque temps de là, il mourut. Ses parents qui étaient en partie

tions du pays.) Quant au quatrième, il passa aussi plus tard en Cochinchine, où il mourut en 1788. « C'était, dira plus tard de lui l'évêque d'Adran, un missionnaire accompli, qui donnait tout aux pauvres, n'avait qu'un habit, qu'un vêtement pour dire la messe, et qui vivait plus misérablement que les gens de la dernière classe. »

(1) Sous Vo-Vuong, postérieurement à 1750, les chrétiens furent, en manière de punition, astreints à soigner les éléphants du roi. Mais, après sa mort, survenue en 1765, ils avaient été autorisés à rentrer dans leur village où on les avait laissés pratiquer paisiblement la religion qu'on leur avait apportée d'Europe.

(2) Allusion à une affaire qui s'était passée à Caïnhum (province de Vinhlong) d'où furent expulsés deux franciscains espagnols qui y avaient fondé un centre religieux assez florissant. Ils parvinrent à se réfugier sur le territoire du roi du Cambodge, où la liberté religieuse était plus assurée qu'en Cochinchine.

gentils, en partie chrétiens, s'assemblèrent tous ensemble pour pleurer sa mort. Pendant qu'ils étaient dans l'endroit où était le cadavre, on entendit tout à coup un grand bruit dans le cercueil, qui épouvanta tellement les gentils qu'ils prirent la fuite. Les chrétiens, plus hardis, restèrent et firent ouvrir le cercueil pour savoir ce que c'était. Aussitôt le mort, ressuscité, se leva et leur dit que Dieu lui avait fait miséricorde. En effet, il vécut encore un mois, reçut les sacrements et mourut. Voilà, ajoute le missionnaire, deux faits qui sont très certains. Croyez un fils qui vous parle à cœur ouvert. »

Malgré tout, cependant, le missionnaire continue à être inquiet, ne sachant pas encore les sentiments de sa famille à son égard. « M'avez-vous bien pardonné le petit tour que je vous ai joué en vous quittant sans vous en demander la permission ? Je n'en doute *presque* point. J'ai une grande confiance que les sentiments de religion que vous m'avez souvent inspirés auront étouffé ceux de la nature... Je suppose donc que nous avons la paix ensemble, que vous m'aimez aussi tendrement que vous n'avez jamais fait, et que même vous avez plus de satisfaction (au nom de Dieu) de me voir dans les pays éloignés travailler au salut des âmes que dans tout autre endroit. J'ignore si mon oncle et ma tante (Joseph Nicart et Louise Pigneau) sont encore actuellement en vie. Je prie de tout mon cœur le bon Dieu de leur accorder ce qui leur est nécessaire dans la vie. Dans le premier cas, vous leur diriez que je ne les oublie point et que je conserverai toute ma vie le souvenir de l'amitié qu'ils ont eue pour moi. J'embrasse, de plus, toute notre chère famille, M. Lefebvre et son épouse, mes sœurs Cécile, Josèphe, Pétronille et tous les autres. Je ne vous dis rien pour ma sœur la religieuse, parce que je compte lui écrire une petite lettre, pour la consoler. Je ne finirais pas si j'avais plus de temps à moi, mais je suis si occupé que, ce que je viens de vous écrire, j'ai été obligé de le faire avec précipitation. » Et il renouvelle sa recommandation pour que les lettres qu'on lui écrira soient adressées « à Madame Kouallan, à Port-Louis. » On remarquera, toutefois, qu'il n'est pas autrement question de l'île de France où faisaient escale pourtant tous les bâtiments qui passaient par le cap de Bonne-Espérance pour se rendre aux Indes et où s'arrêta forcément le vaisseau qui amenait le nouveau gouverneur, Pierre Poivre.

Quoi qu'il en soit, le jeune missionnaire, après de nombreux circuits et des vicissitudes qu'il n'écrit pas, finit par mettre pied à terre en Cochinchine, ou plutôt au Cambodge, car Cancâo (1), d'où est datée la lettre qui suit, ne dépendait pas encore alors du royaume de Cochinchine.

« Je suis ici, écrit-il à ses parents le 3 juillet 1767, bien éloigné de vous et dans un endroit bien solitaire, où je prends soin avec deux autres de mes confrères (Morvan et Artaud) d'une quarantaine de jeunes gens, les uns français, les autres chinois, cochin chinois, tonkinois, que nous élevons, et à qui nous enseignons ce qui est nécessaire pour en faire ensuite des prêtres. Ces pauvres jeunes gens, qui demeuraient autrefois à Siam, ont été obligés de fuir à cause de la guerre (2) et de se retirer dans ce désert où nous ne voyons que la mer, des montagnes et des forêts immenses. Si j'avais plus de loisirs il me serait facile de vivre aussi inconnu et aussi tranquille que les premiers Pères du désert. Nos enfants nous ont bâti une chaumière dans laquelle nous sommes à l'abri des injures de l'air. Le bon Dieu nous y remplit de consolation par leur ferveur, et il est évident qu'il protège ce troupeau d'une manière toute particulière.

« Il n'y a que trois jours qu'il est arrivé ici un de nos confrères qui était resté dans la ville capitale de Siam pendant trois ans que le siège a duré. Après la prise de la ville, il était environné d'une vingtaine de vierges qui le tenaient, les unes par la soutane, les autres par la ceinture, pour éviter les injures des soldats qui en voulaient à leur honneur. Il donnait à l'un des soufflets, à l'autre des coups de poing, pour les éloigner. Ces soldats avaient du respect pour ce prêtre, car ils savaient qu'il était

---

(1) Cancâo est l'ancien nom d'Hatien, dans le golfe de Siam.

(2) Il s'agit d'une irruption des Birmans qui saccagèrent Juthia, aujourd'hui Bangkok, qu'ils dévastèrent et incendièrent. Le pays jusqu'à la mer fut aussi couvert de ruines, à ce point que le séminaire catholique établi à Chantabun dut être évacué dans des conditions que Pigneau relate.

estimé du prince et du général d'armée. La misère était si grande durant ce siège qu'on y mangeait des cadavres brûlés. Il y a eu plus de dix mille enfants moribonds qui ont reçu le saint baptême.

« Nous ne savons pas encore quelle sera l'issue de cette guerre. Le séminaire que nous avions à Siam est encore subsistant, mais nous ignorons quand nous pourrons y retourner. Nous en sommes à présent à plus de cent lieues.

« Il est arrivé à ce missionnaire une chose assez singulière. Après que la ville fut rendue, n'ayant aucune confiance aux belles promesses de l'ennemi, il prit le parti de fuir avec environ trois cents chrétiens. Il vint au bord de la mer où il était absolument sans secours, sans armes, sans argent, sans vaisseau pour s'en aller. Dans cet embarras, il ne savait trop que faire. Ayant une parfaite confiance dans la divine Providence, il se promenait, seul, sur le bord de la mer, lorsque, dans le même temps (chose qui paraît assez surprenante), il aperçut un navire qui venait droit à lui, sans voiles, sans gouvernail et sans hommes pour le conduire. Il suivait le courant de l'eau. Cette vue le rassura beaucoup, mais cela ne suffisait pas encore. Il fallait des voiles et bien d'autres choses pour faire route. Le bon Dieu y pourvut encore. Une barque chinoise, qui avait quitté cet endroit quelque temps auparavant, fut obligée d'y retourner pour faire de l'eau. Le capitaine fit à nos chrétiens une proposition fort avantageuse dans les circonstances où ils se trouvaient. Il leur promit que, si on voulait lui donner le navire et l'aider à l'équiper, il conduirait ici tout le monde gratis. On accepta bien volontiers. Voilà comment il y a cinquante-deux chrétiens qui sont déjà arrivés ici, et les autres sont attendus incessamment. Que leur donnerons-nous ? Nous n'avons presque rien. Nous ne sommes cependant pas embarrassés. Nous sommes riches, puisque nous avons tous les fonds de la divine Providence... Si j'étais resté en France, peut-être me serais-je attaché aux biens très méprisables de ce monde, au lieu que, en venant dans ce pays-ci, je me trouve dans l'heureuse et inestimable nécessité de ne compter que sur Dieu seul. O mon Dieu, que vous rendrai-je pour tant de bienfaits !

« O aimable solitude où je vis actuellement ! La nature, les arbres, les oiseaux, le silence qui y règne, tout cela me rappelle continuellement les grandeurs de mon Créateur... Le temps passe rapidement, l'éternité approche, et du dernier moment de notre vie dépend notre bonheur. Le passé n'est plus, l'avenir ne dépend pas de nous, il n'y a donc que le présent qui nous est donné pour servir Dieu. Un Dieu !... un moment !... une éternité !... pesons bien la force de ces paroles. Un Dieu qui nous voit, un moment qui nous échappe, une éternité qui nous attend. Un Dieu qui est tout, un moment qui n'est rien, une éternité qui fera notre bonheur ou notre malheur. Un Dieu que nous oublions, un moment que nous perdons, une éternité que nous risquons facilement. Oh ! qui comprend ce mot : éternité ! »

Le missionnaire descend bientôt de ces hauteurs et termine ainsi sa lettre : « Un de nos prêtres chinois est resté avec quatre écoliers sur le chemin de Siam, où il a été dépouillé de tout et réduit à la dernière misère. Peut-être actuellement sont-ils morts ? Nous allons envoyer les prendre, s'ils sont encore en vie. Monseigneur l'évêque de Tabracan, affligé d'une lèpre qu'il a gagnée en administrant les sacrements, et de beaucoup d'autres infirmités, est obligé de suivre l'ennemi (les Birmans). Les souffrances ne sont que des moyens pour arriver au ciel, et le chemin le plus sûr de la bienheureuse éternité est celui de la croix. — J'embrasse toute notre chère famille ; j'assure de mon respect toutes les personnes que j'ai connues... »

Voilà des débuts dans la carrière de l'apostolat assez durs, ce semble. On dirait même que le missionnaire a le pressentiment de quelque chose de pire, mais il se sent fort, et il faut le croire. Un formidable orage allait, en effet, éclater sur la mission, atteindre son chef tout particulièrement et disperser encore une fois le petit troupeau, à peine réuni.

# CHAPITRE DEUXIÈME

Pigneau de Behaine subit à Hatien le supplice de la « cangue. » — L'établissement de Hon-dat, mis à sac, est transporté à Malacca. puis à Pondichéry. Pigneau de Behaine déjà nommé coadjuteur de Mgr Piguel, est promu évêque d'Adran en 1770, et sacré à Madras le 24 février 1774. Il décide d'aller prendre possession de sa charge de vicaire apostolique de la Cochinchine, du Cambodge, etc. — Il se rend à Macao pour y organiser ses services. — Son retour à Hatien, théâtre de ses premiers malheurs, où son persécuteur était devenu son plus ferme appui.

L'îlot de Hon-dat, une sorte d'oasis verdoyante jetée entre la mer et le ciel, fut tout à coup bouleversé et secoué comme par un cyclone. Pigneau de Behaine écrit, en effet, à sa famille : « J'ai eu le bonheur de passer, cette année, le saint temps du carême dans la prison, portant au cou une échelle d'environ six pieds. Les chrétiens qui venaient nous visiter fondaient en larmes, et, malgré la joie bien sincère que nous leur témoignions de notre sort, nous ne pouvions les consoler. J'y ai attrapé une fièvre qui m'a duré plus de quatre mois et dont je suis actuellement guéri. Bénissez donc mille fois le Seigneur d'avoir fait tant d'honneur à notre famille. Remerciez-le pour vous ; remerciez-le pour moi ; demandez-lui qu'il me fasse la grâce d'y entrer bientôt et d'y souffrir et mourir pour son saint Nom... La persécution est toujours des plus ardentes dans le royaume. Plusieurs chrétiens sont morts dans les tourments, et d'autres ont souffert avec beaucoup de générosité pour notre sainte religion (1). »

Quelque attentat, quelque crime peut-être, quelque abomination

(1) Pigneau de Behaine à sa famille, Hon-dat, le 23 juin 1768.

enfin avait dû s'y commettre dont les missionnaires avaient la responsabilité, en punition de laquelle il leur avait été infligé un juste ou injuste traitement ? Et le missionnaire se tait même au regard de sa famille, à laquelle cependant il sait qu'il peut parler à cœur ouvert et en toute sécurité. Longtemps après l'événement, les *Annales de la Propagation de la Foi* donnèrent la clef de ce mystère, à peu près dans les termes suivants : — Le petit établissement fondé dans l'île de Hon-dat avait été tout à coup (le 8 janvier 1768) cerné par les soldats du gouvernement d'Hatien. Le directeur et son adjoint avaient été amenés prisonniers et chargés de la « cangue. » On les accusait d'avoir donné l'hospitalité à un personnage qu'ils prétendaient être inconnu d'eux, qui n'était autre, paraît-il, qu'un prince de Siam investi d'une mission auprès du roi du Cambodge. Les missionnaires se sont facilement lavés de l'accusation portée contre eux en justifiant qu'en effet ils ne connaissaient en aucune façon la qualité du voyageur, qu'ils ne l'avaient reçu que par pitié, par devoir et pour se conformer aux maximes de la religion qu'ils professent. Ces raisons ont été reconnues bonnes et valables par le juge. En conséquence les missionnaires ont été relaxés.

L'accusation, admise pour mal fondée, dont ils avaient été l'objet, avait fourni à Pigneau de Behaine et à Artaud l'occasion de connaître le gouverneur d'Hatien, les prisons d'Hatien, et par surcroît la « cangue. » Le premier y avait gagné une fièvre violente qui ne devait cesser qu'après quatre mois de traitement ; le second, des infirmités plus graves qui allaient le conduire prématurément au tombeau (1).

La cangue ! Il y a dans les divers pays de l'Extrême Orient *cangue* et *cangue*, de même qu'il y a eu au temps jadis en Europe *fagots* et *fagots*. La cangue, dans toute l'étendue de l'empire de Chine, est encore maintenant une planche lourde, perforée au centre de manière à y enserrer le cou et les poignets de celui à qui elle est appliquée. En Indo-Chine, autrefois (dans les parties de ces pays soumises à l'administration française, la vieille et

(1) M. Artaud mourut, en effet, à Hon-dat, le 28 novembre 1769.

détestable cangue a été remisée), elle consistait en une longue
échelle qui s'adaptait aux épaules et se fermait solidement autour
du cou par le moyen de serrures cadenassées qu'il était impossible
de forcer. Elle avait environ six pieds de haut et ne pesait pas
moins de quatre-vingts livres. Maintenu constamment debout et
les mains immobilisées, le patient n'avait ni le repos ni le sommeil
réparateurs, ni le moyen de s'alimenter par lui-même, ni même
celui de vaquer aux autres besoins non moins impérieux de la
nature. La charité publique devait y pourvoir. C'était, comme on
voit, quelque chose comme la géhenne des saintes Ecritures ; et
c'est cela que Pigneau de Behaine avait subi « durant tout le
saint temps du carême » de l'année 1768, et « avec joie », dit-il.

Il y a, je crois, de mystérieuses et étroites affinités entre la nature du missionnaire et celle du soldat. Le soldat aspire, soupire
après la bataille ; de même le missionnaire aspire, soupire après
le martyre. Et le missionnaire et le soldat, en tombant mortellement atteints dans la lutte, ont la même intrépidité, la même
sérénité en face de la mort qui leur donne le même tendre baiser,
qui les couronne de la même auréole. Pigneau de Behaine cumu-
lait. Il avait, lui, l'un et l'autre tempérament ; car, s'il vécut en
missionnaire, il mourut en soldat.

Il est vrai que pour le fortifier, le réconforter dans ces doulou-
reuses et violentes épreuves, le missionnaire avait enfin reçu fort
à propos des lettres de sa famille qui l'assuraient du pardon paternel et maternel. Et oubliant ses maux passés, sans inquiétude
de ce qu'un avenir prochain peut-être lui réserve, il répond :
« J'ai lu avec une espèce d'admiration les lettres que vous m'avez
fait le plaisir de m'écrire et je vous avoue franchement que je ne
m'attendais pas à une si généreuse résolution. Je bénis mille fois
le Seigneur de vous avoir donné des sentiments si chrétiens, et
j'espère que la sainte Miséricorde ne laissera pas imparfait l'ouvrage qu'elle a si heureusement commencé. Vos chères lettres
m'ont fait une impression que je ne puis exprimer. J'en ai été
touché jusqu'aux larmes. Je suis plus convaincu que jamais que
la sainte grâce de Dieu opère bien admirablement dans les âmes
qui lui sont dociles. Quoique je sois bien éloigné de vous de

corps, je vous suis néanmoins bien souvent uni de cœur et d'esprit. J'ai aussi reçu une lettre de ma sœur Cécile à laquelle je ne puis répondre. Je vous prie que celle-ci soit reçue comme une lettre commune à toute la famille. Peut-être est-il arrivé bien du changement depuis mon départ. Dieu veuille que ce soit pour sa plus grande gloire. Je n'ai pas le moment d'en écrire davantage. J'embrasse toute notre famille et vous remercie de tout mon cœur de votre sainte bénédiction. Je l'ai reçue avec une joie que je ne puis exprimer (1). »

Rentré à Hon-dat, après ces tribulations, avec son confrère Artaud fort éprouvé, l'intrépide Pigneau de Behaine reprit en mains la direction du séminaire temporairement confiée en son absence à son autre confrère Morvan, resté au logis. Il eut la satisfaction d'apprendre, à quelque temps de là, qu'il avait été nommé coadjuteur de Mgr Piguel, vicaire apostolique de la Cochinchine, qui se trouvait alors dans le haut Cambodge, prélat accablé d'infirmités et désormais incapable de suffire aux soins des affaires d'une chrétienté nombreuse incessamment troublée par la persécution. L'action du nouveau coadjuteur était paralysée à Hon-dat par son éloignement de la grande terre. D'un autre côté, on n'y était guère plus en sécurité qu'ailleurs. Le sort du séminaire y était précaire, mais on ne savait où aller.

Sur ces entrefaites, le mal empira. Une nuit, on y fut assailli à l'improviste par une nuée de pirates qui non seulement ravagèrent l'île, mirent à sac l'habitation, rouèrent de coups les missionnaires, mais encore égorgèrent impitoyablement quelques-uns des plus jeunes catéchistes. Cette fois, le coup parut trop cruel pour qu'on ne songeât pas sérieusement à vider cette île devenue inhospitalière. Le moyen de s'en tirer n'était pas facile avec le personnel du séminaire composé encore d'une cinquantaine de sujets. On n'avait qu'une méchante barque à sa disposition. Et puis, où se réfugier pour trouver la sécurité dont le petit troupeau avait tant besoin ? Pigneau de Behaine pourvut à tout et sauva la situation par une résolution prompte et énergique. On

_______________

(1) Pigneau de Behaine à sa famille, Hon-dat, le 23 juin 1768.

gréa tant bien que mal le petit navire qui leur était venu de Siam ;
Pigneau de Behaine en prit le gouvernail, s'arma de la boussole
et de compas, et on partit à travers les mers, à la bonne aventure, à la garde de Dieu. Trois mois après, on atterrissait à Malacca, et au commencement de 1770 on touchait à Pondichéry.
Là, une vie nouvelle allait commencer, plus calme, mais non
moins laborieuse. Le séminaire fut installé, sous la protection du
drapeau français, à Virampatnam, petit village situé à une lieue
de la capitale de nos établissements dans les Indes.

« Vous me demandez un petit détail de la vie que je mène dans
ce pays-ci. Ce ne serait pas un petit travail si je voulais vous satisfaire, ma vie ayant été si variée depuis mon départ de France,
et ce que je vous dirais ne vous donnerait rien de certain pour
l'avenir ; car je ne sais pas plus ce que je ferai dans l'avenir que
je ne savais il y a six ans tout ce qui m'est déjà arrivé. Cette incertitude me rappelle souvent ce que je voudrais vous graver à
jamais dans le cœur, que nous n'avons pas en ce monde de demeure fixe, mais que nous devons nous en chercher une plus du-
rable et plus constante.

« Pour le moment, je ne suis plus au Cambodge, mais bien à
Pondichéry où je travaille à former des Chinois, Cochinchinois,
Tonkinois, Français et Cambodgiens à l'état ecclésiastique. La
vie que je mène est beaucoup plus tranquille que celle que je me
proposais autrefois et je commence à être bien convaincu que je
ne suis pas digne de souffrir quelque chose pour Dieu ..

« Pensez à travailler à l'éducation de vos enfants, à être toujours plus occupés de leur religion et surtout à ne jamais sacrifier
à vos intérêts et à vos espérances les vues que Dieu pourrait
avoir sur eux. Je dis ceci parce que dans vos lettres vous paraissez ne désirer que des prêtres et des religieuses et que vous ne
paraissez pas plus embarrassés des vocations que s'il était en
votre pouvoir de les donner. Elles sont beaucoup plus rares qu'on
ne pense, et pour ne pas les éprouver on nuit beaucoup à l'Église,
aux maisons religieuses et à tous ceux qu'on y introduit. Mon
frère qui est à Louis-le-Grand en a déjà trop fait, et si vous sui-
vez mon conseil vous le rappellerez à la maison où vous veillerez

sur sa conduite, comme vous le devez. Vous placerez les deux
autres dans le collège ou la pension où vous savez qu'il y a plus
de religion ; et quand il s'agira de leur vocation, loin de leur insinuer d'entrer dans l'état ecclésiastique, vous les éprouverez
même en le leur refusant, s'ils le demandent. Il vaut beaucoup
mieux devenir un mauvais avocat, etc., qu'un mauvais prêtre ; et
presque tous les jeunes gens qui dans leur jeunesse se donnent
au libertinage se convertissent plus facilement en restant dans
le monde qu'en entrant dans l'état ecclésiastique ou religieux.
Souvenez-vous donc toujours de ce que je vous dis actuellement.
Tremblez quand vos enfants vous demandent de prendre la ton-
sure ou d'entrer au noviciat, et n'y consentez que quand la vocation de Dieu paraît bien marquée. Que craignez-vous pour eux
s'ils restent dans le monde ? La pauvreté ? Plût à Dieu que tous
nos parents et peut-être vous-mêmes eussiez eu moins de biens,
peut-être en seriez-vous plus chrétiens (1)... »

L'année suivante, c'était la même antienne, et ses frères, se sachant quelque peu riches et se sentant quelque peu mondains,
devaient dire irrespectueusement que c'était la même chanson.
Du reste, étant l'aîné de la famille, Pigneau de Behaine avait le
droit de conseiller et, en tant que directeur de séminaire, il avait
le devoir de morigéner. Aussi ne s'en prive-t-il guère : « Si j'étais
un peu plus crédule, vous m'auriez persuadé par vos lettres que
notre famille n'est plus composée que de saints et de saintes.
Mais je vous avoue que je ne crois pas tout à fait ce que vous
me dites, et qu'après avoir rabattu la moitié, je crois très fort
avoir raison de douter encore du reste. Comme je vous connais
un peu trop à gros grains, je ne suis pas trop surpris de vous
voir si facilement canoniser tous vos enfants, mais je suis un
peu plus difficile à contenter. J'ai connu assez imparfaitement
l'abbaye de *Saint-Jean des Vignes*, et n'en ai jamais eu grande
idée. Je ne puis concevoir quelle raison a pu engager mon frère
à s'y retirer. Je ne sais si la règle y est fort en vigueur. Je soup-
çonne ce couvent être une abbaye de saints à votre façon.

(1) Pigneau de Behaine à sa famille, Pondichéry, 1771.

« La mort si précieuse de ma tante (il s'agit de Louise Pigneau,
sa marraine, épouse Lefebvre) ne m'a pas étonné. Je l'ai toujours vue s'y préparer par une vie très chrétienne (1). »

Son père et sa mère, en ce temp-là, lui exprimèrent le vif désir
qu'ils avaient de le revoir. Il s'y refuse nettement et il leur répond : « Vous me parlez continuellement de repasser en Europe
et j'aurais moi-même grande envie de vous voir, si c'était la
volonté de Dieu. Mais pourriez-vous consentir à ce que j'aban-
donnasse le salut de tant d'âmes pour me procurer un plaisir qui
ne pourrait durer que quelques années ? Peut-être même qu'en
entreprenant ce voyage je mourrais dans la route, ou vous trou-
verais-je vous-mêmes morts en arrivant. Ne vaut-il pas mieux
faire encore le sacrifice de quelques années pour la gloire de
Dieu et le salut de tant d'âmes abandonnées ?

« Vous me mandez d'écrire à mes frères. Je voudrais en avoir
le temps pour vous satisfaire. Mais si je vous faisais le détail de
mes occupations, vous seriez peut-être surpris que j'en trouve
assez pour vous écrire à vous-mêmes. Je vous prie donc de leur
dire que ce n'est ni l'oubli ni l'indifférence qui m'imposent silence,
mais uniquement la multitude d'affaires auxquelles je ne puis
suffire. J'embrasse toutes mes sœurs qui sont encore auprès de
vous (2). »

Pigneau de Behaine parle de ses grandes occupations. Mgr Piguel étant mort (3) en 1770, il avait été nommé évêque d'Adran le
21 juin de l'année suivante. Il eut donc dès ce jour tout le poids
et la responsabilité de la succession, qui s'ajoutaient à la direction du séminaire dont il n'était pas déchargé encore.

Aussi, dans cette lettre du 1ᵉʳ octobre 1772, l'évêque *in partibus*
(il n'était pas encore sacré ; vraisemblablement il espérait l'être
bientôt, mais il se trompait) lève un coin du voile qui recouvre
ses projets : « Il y a apparence, y dit-il, qu'au mois de juin pro-

(1) Pigneau de Behaine à sa famille, du collège des Saints-Anges, près
Pondichéry, 1772.
(2) Pigneau de Behaine à sa famille, Pondichéry, le 1ᵉʳ octobre 1772.
(3) Mgr Piguel (Guillaume), originaire du diocèse de Rennes, sous le
titre d'évêque de Canathe, avait été sacré à Siam, le 9 décembre 1764.

chain (c'est-à-dire en juin 1773) je serai encore obligé d'entreprendre un petit voyage de quatorze ou quinze cents lieues ; mais ce ne sera pas pour me rapprocher de vous. Tous les pays du monde deviennent indifférents quand on est sincèrement déterminé à chercher Dieu. Et si je pouvais vous faire comprendre les consolations que Dieu fait goûter à ceux qui ont tout quitté pour le suivre, vous ne seriez pas étonnés de me voir si résolu. Je vous avoue qu'on a plus de joie en un jour dans ces pauvres pays où l'on a le plaisir de manquer de tout, que vous n'en avez peut-être éprouvé dans toute votre vie. Remerciez donc le Seigneur pour moi et demandez-lui la grâce dont j'ai besoin pour persévérer (1). »

Le petit voyage qu'il présumait devoir faire, mais qui n'était pas pour le rapprocher de ses parents, ne s'accomplit pas et dut être ajourné jusqu'après sa consécration. La lettre suivante a été écrite pendant cette attente : « Je reçus hier la nouvelle de la mort de mon oncle, et j'ai célébré aujourd'hui la sainte messe pour le repos de son âme. Cet événement vous a sans doute rappelé que la vôtre n'était que différée et j'ose espérer que vous pensez sérieusement à vous y préparer. Vos lettres m'affligent beaucoup. J'y vois toujours que vous n'êtes guère occupés de donner une bonne éducation à mes frères et que, pourvu que la dépense diminue, vous croyez avoir tout gagné.

« Mes deux petits frères, dites-vous, sont aux *Invalides*. J'ai beau chercher à me rappeler ce que ce pourrait être, je ne peux l'imaginer. Jamais je n'ai entendu parler de ce collège aux *Invalides*. Qui aura donc découvert ce pauvre endroit ?... Vous ajoutez que celui qui est à Louis-le-Grand n'a point de religion et vous en paraissez consolés. Pour moi, je ne passe pas si légèrement sur cet article et je crois que le plus grand malheur qui puisse lui arriver est de se corrompre plus longtemps à Paris. Je vous demande, en conséquence, au nom de Dieu et pour le salut de l'âme de cet enfant qui se perd tous les jours et d'autres avec lui, de le retirer aussitôt à la maison et de lui faire embrasser

(1) Pigneau de Behaine à sa famille, Pondichéry, le 1er octobre 1772.

un autre état où il y aurait moins de danger pour lui et pour les autres. Vous n'êtes sans doute pas dans la résolution de le forcer à entrer dans l'état ecclésiastique ? et qu'y ferait-il dans de pareilles dispositions ? Il faut quelqu'un pour la maison et peut-être y vaudra-t-il mieux qu'ailleurs. Vous me dites de lui écrire. Mais que peut faire une lettre venant de si loin sur un jeune homme qui n'a point de religion ? Si j'étais à Paris, il y a longtemps qu'il n'y serait plus. Je fais ce que je peux pour vous engager à faire de même. Si le collège où il est n'est pas sûr, il faut renoncer absolument à y mettre aucun autre. Si, au contraire, l'éducation y est bonne, peut-être trouvera-t-on très facilement moyen d'y faire entrer un des deux autres à sa place. Vous dites que vous dépensez 1.200 francs et plus pour les trois. Je vous assure que les deux petits pourraient être plus sûrement et que la dépense pour tout n'irait pas à plus de cent pistoles. Que cherchez-vous donc tant à épargner maintenant ? Des douze enfants, deux sont déjà mariés, deux religieuses, un mort, un autre que vous devez garder auprès de vous et moi qui, très sûrement, ne vous embarrasserai jamais ; deux autres filles ont déjà eu leur éducation au couvent, il n'en reste donc plus qu'une et ces deux petits que vous sacrifiez aux *Invalides*. Vous serez bien avancés quand, pour épargner trois ou quatre mille francs en dix ans, vous aurez une bande de libertins ! Pour six ou huit cents francs vous auriez eu un bon précepteur à la maison qui les aurait élevés dans la religion ; mais il faut les envoyer à Paris et les laisser séduire par l'espérance de places honorables ! Ces vues ne sont pas fort chrétiennes, et quand elles seraient permises vous n'en prenez certainement pas les moyens. Je suis désolé d'apprendre que mes frères sont négligés, et si quelqu'un voulait encore par raison d'épargne leur refuser une éducation nécessaire, j'aime mieux l'ignorer que d'entendre encore se mal excuser.

« Je ne veux pas dire qu'il faille chercher un endroit au-dessus de notre condition. Je sais que nous ne sommes ni nobles ni fort riches, mais gens de campagne et obligés d'entretenir la petite fortune par l'industrie. Je veux seulement dire qu'il faut chercher une maison où l'on élève les enfants dans la piété et où ils ne soient pas négligés pour les sciences. Quand la pension devrait être pour chacun de 400 francs, il faudrait passer par là. Quelle vanité de conduire mes frères à Paris ! Et pourquoi y aller vous-mêmes, pour affaiblir votre santé et importuner bien du monde ? Vous n'êtes plus d'âge à entreprendre un si long voyage ; vous vous ruinez la santé sans aucun avantage. Faites-moi le plaisir de me marquer vos âges ; je l'ai déjà oublié (1). »

Toute cette lettre est belle sans doute, mais ce dernier trait n'est-il pas charmant : « Vous me faites beaucoup d'instances pour savoir si je retournerai jamais en Europe. Je vous en donnerai des nouvelles quand vous me répondrez que vous avez fait ce que je vous ai demandé. »

Il arriva enfin de Rome des ordres qui prescrivaient de procéder au sacre de M. Pigneau de Behaine. La cérémonie eut lieu effectivement à Madras, le 24 février 1774, le jour de saint Mathias. On a remarqué sans doute qu'il s'est écoulé environ quatre ans entre la date de la nomination et celle de la consécration de Mgr Pierre, évêque d'Adran. On a allégué diverses raisons pour expliquer ce long retard. Une seule suffit : il y eut ajournement simplement à cause de l'âge du candidat qui n'avait que trente ans environ. Ni la moralité ni la capacité du jeune prêtre ne furent en jeu.

Le 15 juin 1774, trois mois après avoir reçu l'investiture canonique de vicaire apostolique de la Cochinchine, du Cambodge, etc., en remplacement de feu Mgr Piguel, l'Evêque d'Adran écrit à sa famille : « Mon très cher père et ma très chère mère, je pars enfin à la fin du mois pour Macao afin de me rendre de là en Cochinchine et au Cambodge. Je suis bien rétabli de l'infirmité que j'avais depuis longtemps (une obstruction commencée au foie) et grâce à Dieu je jouis d'une assez forte santé pour supporter les travaux apostoliques. J'ai fait partir il y a environ un mois un prêtre européen (c'était Morvan) avec cinq séminaristes cochinchinois pour me préparer les voies. J'en emmène quatre autres avec moi pour me servir d'aumôniers, de secrétaires, etc.

(1) Pigneau de Behaine à sa famille, Pondichéry, 1773.

Quelque diligence que je fasse, je ne pourrai arriver dans les royaumes dont je suis chargé que dans neuf ou dix mois. J'en resterai à Macao sept ou huit, et j'espère vous donner encore de là de mes nouvelles. Je pars d'ici avec un grand vaisseau français qui va à Canton. Je profiterai ensuite des vaisseaux portugais qui vont annuellement faire le commerce en Cochinchine.

« J'ai reçu, cette année, une lettre de mon frère qui est à Saint-Jean des Vignes et lui ai déjà répondu de manière à ne pas le contenter. Je suis mécontent de le savoir dans une maison où, de mon temps, il y avait à la vérité quelques bons sujets, mais aussi beaucoup d'autres remplis d'ambition. Et par votre dernière lettre il me paraît assez que mon frère pourrait bien être de ces derniers. Si cela était, il serait fort à plaindre. L'ambition qui n'est déjà pas supportable dans un homme du monde devient un très grand vice dans un homme consacré à Dieu. »

Quinze ans plus tard, l'Evêque d'Adran, dans des circonstances que nous relaterons en temps et lieu, sera lui-même taxé d'ambitieux par le général Conway, gouverneur des établissements français dans l'Inde. Cette lettre répond par avance à cette sotte accusation :

« Dans toutes les lettres que je reçois d'Europe, on m'annonce que la religion s'y perd et qu'actuellement en France il est assez rare de trouver de vrais chrétiens. Il est bien honteux pour nous d'en voir de si ardents en ces pays où la religion est persécutée et d'apprendre que dans notre royaume où elle est dominante on ne trouve que des gens indifférents pour le salut. Je ne cesse de vous recommander tous les jours à Dieu et de lui demander pour vous la grâce de bien vivre et de vous préparer par là à bien mourir. Qu'il est consolant à ce dernier moment de se sentir la conscience tranquille et de pouvoir aller avec confiance paraître au jugement de Dieu ! C'est là que nous devons aller en esprit pendant la vie, afin d'être moins effrayé à l'heure de la mort. Souvenez-vous de moi qui ne vous oublierai jamais (1). »

Parti de Pondichéry sur un bâtiment français, au commence-

(1) Mgr Pierre, évêque d'Adran, vicaire apostolique de la Cochinchine, du Cambodge, etc., à sa famille, de Pondichéry, le 15 juin 1774.

ment de juillet 1774, Mgr l'évêque d'Adran débarquait à Macao le 16 septembre suivant. Il y fit un séjour de six mois, comme il l'avait présumé. Il écrit à sa famille le 14 novembre : « Comme cette ville est sous la domination du roi de Portugal, j'y ai été reçu, selon la coutume, avec beaucoup d'honneurs, et j'ai eu la consolation d'y rencontrer deux autres évêques, l'un portugais, évêque titulaire de Macao, et l'autre espagnol, revenant du Tonkin. Tout le monde s'est beaucoup réjoui de nous voir réunis tous dans cette ville où depuis longtemps on n'avait vu aucun évêque.

« Je viens de faire imprimer ici un catéchisme en langue cochinchinoise. J'ai avec moi pour compagnons de route et de mes travaux quatre prêtres européens et français, huit séminaristes cochinchinois et un cambodgien. Tous ces derniers ont de vingt-huit à quarante ans. J'en ordonnerai plusieurs en arrivant au Cambodge, pour les envoyer ensuite en mission. Il y a actuellement, tant dans le Cambodge qu'en Cochinchine, cinq prêtres portugais, cinq espagnols, un italien, un allemand, huit français (1) et trois prêtres cochinchinois. Ajoutez-y les quatre que je mène avec moi et le séminaire qui comprend quarante sujets environ.

« J'ai au Cambodge où la religion est publique une église principale, un couvent de religieuses et le séminaire. Il y a aussi dans la Cochinchine plusieurs filles qui vivent en communauté, mais la persécution qui dure depuis vingt-deux ans les a empêchées de recevoir des novices. Actuellement que le roi (de Cochinchine) vient de permettre de prêcher la religion, j'espère les rétablir en peu de temps. Le gouverneur de Cancâo, un des souverains de ma dépendance (il a à lui trois provinces outre son gouvernement), vient de se faire instruire de la religion et m'a fait dire qu'il attendait mon arrivée avec grande impatience. Comme je l'ai autrefois beaucoup connu (2), je présume qu'il veut

_____

(1) Les huit missionnaires français se nommaient : Levavasseur, Morvan, Faulet, Leclerc, Labartette (qui reçut plus tard le titre d'évêque de Veren), Halbout, Longer et Darcet.

(2) L'Evêque d'Adran le connaissait beaucoup et pour cause, car c'était ce même gouverneur qui, en 1768, l'avait fait jeter en prison et lui avait infligé la cangue.

me demander le baptême. Priez pour lui et pour tous ses sujets.
Il y a dans le Cambodge et la Cochinchine plus de cent mille
chrétiens.

« Je me porte actuellement assez bien et selon les apparences
la vie active que je vais mener me sera très salutaire. Je suis si
accablé d'affaires que je n'ai pas le temps de vous écrire plus au
long. Avec mes deux secrétaires qui ne font que copier toute la
journée, je n'ai pas même le temps de finir. J'embrasse toute
notre famille et salue tous ceux que j'ai autrefois connus (2). »

Un des premiers soins de l'Evêque d'Adran dès son arrivée à
Macao avait été de faire imprimer dans cette ville qui lui en
fournissait les moyens, les ouvrages qu'il avait déjà préparés
pour l'instruction des peuples placés dans sa juridiction religieuse. Il ne parle dans sa lettre que du *Catéchisme* traduit par
lui en langue cochinchinoise, mais il y eut d'autres ouvrages qui
furent imprimés à Macao à cette époque, je crois, et qui sortaient
également de sa main. Nous citerons notamment : les *Instructions
familières sur les Evangiles des fêtes et dimanches*, le *Traité
sur les quatre fins de l'homme*, par lui révisé et traduit aussi en
cochinchinois ; enfin les *Méditations,* par Dupont, traduites également par l'Evêque. Nous aurions voulu avoir connaissance de ces
divers ouvrages ; il nous a été impossible de nous les procurer
jusqu'à présent. Ils furent cependant répandus beaucoup en
Cochinchine où des exemplaires doivent immanquablement avoir
été conservés dans les missions.

Ces soins remplis, l'Evêque d'Adran nous apprend par la lettre
adressée à sa famille qu'il s'occupa et se préoccupa d'affaires
d'un autre ordre. Il dit qu'il va mener désormais « une vie
active », qu'il est si accablé de travail que deux secrétaires ne
suffisent pas à la besogne, que le souverain de Cancâo qui est à
la tête de trois provinces, outre son gouvernement particulier, lui
a fait dire qu'il « attendait son arrivée avec grande impatience » ;
probablement, ajoute-t-il, pour se convertir et assurément pour
autre chose encore, ajouterons-nous. Car Pigneau de Behaine

______

(2) Mgr l'évêque d'Adran à sa famille, de Macao, le 14 novembre 1774.

qui est déjà une force par lui-même et qui le sent, indique, dans cette lettre, qu'il en a une autre à sa disposition dans les *cent mille chrétiens* dont il parle, qui sont répandus en Cochinchine et au Cambodge, et qu'il se dispose déjà à les grouper, à les organiser de manière à pouvoir peser à un moment donné de tout ce poids dans la balance des partis qui s'agitent et qui bientôt s'entrechoqueront. C'est la tête pleine de ces vastes projets politiques et religieux qu'il abandonna Macao avec le restant de son personnel dans la pensée et avec la résolution bien prise d'aboutir à de grands résultats, si c'était possible. Le 12 mars 1775, il mit pied à terre à Hatien et entra immédiatement en relations avec le gouverneur.

Ce gouverneur était un descendant d'un rusé Chinois nommé Maccu'u qui, quelque cinquante ou soixante ans auparavant, avait obtenu du roi de la Cochinchine l'autorisation de se fixer à Hatien avec un fort groupe de compatriotes, en se plaçant sous sa protection et en payant tribut ; et, petit à petit, il en avait fait un centre important et florissant. En 1758, la couronne du Cambodge, moyennant finances, lui avait cédé cinq *phus* (préfectures), savoir : Chamsun, Saimot, Linh-Quinh, Cauvot et Vung-thom. Maintenant, l'Evêque d'Adran nous apprend que son fils ou son petit-fils qui était métis de Cambodgienne possède en plus trois provinces qui doivent être Longxuyen, Chaudoc et Rachgia, lesquelles étaient en effet très à portée de sa main et bien faites pour aiguiser ses naturelles convoitises. Et ce prince usurpateur ne demandait certes qu'à continuer à s'agrandir et l'Evêque d'Adran ne pouvait manquer de le savoir. De son côté, l'Evêque trouvait en lui une sauvegarde et, s'il se convertissait, un point d'appui qui lui permettrait de faire rayonner la religion et la civilisation chrétiennes dans tous les pays circonvoisins et même au delà. Ils s'entendirent, paraît-il, comme le prouveront les événements qui vont se succéder et s'accélérer.

# CHAPITRE TROISIÈME

___

Etat de la Cochinchine en 1775. — L'insurrection des *Tayson*. — Le roi
de Hué, chassé de sa capitale, se réfugie à Saïgon où il est mis à mort. —
L'Evêque d'Adran prend parti contre les révoltés en faveur d'un jeune
prince, descendant direct de la dynastie abolie par les Tayson. Grâce à
son concours, la dynastie vaincue, mais non détruite, se relève et con-
quiert la basse Cochinchine. Ce succès ne dure pas. L'Evêque, obligé de
quitter Saïgon, se réfugie près du roi du Cambodge, tandis que le prétendant, son protégé, est refoulé avec ses forces dans l'Ouest. — Suite
de la correspondance de l'Evêque d'Adran avec sa famille.

Lorsque l'Evêque d'Adran, pour la seconde fois, mit le pied à
Hatien, les peuples de l'Indo-Chine au milieu desquels il avait à
exercer son ministère étaient agités par des troubles profonds.
La guerre était partout déchaînée. Le moment était donc mal
choisi ou mal venu pour se livrer à une propagande religieuse
active et efficace. On a vu l'Evêque français évaluer à cent mille
le nombre des chrétiens qu'il avait à diriger, j'allais dire à commander. Comme dans les guerres civiles, qu'on le veuille ou
non, il faut inévitablement se ranger du côté d'un quelconque
parti, on jugera que la situation ne laissait pas que d'être embar-
rassante et critique pour les chrétiens de l'Indo-Chine et pour
leur chef.

Deux familles rivales, celle des Lé et celle des Nguyen, s'y dis-
putaient la prépondérance. Jusqu'alors les Nguyen l'avaient em-
porté. Solidement établis à Hué, ils avaient maintenu intactes
leurs frontières vers le Nord, tandis qu'ils s'étaient grandement
étendus au Sud aux dépens du petit et ancien royaume du Ciampa
qu'ils avaient absorbé et de celui non moins ancien du Cambodge

qu'ils avaient fait reculer jusqu'à Hatien, dans le golfe de Siam, et jusque dans le haut Mékong dont ils avaient occupé le Delta. Cette situation prospère se modifia soudain à la suite de la mort du roi Vo-Vuong, survenue en 1765. Ce monarque que nous avons apprécié dans la première partie de cet ouvrage (1) s'avisa, on ne sait pour quel motif, d'ôter la couronne à son fils aîné, habile, selon la loi du pays, à lui succéder, et de la transférer à un de ses autres enfants issu d'une femme du second rang, autrement dit d'une concubine. L'acte ne fut pas goûté du peuple. A quelque temps de là, le prince dépossédé ayant été jeté en prison, puis tué, le mécontentement s'accrut. Ces mesures violentes et injustes achevèrent de désaffectionner la nation pour un souverain dont les mains étaient rougies du sang de son frère. Il apparut clairement dès lors qu'il n'était et ne devait être que le continuateur du règne précédent, dont le long et lourd despotisme était universellement exécré.

Mais partout et chez tous les peuples les révolutions couvent longtemps avant d'éclater, et, quand elles éclatent enfin, les plus solides Etats chancellent, se renouvellent ou périssent. La tempête qui se déchainait en Cochinchine, à l'arrivée même de l'Evêque d'Adran, devait durer trente années. La rénovation du pays n'en sortit pas, car elle n'aboutit qu'à la restauration pure et simple, sans modification du système, de la famille des Nguyen. L'influence française néanmoins s'affirma, pesa beaucoup déjà dans la balance, et cela seul, le temps aidant, devait compléter la révolution qui est en train de régénérer les divers peuples de la Cochinchine, dont les destinées se déroulent actuellement sous la bienfaisante protection de la France.

A ces divers points de vue, la rébellion dont le centre et le rendez-vous était Quinhon, en 1773, a quelque intérêt pour nous. Dans les environs de cette vieille ville fortifiée, située le long de la côte maritime entre Hué et Saïgon, se groupèrent 3.000 mécontents, sortis des forêts du Binhthuan et accourus de tous les points de l'Indo-Chine. Ces rebelles avaient à leur tête trois jeunes

(1) V. *Revue de géographie*. (Delagrave, éditeur, 15, rue Soufflot, Paris.)

hommes énergiques qui se nommaient Nhac, Hué et Lu. Peu importe ce qu'ils étaient auparavant ; ils furent des révoltés et la victoire les fit rois, un instant. Quinhon, dont ils s'emparèrent par une ruse de guerre (1), était pour eux une base d'opérations si excellente qu'ils ne succombèrent qu'en la perdant, longtemps après.

Le pseudo-roi de Hué, impuissant à étouffer cette rébellion qui avait des ramifications jusque dans son palais, eut encore la mauvaise inspiration d'appeler à son secours les forces du roi du Tonkin, l'ennemi héréditaire, qui s'empressa de les lui envoyer, mais dans l'intention de précipiter sa chute. De manière que pendant que les Tonkinois entraient par une porte, l'imprudent monarque sortait par une autre ; et avec sa flotte de galères dont il disposait encore il s'achemina vers la Cochinchine méridionale, autrefois refuge des bannis du despotisme, maintenant refuge de la royauté elle-même, à son tour proscrite.

L'armée tonkinoise n'occupa pas longtemps la ville de Hué dont la population lui était hostile, tandis qu'elle était ouvertement favorable aux révoltés de Quinhon. Une transaction intervint. Les révoltés entrèrent dans Hué, leurs enseignes rouges déployées. Nhac, d'abord généralissime, se fit bientôt proclamer roi sous le nom de Thaï-duc. La révolution était couronnée en sa personne et tout semblait fini. Il ne restait plus, en effet, qu'à se défaire du Nguyen fugitif, ce qui paraissait être une entreprise de facile exécution dont Nhac dédaigna de se charger lui-même. Il remit ce soin à son frère Hué, devenu son premier lieutenant, qui s'empara sans grand effort de Saïgon, mais il n'y put capturer le roi détrôné qui n'avait eu rien de plus pressé que de s'enfuir à son approche. La trahison le lui livra bientôt. Ce triste représentant des Nguyen fut enlevé du village de Kaogiang où il se tenait

(1) Renouvelant un stratagème qui rappelle le classique cheval de bois de l'*Enéide*, Nhac s'était fait enfermer dans une cage, puis, feignant une trahison, ses gens l'avaient livré, enfermé dans cette cage, au mandarin gouverneur de la citadelle de Quinhon, lequel, confiant dans la solidité apparente de la prison mobile, s'était endormi. Mais Nhac, dans la nuit, en démonta facilement les barreaux, en sortit et courut ouvrir les portes de la citadelle à ses troupes qui y entrèrent. La place était prise. L'imbécile gouverneur eut la tête tranchée.

caché et ramené à Saïgon où il subit le sort qu'il avait injustement infligé à son malheureux frère. Cette fois, on pouvait croire que tout était bien fini, que justice était faite et qu'il n'y avait plus qu'à savourer les douceurs du pouvoir. On était en 1776. Trois ans avaient suffi à cette besogne expiatoire et qui semblait suffisamment réparatrice au peuple cochinchinois. Et on croyait si bien la dynastie des Nguyen anéantie que le général Hué abandonna Saïgon avec la majeure partie de ses troupes pour s'en aller guerroyer au Tonkin.

A ce moment, l'Evêque d'Adran entre en scène avec un jeune homme de souche royale, dont il va faire la destinée glorieuse.

Pendant ce séjour de quatre années qu'il avait fait à Pondichéry, Pigneau de Behaine avait sûrement appris à connaître l'importance de la Cochinchine pour les intérêts français dans l'Extrême Orient. La correspondance de Dupleix, celle de Poivre, les réponses des ministres et leurs vues dans la question orientale, tous ces renseignements avaient porté dans son esprit la conviction que la France serait appelée à jouer quelque jour un grand rôle dans ces contrées de l'Asie. Il sentit, il pressentit que l'occasion était bonne pour planter les jalons et il n'hésita pas ; et il hésita d'autant moins qu'il lui apparut que la religion chrétienne pourrait bien bénéficier largement des résultats qu'auraient acquis ses propagateurs seuls. On reprochera plus tard à l'Evêque français d'avoir fait de la politique au lieu de s'occuper exclusivement de religion. Sa conduite fut celle d'un patriote, avant tout ; l'histoire ne saurait la blâmer.

Kaogiang est un petit village situé dans la province de Longxuyen, laquelle confinait à la principauté quasi indépendante d'Hatien. A ce coup de filet où avait été prise la famille royale dans ce village avait échappé un prince de seize ans avec sa mère. C'était le propre petit-fils de Vo-Vuong et son père avait été exclu du trône, puis assassiné, comme nous l'avons rapporté. Il devait assurément son salut à une main amie qui fort à propos lui avait ménagé une barque avec un pilote pour le guider parmi les arroyos qui de Longxuyen descendent à la mer. Et si exiguë était la barque qui avait sauvé le prince et sa fortune, qu'il la

dénomma « le creux de la main. » Poétiser sa propre infortune
n'est pas le fait d'un esprit vulgaire. Il n'y a guère de doute que
l'Evêque d'Adran, qui en ce temps-là était déjà arrivé à Hatien,
n'ait en quelque manière contribué à cette évasion. Ce qui est
certain, en tout cas, c'est que les chrétiens ne manquèrent pas
de crier au miracle, traitant le jeune candidat au trône de nouveau Moïse échappé des eaux. L'Evêque d'Adran n'ignorait pas
que les légendes parfois servent les princes dans leurs revendi-
cations et que le malheur les grandit.

On n'a pas dressé procès-verbal de ce qui se passa à Hatien
entre le petit-fils de Vo-Vuong et l'Evêque français. Il est permis
cependant d'inférer des faits qui suivirent qu'une ligne politique
ou tout au moins un plan de conduite fut concerté et arrêté. Car
on voit, d'une part, l'Evêque d'Adran quitter bientôt cette ville
et remonter dans le Haut-Cambodge, et, d'autre part, le prétendant, sa mère et les quelques serviteurs qui lui étaient restés fidèles s'éloigner également d'Hatien et se retirer clandestinement
dans une île déserte du golfe de Siam (Phu-Quoc ou Hon-dat).

Une lettre datée de « la ville royale du Cambodge (1)
(13 juin 1775) et écrite par l'Evêque à sa famille ne laisse pas,
quoique concise, de jeter un peu de lumière sur la situation.
« Mon très cher père et ma très chère mère, je suis arrivé ici
vers le milieu du mois de mars dernier. J'ai été très bien reçu
du roi et y reçois trop d'honneurs pour un homme depuis longtemps consacré à porter la croix. Je viens d'envoyer trois missionnaires prêcher dans les provinces supérieures et en garde
ici trois avec moi. J'ai trouvé, en arrivant, un peuple d'environ
mille chrétiens, où il y a une belle église bâtie en planches. J'ai
ici, à côté de moi, un séminaire et un couvent de religieuses fort
ferventes. Je jouis d'une santé assez bonne et n'attends que « la
fin de la guerre de Cochinchine » pour commencer mes visites
épiscopales. Avec le concours de vos prières, le bon Dieu nous

(1) Il s'agit d'Oudon, vieille capitale aujourd'hui abandonnée du Cambodge. La résidence de l'Evêque était à Pinha-leu, à une lieue environ
d'Oudon. En 1782, ce village fut complètement détruit par les troupes
siamoises qui envahirent le Cambodge et il ne paraît pas qu'il ait été rétabli.

fera peut-être la grâce d'étendre la religion dans tous ces beaux pays. Au moins y a-t-il quelque apparence de fruit. Je n'écris à personne de notre famille à cause de mes « grandes occupations. » Je vous prie de le faire à ma place. Je les embrasse tous et me recommande à leurs prières. Votre cher fils : Pierre, évêque d'Adran. »

Les trois missionnaires que l'Evêque avait envoyés « prêcher » dans les provinces supérieures du Cambodge se nommaient Levavasseur, Faulet (1) et Leclerc. Les trois autres restés momentanément auprès de lui étaient Grenier (2), Liot et Odemilla (3), ce dernier franciscain espagnol. Ils reçurent bientôt l'ordre de descendre dans la basse Cochinchine, en dépit de l'occupation du pays par les rebelles de Hué. L'Evêque d'Adran dira plus tard à des officiers français qu'à une époque, qu'il n'indiqua pas du reste, les Tayson lui avaient fait faire des propositions pour l'attirer dans leur parti et qu'il les avait refusées. Il est vraisemblable que ces ouvertures lui furent faites dans le temps où il était sous la protection du roi du Cambodge et où il recevait tant d'honneurs qu'il en était presque affligé, comme en témoigne sa lettre. Il avait déjà pris des engagements ailleurs. Car il n'est pas douteux que les chrétiens, sous l'impulsion de leur Evêque ou spontanément, partout en Indo-Chine, s'étaient levés contre les rebelles. Dans le Tonkin notamment, les persécutions étaient dirigées contre eux, à ce titre. En effet, Labartette, qui se trouvait à Hanoï, rendant compte de l'exécution qui avait eu lieu dans cette ville d'un Jacobin espagnol et d'un prêtre indigène, ajoutait : « Le roi a ordonné de prendre tous les missionnaires européens et tonkinois et veut que dans deux mois ils soient tous mis à mort et les églises abattues. Maintenant, on ne parle plus que de têtes coupées. Les missionnaires se dispersent et

---

(1) Faulet contracta dans cette tournée au pays des Stiengs la fièvre des bois, dont il ne se releva jamais ; il alla mourir à Batavia (1783).

(2) Fait prisonnier à Baria par les troupes des rebelles, Grenier fut si malmené qu'il en mourut (juin 1777).

(3) Pris à Cainhum, amené à Saïgon la caugue au cou, Odemilla fut longuement maintenu en prison et finalement décapité à Choquam (août 1782).

fuient. Les religieuses amantes de la croix subissent d'incroyables misères. Plus de prières en commun, plus d'instructions, plus d'assemblées, plus d'églises, plus de collèges. Nos effets, nos livres, nos chapelets sont anéantis. Nous sommes terrassés. *Beati qui persecutionem patiuntur propter justitiam* (1). »

L'Evêque d'Adran, dans sa lettre du 13 juin 1775, annonce à sa famille qu'il n'attend plus que « la fin de la guerre » pour commencer ses visites épiscopales, dans la basse Cochinchine sans nul doute. Que s'y passait-il donc ? Les Tayson qui occupaient tout le pays, considérant la lutte comme terminée de ce côté, revinrent à Quinhon avec la majeure partie de leur armée et, de là, s'élancèrent à la conquête du Tonkin. Voilà que, pendant qu'ils exécutaient ce dessein qui leur réussit du reste, la Cochinchine méridionale leur échappait ; l'Evêque pouvait donc entreprendre sans trop grand danger ses visites épiscopales, car le prince que l'on favorisait, soudain sortait de l'île où il était caché, débarquait à la pointe de Camau et se mettait en marche avec un fort noyau d'hommes déterminés. Grâce au concours des habitants, principalement chrétiens, qu'il trouva échelonnés sur sa route tout prêts à le seconder, il put s'emparer successivement et sans coup férir de Sadec, de Vinhlong, de Mytho et de Saïgon. Pour le coup, il était roi. Non, pas encore. Par politique, il avait dû se contenter provisoirement du titre de généralissime des montagnards de l'Est (Dongson), par opposition aux rebelles de Hué qui, eux, s'intitulaient : les montagnards de l'Ouest (Tayson). L'année 1776 débute par ces événements et marque la première phase politique de l'Evêque d'Adran. Il ne manqua pas assurément d'aller faire « sa visite épiscopale » à la bonne ville de Saïgon, qu'il n'avait pas vue encore, et de renouer avec le jeune prince victorieux des liens qui déjà semblent être bien étroits.

A quelle date précise, descendant du Cambodge, arriva-t-il à Saïgon ? Nous croyons qu'il y précéda son protégé qui ne serait parti de Camau qu'alors qu'il était assuré du concours des négociants chinois de Cholon, absolument gagnés à sa cause par le

(1) Labartette à l'Evêque d'Adran. Hanoï, juin 1774.

gouverneur chinois d'Hatien. Il n'y a pas que des conjectures à
cet égard. Lorsque plus tard les Tayson redeviendront les maîtres,
les Chinois de Cholon seront ruinés et décimés, par représailles,
et cet acte en dit assez.

Quoi qu'il en soit, le prétendant, l'adversaire des Tayson, était
bien en possession de Saïgon et des contrées environnantes à la
fin de l'année 1776 et il y prenait immédiatement des dispositions
politiques et militaires pour s'y maintenir et s'y fortifier contre
un retour probable des gens de Hué. C'est alors que l'action de
l'Evêque d'Adran commence à se distinguer et à se faire sentir.
Des ordonnances faites à cette époque accordent aux chrétiens le
libre exercice de leur culte, promettent aux peuples en général
une répartition plus équitable de l'impôt, annoncent enfin une
sévère répression des exactions dont les mandarins royaux se
rendaient coupables en l'absence de tout pouvoir dirigeant stable.
C'était un moyen de recruter des partisans et de se procurer de
l'argent dont on avait un besoin impérieux pour organiser la
défense. On attirait de toutes parts des hommes qu'on disciplinait
tant bien que mal et on s'appliquait à créer un matériel et un
personnel de marine capables de défendre l'accès du fleuve par
lequel on prêtait surtout le flanc à l'ennemi. Les Tayson reparurent en 1777; mais, trop faibles en nombre, ils furent repoussés.
L'année suivante, le prétendant prit le titre de seigneur (chua) et
de régent de Cochinchine. Il imposa son protectorat au roi du
Cambodge et poussa ses colonnes victorieuses jusqu'au Binh-
thuan, même jusqu'au Phuyen. Ces succès ne durèrent pas.

Il y a une lacune dans la correspondance de l'Evêque d'Adran
avec sa famille durant toute la période agitée qui précède. Qu'il
y ait eu des lettres écrites par lui, ce ne peut être l'objet d'un
doute. La France était alors elle-même en guerre avec l'Angleterre à l'occasion de l'Amérique, et les lettres de l'Evêque d'Adran
furent probablement interceptées. Toujours est-il que la correspondance ne reprend qu'en 1780. Il écrit, en effet, le 1er août de

(1) L'Evêque d'Adran résidait en ce temps-là à Tantrieu, dans les environs de Bienhoa, où le roi et sa cour déjà en fuite de Saïgon se trouvaient
en 1780.

cette année, à sa famille, et sa lettre est datée vaguement de Cochinchine, sans nulle indication de lieu : « Mon très cher père et ma très chère mère, dans votre lettre de 1778 que je n'ai reçue qu'en 1780, vous ne me donnez plus de détails comme vous aviez coutume de faire auparavant. Elle m'apprend seulement que vous jouissiez alors d'une bonne santé, ce qui à la vérité est un grand sujet de consolation. Cependant je voudrais quelque chose de plus détaillé sur ce qui regarde notre famille, oncles, tantes, frères, sœurs, cousins, etc., afin de pouvoir m'en occuper au moins quelquefois dans mes heures de délassement. Ne croyez pas que les liens qui m'attachent à vous puissent jamais se relâcher par le laps de temps ou la distance des lieux. Ils sont trop resserrés par la nature et la religion même pour pouvoir jamais souffrir la moindre altération. Je me laisse quelquefois tromper par le plaisir imaginaire de vous voir et de vous entretenir. Et quand je viens à m'apercevoir que tout cela n'est qu'une idée, la nature en est si affligée qu'il n'y a que des motifs surnaturels qui puissent l'en consoler. Dieu seul connaît ce qu'il en coûte. J'espère qu'il ne laissera pas ce sacrifice sans récompense. Dans l'état où je suis engagé les peines et les inquiétudes ne sont pas épargnées. Les jours et souvent les nuits, même entières, en sont tous et toutes parsemées. Cependant à ces peines je trouve des remèdes qu'il est difficile d'appliquer. Je jouis, cette année, d'une assez bonne santé, et n'ai même jamais été si fort depuis quinze ans que je suis dans ces pays-ci. Je ne cesse de demander à Dieu tout ce dont vous pouvez avoir besoin pour cette vie et pour l'autre. Croyez-moi toujours avec les mêmes sentiments de tendresse et de reconnaissance votre cher fils : Pierre, évêque d'Adran. »

J'ai dit plus haut qu'il n'est pas improbable que la correspondance de l'Evêque d'Adran ait été interceptée par les Anglais. Ce qui est certain, c'est que les Anglais étaient parfaitement au courant de ce qui se passait alors en Cochinchine. Il résulte de « l'Annual Register, année 1802 » que la première tentative pour établir des relations amicales avec la Cochinchine fut faite en 1778, par M. Hastings, gouverneur général des Indes anglaises.

On avait fait entrevoir à ce gouverneur quelques-uns des avantages qu'on pouvait espérer de cette mesure, ce qui l'avait engagé à donner à une maison de commerce la permission d'envoyer en Cochinchine deux vaisseaux avec des marchandises. Hastings avait chargé en même temps un des intéressés dans cette maison d'une mission semi-diplomatique qui lui donnait une espèce de caractère public. Effectivement, les agents de M. Hastings visitèrent plusieurs ports de la Cochinchine et commercèrent dans divers lieux où la guerre civile était allumée, mais ils devinrent suspects aux différents partis et furent entraînés dans des hostilités contre celui qui dominait à Hué. Peu s'en fallut que leurs vaisseaux ne fussent saisis et qu'eux-mêmes ne perdissent la vie. Toutefois, quoiqu'ils eussent été contraints d'abandonner une partie de leurs marchandises qu'ils n'avaient pas vendues, ils ne laissèrent pas de rapporter une somme considérable en espèces et en lingots d'argent (1).

Voilà un premier fait qui prouve un effort, une tentative au moins faite par les Anglais pour s'immiscer, sous couleur de commerce comme ils font toujours, dans les affaires intérieures de la Cochinchine. Nous avons à citer un autre fait rapporté dans le troisième voyage du capitaine Cook.

Les navires anglais *la Résolution* ou *la Résolue* et *la Découverte*, étant sous le commandement du capitaine Gore (car le capitaine Cook était mort quelque temps auparavant), firent escale dans l'île de Poulo-Condor (du 21 au 28 janvier 1780). Le capitaine Gore écrit : J'avais remarqué avant notre promenade à terre et je remarquai davantage à mon retour que mon interlocuteur (un insulaire) se retirait souvent en une chambre de l'extrémité de la grande maison, qu'il y demeurait quelques minutes et qu'il venait ensuite répondre à mes questions. Je soupçonnai que le capitaine (c'est le nom que l'insulaire donnait à son chef) y était et qu'il ne voulait pas se montrer. J'en doutai moins encore lorsque j'entrepris de pénétrer dans cette chambre. On m'arrêta. Enfin, il parut clairement que mes soupçons étaient fondés, car l'insulaire qui

_________

(1) John Barrow, *Voyage à la Cochinchine*, 1803-1804, tome II.

avait fait tant d'allées et de venues sortit de cette chambre avec un papier à la main qu'il me donna et je fus très surpris d'y lire une espèce de certificat écrit en « français » et conçu dans les termes que voici : « Pierre-Joseph-George, évêque d'Adran, etc., « le petit mandarin porteur de cet écrit est véritablement envoyé « de la Cour à Poulo-Condor pour y attendre et recevoir tout « vaisseau européen qui aurait sa destination d'approcher ici. Le « capitaine, en conséquence, pourrait se fier à lui, ou pour con- « duire le vaisseau au port, ou pour passer les nouvelles qu'il « pourrait croire nécessaires. A Saïgon, le 10 août 1779. Signé « Pierre, évêque d'Adran. »

Le capitaine Gore ajoute : « Nous partîmes assez contents de ce qui s'était passé, mais formant beaucoup de conjectures sur ce billet écrit en français. Un pros monté par six hommes partit de l'extrémité septentrionale du havre et rama vers nos vaisseaux, à cinq heures du soir. Un homme d'un maintien décent et d'une physionomie agréable se présenta au capitaine Gore d'une manière aisée et polie et nous en conclûmes qu'il avait vécu ailleurs que dans cette île. Il rapportait encore le billet écrit en français et il nous apprit qu'il était le mandarin indiqué dans ce papier... Après quelques questions de notre part, il nous déclara qu'il était chrétien et qu'il avait été baptisé sous le nom de Luc, qu'on l'avait fait partir au mois d'août de Saïgon et que depuis cette époque il attendait à Poulo-Condor des vaisseaux français qu'il devait conduire dans un des bons ports de la Cochinchine éloigné d'un jour de navigation. Nous lui répondîmes que nous n'étions pas français, mais anglais et nous lui demandâmes s'il ne savait pas que ces deux nations étaient en guerre. Il nous répondit qu'oui et il nous fit entendre que l'objet de sa mission était de servir de pilote aux vaisseaux qui voudraient commercer avec le peuple de la Cochinchine, et il nous montra un autre papier qu'il nous pria de lire. La suscription de l'enveloppe qui le contenait était ainsi conçue : « Aux capitaines de tous les vaisseaux européens qui relâcheront à Poulo-Condor », et le texte de la lettre portait : « Des nouvelles récentes d'Europe nous donnent « lieu d'espérer qu'un vaisseau arrivera bientôt à la Cochinchine.

« Nous avons déterminé la Cour à envoyer à Poulo-Condor le
« mandarin porteur de cette lettre pour y attendre l'arrivée du
« bâtiment. Si le vaisseau y relâche en effet, le capitaine peut
« nous instruire de son arrivée par le porteur, ou se fier au man-
« darin qui le conduira dans un port de la Cochinchine bien
« abrité et éloigné de Condor d'un seul jour de navigation. S'il
« veut demeurer à Condor jusqu'au retour de l'exprès, on lui
« enverra des interprètes et tous les secours qu'il aura deman-
« dés. Le capitaine doit sentir qu'il serait inutile d'entrer dans
« de plus longs détails. Signé : Pierre, évêque d'Adran. »

« Nous ne pûmes, ajoute le narrateur anglais, découvrir le but
et les vues des vaisseaux que l'on attendait pour la Cochinchine.
— Il est vraisemblable que les cultures de riz, courges, oranges,
grenades, etc., que l'on voit dans l'île, y ont été introduites par
l'Evêque d'Adran, afin que les vaisseaux à destination du Cambodge et de la Cochinchine y embarquent des rafraîchissements.
Si les Français ont eu autrefois et s'ils ont aujourd'hui le projet
de faire des établissements sur ces parages, Poulo-Condor est à
coup sûr bien propre à cet objet, et même c'est de là qu'ils
pourront nuire davantage à leurs ennemis en temps de guerre.
— Le mandarin nous demanda, lors de notre départ, une lettre
de recommandation pour les capitaines des vaisseaux qui mouil-
leraient. Le capitaine Gore la lui donna avec un présent assez
considérable. Il lui donna aussi une lettre avec une lunette pour
l'Evêque d'Adran, en le priant de la lui offrir comme un témoignage de notre amitié (1). »

Ces divers documents ne témoignent pas seulement de la
grande influence qu'alors exerçait l'Evêque d'Adran dans les
affaires de la Cochinchine, mais encore du soin qu'il apportait à
écarter l'ingérence anglaise, qui déjà s'offrait diplomatiquement,
et à n'appuyer son action que sur le concours et le secours de la
France. On voit, en effet, qu'il attendait un vaisseau destiné sans
doute à prendre part à la lutte qui allait bientôt s'engager autour
de Saïgon. Ce vaisseau n'arriva probablement pas en temps utile.

_______________

(1) Relation du 3º voyage de Cook, *passim*.

En attendant, voyons ce qui s'était passé au Tonkin pendant cette période (1775-1780). Les Tayson victorieux dans la basse et moyenne Cochinchine y avaient porté toutes leurs forces et s'étaient emparés d'Hanoï. Nhac avait mis sur sa tête la couronne tombée de celle du roi Lé, lui aussi fugitif et abandonné. Labartette écrit à Pigneau de Behaine (août 1776) : « La guerre et la famine ont fait ici tant de ravages qu'il a déjà péri près de la moitié des habitants du royaume. Nous voyons ici tout ce qu'on lit de plus terrible dans les histoires. Le pays, autrefois si riche et si fertile, est presque totalement ruiné... Pour ce qui est des affaires de la religion, tout est ici dans la plus grande tranquillité. Personne ne pense à persécuter les chrétiens. Je viens d'entrer dans la province de Dinh-Cat, où depuis près de trente ans il n'y a eu aucun missionnaire. » Sous la domination des Tayson la persécution fut intermittente, selon qu'ils avaient intérêt à ménager ou à ne ménager pas les chrétiens. De sorte que Labartette écrivait encore en 1779 : « Pendant ces trois ou quatre dernières années, la religion a fait dans cette partie des progrès sensibles... » Les grands coups allaient se porter dans la basse Cochinchine, où s'organisait une résistance que les Tayson résolurent de briser.

La défense de Saïgon, dirigée par l'Evêque d'Adran qu'on avait improvisé ministre de la guerre, avait pris sous son énergique impulsion des développements étendus durant les quelques années de répit qui venaient de se passer. On avait élevé le fort de Tinghe sur les bords de l'arroyo de l'Avalanche, d'où l'on dominait le cours du fleuve. Les troupes avaient été exercées à manœuvrer à l'européenne. On avait couvert toutes les hauteurs de fortifications en terre palissadées en bois de cocotier (1). On avait, enfin, organisé une division de volontaires chinois,

(1) C'était un souvenir des études faites par Pigneau de Behaine à Pondichéry. Il savait que Dupleix, en palissadant les terrassements avec du bois de cocotier, lequel est spongieux, avait bravé les trois cents canons de l'amiral anglais Boscaven et finalement l'avait vaincu par sa résistance incompréhensible. A la guerre comme ailleurs le génie a ses surprises. Pigneau de Behaine fut moins heureux ; il avait de mauvaises troupes, et il en eut contre lui de meilleures.

commandée par un général chinois du nom de Li, et à laquelle on avait donné des pavillons noirs pour la distinguer des troupes royales qui avaient adopté des enseignes blanches, et des rebelles qui avaient arboré les couleurs rouges. Postée dans les provinces du Binhthuan et du Phuyen dont elle devait garder les défilés, la division chinoise fut culbutée et dispersée par les armées des Tayson sorties de Quinhon, lesquelles dès lors se répandirent dans la basse Cochinchine, pillant et ravageant tout sur leur passage. Tandis que ces armées victorieuses s'avançaient vers Saïgon, les Tayson avec leur flotte forte de cent galères de guerre remontaient le Donnaï. Un combat naval fut livré dans le fleuve. L'escadrille du prétendant fut anéantie. La citadelle et la ville de Saïgon furent emportées d'assaut. Les défenseurs reculèrent derrière le Vaïco. Exaspérés contre les Chinois, à cause du concours qu'ils avaient donné à leur adversaire, les Tayson égorgèrent presque tout ce que Cholon renfermait de Célestes, hommes, femmes, enfants. Dix mille cadavres jetés dans l'arroyo répandirent la peste partout. Une seconde bataille livrée au Vaïco fut également perdue. Après ces désastres, le prétendant n'eut d'autre ressource que de se replier à l'ouest et de gagner le golfe de Siam, tandis que l'Evêque d'Adran s'en retournait au haut Cambodge.

C'est dans ces circonstances terribles et à la suite de ces événements cruels que l'Evêque d'Adran adressa à sa famille la lettre suivante : « De Cochinchine (probablement de Bienhoa), le 20 juillet 1781. — Mon très cher père et ma très chère mère, vous me faites cette année de vifs reproches sur ma prétendue négligence. Je les reçois avec soumission, quoique je puisse facilement m'en excuser. Je vous laisse juges de mon attachement filial par votre amour paternel. Je suis donc dans un pays où le respect et la soumission envers les parents sont regardés comme les premières de toutes les vertus. Comment pourrais-je y devenir indifférent sur ce qui peut vous toucher? Après une lettre pour la Cour de Rome, celle qui vous est adressée est toujours la première que j'écris. Il arrive qu'elles ne vous parviennent pas. C'est sans doute au malheur des guerres ou à la dis-

tance des lieux qu'il faut vous en prendre. Ma santé depuis un
an est meilleure qu'elle n'avait jamais été depuis mon départ de
France. Je suis enfin accoutumé à l'air du pays qui est ordinairement fatal à la plupart des Européens.

« Ce royaume de Cochinchine où je suis est depuis huit ans
en proie aux guerres civiles et a essuyé tout ensemble les plus
terribles fléaux dont Dieu se sert pour punir les hommes, la
guerre, la peste et la famine. De ces trois, il en reste le premier,
qui peut-être ne finira pas de sitôt. Ces calamités publiques ne
sont pas un petit obstacle à la propagation de la religion, tout le
monde étant plus occupé à pourvoir aux nécessités du corps
qu'à penser aux besoins de l'âme. Cependant la mission n'est pas
tout à fait sans fruits ; dans le seul royaume de Cochinchine,
sans parler des royaumes du Cambodge et du Ciampa, il y a tous
les ans plus de mille gentils qui reconnaissent leur erreur et se
décident à suivre la lumière de l'Evangile. Le nombre en serait
beaucoup plus grand si les ouvriers étaient plus multipliés, mais,
dans l'espace de trois cents lieues, je n'ai avec moi que quinze
missionnaires tant européens que prêtres du pays. Ce peu de
personnes est déjà beaucoup trop occupé à prendre soin de
80.000 chrétiens qui sont déjà dans toute la contrée pour pouvoir
donner quelque temps à en faire de nouveaux.

« J'ai célébré la sainte messe pour mes oncles Pierre et Antoine. Qu'est devenu le fils du premier marié à Laon ? J'attends
tous les ans un état détaillé de notre famille. C'est le seul moyen
de me dédommager du plaisir que je goûterais si je pouvais m'en
informer sur les lieux. Je ne vous écris pas plus au long, parce
que les choses que je pourrais vous marquer *ne sont pas connues* (1). Dieu vous comble et toute notre famille des biens véri-

---

(1) Cette lettre prouve que l'Évêque avait reçu à Bienhoa la nouvelle de
la défaite des troupes sous Saïgon et de leur retraite sur la deuxième
ligne (le Vaïco). Lui-même sachant les intentions de l'ennemi à son égard
ne pouvait manquer de faire en ce moment ses préparatifs de départ pour
emmener au Cambodge son personnel et son matériel. En effet, on se
jeta avec des vivres dans des barques qui remontèrent le Mékong. Ces
choses-là, il importait, en effet, qu'elles ne fussent pas connues. Il importait de ne pas les livrer au papier.

tables qu'on peut attendre en ce monde et nous réunisse tous en l'autre pour le louer à jamais dans l'éternité ! »

Un an se passe et nous apprenons que l'Evêque d'Adran avait réussi à se retirer sain et sauf de la Cochinchine, mais non pas sans avoir couru d'extrêmes périls. Le 21 juillet 1782, il écrit, en effet, à sa famille : « Mon très cher père et ma très chère mère, toutes vos lettres sont des reproches et m'attaquent sur un article où je suis le plus sensible. Je crois, en effet, n'avoir laissé passer aucune occasion de vous donner de mes nouvelles. Prenons-nous-en au malheur des guerres et à l'éloignement des lieux.

« Je viens encore de sortir tout nouvellement de circonstances très fâcheuses, sans savoir quelles en seront les suites. Le pauvre roi de Cochinchine *avec lequel j'étais si lié* vient d'être battu par les révoltés et obligé de se retirer dans une île. Tous ses généraux sont encore à se battre actuellement. Selon les bruits qui courent, ils ont déjà remporté plusieurs victoires (ces bruits étaient faux). J'ai été obligé de me réfugier au Cambodge, autre royaume de ma juridiction, pour y attendre l'événement de cette guerre. Il n'y a pas encore huit jours que je suis hors de danger et en ce moment que je vous écris je suis dans un bateau. Je vous écris tout ceci pour m'excuser un peu de la négligence dont vous m'accusez.

« De toutes mes lettres qui toutes les années sont en si grand nombre, je n'en écris moi-même que quatre, à savoir : une à Rome, une à Paris, une autre au procureur de Macao et celle-ci. Je suis obligé de remettre toutes les affaires à l'année prochaine. Ne vous plaignez donc point si je vous écris en si peu de mots. Je le fais seulement pour vous dire que je suis encore en vie et que même je jouis d'une très bonne santé. Dieu vous conserve en cette vie, afin d'avoir plus de temps de faire des provisions pour la vie future ! J'embrasse toute ma famille et ne cesse d'être avec le même respect votre très cher fils : Pierre, évêque d'Adran. »

Bien qu'écrite « dans un bateau » cette lettre est datée « près Oudon, au Cambodge. » L'Evêque était donc rentré dans son ancienne résidence de Pinhaleu.

# CHAPITRE QUATRIÈME

L'Évêque d'Adran ne retrouve au Cambodge que la ruine de ses chrétientés. — Il est obligé de chercher asile dans le haut Mékong avec son
personnel. — Son retour à Saïgon. — Nouvelle fuite. — Il remonte sur
ses bateaux et se réfugie cette fois dans le golfe de Siam. Le roi de
Cochinchine, complètement battu par les Tayson, se résout, pressé par
l'Évêque d'Adran, à demander officiellement le secours et le concours de
la France ; mûre délibération du conseil royal. — Texte de cette délibération pour l'exécution de laquelle Pigneau de Behaine est envoyé en
France avec le prince Canh et deux mandarins-ministres. — Texte d'une
lettre du roi de Cochinchine pour le roi de France. — Départ de Phuquoc ; arrivée à Pondichéry. — L'Évêque est froidement reçu par
Coutenceau des Algrains, gouverneur de l'Inde, et par le vicomte de
Souïllac, gouverneur général des iles de France et de Bourbon. — L'Évêque français violemment attaqué et dénoncé à Rome.

Lorsqu'il écrivait à sa famille, le 21 juillet 1782 : « J'ai été
obligé de me réfugier au Cambodge ; — il n'y a pas encore huit
jours que je suis hors de danger ; — au moment où je vous écris,
je suis dans un bateau », Mgr Pigneau de Behaine avec sa
concision ordinaire exposait, certes, exactement sa position.
Comme en 1770, il avait, en effet, recommencé à mener une vie
errante, incertaine du lendemain et toujours exposée à mille
périls au milieu de ces pays que bouleversait la guerre civile.
Cette fois, du moins, il avait pu prendre ses précautions. Il
s'était fourni, à Saïgon même, de solides barques, les avait fait
réunir dans un des bras du Mékong et y avait entassé le plus
possible de provisions de bouche, afin de ne pas être exposé à
trop pâtir, si, le cas échéant, lui et son nombreux personnel,
après embarquement, étaient obligés d'éviter le contact avec
les populations riveraines du fleuve. Ces prévisions et ces sages
précautions n'étaient point vaines.

En effet, tandis que l'Evêque d'Adran, avec ses embarcations chargées du personnel et des vivres, remontait le Mékong, et alors qu'il n'était déjà plus qu'à une journée de marche d'Oudon où l'on comptait débarquer, voilà que les chrétiens de Pinhaleu accoururent à sa rencontre et lui exposèrent qu'ils fuyaient devant une armée de Siamois, laquelle subitement avait envahi le royaume, et exerçait partout le pillage et l'incendie. On embarqua ce nouveau contingent de chrétiens et on se maintint au large dans le vaste et secourable fleuve. Au bout d'un mois, les Siamois ayant évacué le pays, on remit pied à terre à Pinhaleu, on y réédifia dans les cendres quelques cabanes en planches, où les chrétiens nomades s'abritèrent.

Dans la basse Cochinchine la situation ne s'améliorait toujours pas. Les révoltés Tayson s'y maintenaient énergiquement par le fer et le feu, et, à ce moment même, ils venaient d'imposer au roi du Cambodge leur protectorat, dont l'une des conditions était l'expulsion immédiate des chrétiens cochinchinois réfugiés sur son territoire ou errants à travers le Mékong. Le péril étant imminent, l'Evêque ordonna aux chrétiens de se disperser ; lui-même quitta Pinhaleu, remonta avec les gens qu'il avait amenés de Saïgon dans ses bateaux, et, à la faveur de la crue périodique du Mékong, ce capitaine (1) des fleuves, selon la pittoresque expression de Camoens, il alla, il s'enfonça dans les solitudes du Laos, comptant bien y être enfin à l'abri des coups de l'intraitable fortune adverse. L'Evêque français, à ce que rapportent les *Annales religieuses*, put, sur les calmes eaux du grand lac, célébrer en paix, en toute sécurité, sa fête patronale, qui était celle de saint Pierre (29 juin 1782). De retour au Cambodge après cette excursion (c'était à la Toussaint), Pigneau de Behaine rassembla ses chrétiens éparpillés et les groupa en un endroit nommé Macbat. Il y réorganisa le séminaire et y laissa pour le diriger ses principaux collaborateurs. Puis, ayant appris que le roi de Cochinchine avait réussi à s'emparer de Saïgon, il

(1) Mécom rio... que capitao de las agoas se interpreta. (Os Lusiadas, canto X.)

s'empressa d'aller l'y rejoindre. Comme il pressentit que ce succès inespéré ne durerait guère, il prit aussitôt des dispositions pour un départ prochain. Les Tayson reparurent avec des forces considérables en mars 1783, mais le roi s'était déjà replié sur Bienhoa et l'Evêque sur Macbat. Il répartit son personnel, les uns à Laithieu, au nord de Saïgon ; les autres, à l'ouest, sur les confins du Cambodge ; il leur indiqua des retraites en cas d'attaques toujours possibles et il s'embarqua, le 19 mars, sur ses bateaux qu'il avait abondamment munis de provisions. Il se dirigea alors, non plus dans la direction du haut Mékong, mais du côté de la mer de Siam, et, pour les fêtes de Pâques, il était arrivé dans une petite île (Poulo Obi, sans doute), qui se trouve tout près de la pointe de Camau. Quittant bientôt cette île, il alla aborder en un point de la terre ferme pour se procurer des bois propres à la réparation de ses barques. Sa suite se composait de soixante-neuf personnes. Cette localité est si malsaine que plusieurs succombèrent à des fièvres malignes. L'Evêque d'Adran eut la douleur de perdre un jeune prêtre indigène qui l'accompagnait depuis douze ans, qu'il affectionnait tout particulièrement et dont la mort lui causa un chagrin profond.

Comme il pleurait silencieusement auprès du moribond, celui-ci s'en étant aperçu lui dit avec le sourire sur les lèvres : — « Monseigneur, mon Père, auriez-vous perdu votre constance ordinaire ? auriez-vous oublié les miséricordes du bon Dieu ? Demain ou après-demain je mourrai et paraîtrai au jugement de Dieu. Pourquoi vous mettre en peine de moi ? L'état où vous êtes est si agréable à Dieu qu'il ne vous refusera pas le salut de ma pauvre âme. Ne vous découragez pas ; vos peines présentes passeront ; Dieu couronnera enfin vos travaux. » En entendant ce ferme et pieux langage, l'Evêque d'Adran rapporte dans une de ses lettres qu'il ne put se contenir et que le reste du jour il pleura dans les bois sur sa faiblesse, demandant à Dieu de lui donner le courage dont il avait besoin pour continuer à porter sa lourde croix (1). Un autre prêtre indigène (Paul Nghi est son

_______________

(1) Louvet, *la Cochinchine religieuse*, tome Ier, p. 405.

nom), duquel il sera bientôt question, eut l'honneur de partager, avec celui dont nous ne savons que la mort et les touchantes paroles ci-dessus relatées, la confiance, l'affection de l'Evêque d'Adran, et tous deux les méritèrent par leur absolu dévouement à sa personne. Ce furent deux hommes de cœur.

Le roi de Cochinchine ne tarda pas à rejoindre l'Evêque d'Adran dans ces parages inhospitaliers. Tous deux, quoique brisés par une série de malheurs successifs et continus qui semblaient s'attacher à leurs communes destinées et les confondre, ils ne désespérèrent pourtant pas de la fortune. Réunissant leurs efforts et leurs ressources, ils prirent le parti d'aller à l'archipel de Poulo-Condor, afin de délibérer de nouveau sur la situation et prendre de suprêmes résolutions. Ils s'y rendirent effectivement l'un et l'autre, mais par des voies différentes, et ils y délibérèrent longuement (décembre 1783, janvier 1784).

Les situations respectives du roi et de l'Evêque étaient au fond identiques. Pour l'Evêque, tout espoir de rentrer dans la basse Cochinchine, tant qu'elle serait occupée par les Tayson, était illusoire et plein de gros périls, les Tayson persistant à lui attribuer personnellement, non sans motifs plus ou moins fondés, la résistance opiniâtre, incessamment renouvelée, qu'ils rencontraient ; le Cambodge n'était pas sûr, les troubles et la persécution y régnaient ; le roi de Siam avait bien autorisé le transfert du séminaire à Chantabun, mais il avait interdit à l'Evêque l'entrée de son royaume, parce que les rebelles lui avaient fait cette condition qu'il ne pouvait éluder sans courir le risque de se les attirer sur les bras, tant ils étaient menaçants et redoutables ; se transporter dans la haute Cochinchine avec ses barques était de facile exécution, sans doute, mais c'était affronter un danger certain, si les Tayson parvenaient à s'emparer de la personne de l'Evêque ; descendre à Malacca ? on ne pouvait y songer en ce moment où la mousson était trop avancée. L'Evêque était donc environné de dangers de toute sorte et de difficultés insurmontables. Un seul parti restait à prendre, celui de passer le restant de l'année (1784) dans le golfe de Siam, et l'Evêque s'y résigna.

Le roi de Cochinchine n'était pas en meilleure posture que son conseiller. Le roi de Siam s'évertuait à lui faire de belles promesses, mais il n'ignorait pas et il avait des raisons de craindre que son intervention cachait des projets de domination tant sur le Cambodge que sur les provinces du Donnaï qu'il ne s'était jamais lassé de revendiquer. Il avait reçu des offres de services de la part des Hollandais, des Anglais, des Portugais et des Espagnols ; mais il ne pouvait consentir à introduire des étrangers dans son pays, pour ne pas aliéner son indépendance ; le prix de ce concours était trop onéreux. Que ma maison périsse, soit ! disait-il à l'Evêque avec conviction, mais que du moins la liberté de la nation cochinchinoise demeure entière et sauve. Ainsi raisonnait avec un sentiment patriotique ardent le roi légitime, et l'Evêque, ému et convaincu, abondait dans son sens, surtout pour ne pas ouvrir la Cochinchine aux protestants et calvinistes d'Angleterre et de Hollande qu'il savait toujours prêts à se jeter sur cette proie. Et alors l'Evêque d'Adran insinua au roi que si, en fin de compte, on était réduit à faire par absolue nécessité un appel à l'étranger, pourquoi ne pas s'adresser à la France? Cette idée, alors projetée pour la première fois peut-être dans l'esprit du roi, allait y germer. On l'écarta cependant pour l'instant, et on décida qu'on accepterait au pis aller le concours du roi de Siam, comme étant le moindre des maux que l'on avait à subir et dans la conviction où l'on était que Siam se briserait à son tour contre les Tayson. Il y aurait encore cet autre avantage, pensaient les deux hommes d'Etat, d'affaiblir Siam dans cette lutte démesurée et de l'aigrir, tout en affaiblissant et aigrissant leurs communs adversaires. C'était, en tout cas, un moyen de gagner du temps. En conséquence, le roi alla porter à Siam ses propositions, et l'Evêque d'Adran choisit pour résidence l'île de Poulo-Way, où il se transporta dans un simple petit bateau manœuvré par une équipe de rameurs éprouvés, ayant pour seul compagnon le prêtre indigène Paul Nghi.

Poulo-Way, îlot perdu dans le golfe de Siam, est seulement peuplé de pigeons ramiers et d'oiseaux aquatiques. Après l'exis-

tence tumultueuse qu'il avait menée, Poulo-Way fut pour l'Evêque
d'Adran comme une calme et calmante oasis que la divine Providence lui ménagea sans doute pour lui permettre de rafraîchir
son sang, de recouvrer et retremper ses forces. Neuf mois s'y
écoulèrent ainsi dans une tranquillité parfaite, profonde, inou-
bliable dans son orageuse destinée. « Cette île, écrivait-il, a environ une lieue de long sur à peine une demi-lieue de large, et on
peut la regarder à tous égards comme un endroit enchanté. Si je
ne me croyais destiné à beaucoup d'autres travaux pour l'expia-
tion de mes péchés, je serais trop heureux d'y passer le reste
d'une vie qui, après tant de vicissitudes, aura vraisemblablement
un triste dénouement. » C'est encore la lutte et encore des dangers en perspective.

Au commencement de décembre 1784, il fallut s'arracher à
cette douce et solitaire existence et reprendre le collier de
misère. Le roi de Cochinchine, battu encore une fois par les
Tayson, venait d'arriver à Poulo-Condor avec son Conseil et ce
qui restait de sa garde décimée, en tout un millier d'hommes.
L'Evêque aussitôt prévenu se jeta dans son petit bateau que ses
loisirs lui avaient permis de radouber avec soin et il cingla vers
Poulo-Condor. Le roi était désolé quoique ferme encore, son
entourage absolument anéanti. A tous, le désastre paraissait irré-
médiable. Toutes les ressources en hommes, en argent, en matériel, étaient épuisées. Si on pouvait être secouru, ce n'était que
du ciel. L'Evêque cependant, sans se laisser décontenancer,
rappela la proposition qu'il avait précédemment soumise de
s'adresser à la France, à la nation française, généreuse, miséri-
cordieuse et forte, la tête des nations du monde, disait-il ; il
parla avec chaleur, avec conviction. Il représenta de nouveau
que les Tayson, maitres de Hué, de Hanoï, de Saïgon et tout à
l'heure de Bangkok et d'Oudon, avaient déjà une telle puissance
et de telles ressources qu'aucune nation asiatique ne viendrait à
bout de les briser et que de toute nécessité il fallait avoir recours
à des forces extérieures, ou bien se soumettre et se mettre sous
leur joug détesté ; que c'était folie de compter encore sur Siam
pour arrêter leurs progrès ; que Siam inévitablement tomberait

à son tour sous leurs coups ; qu'il n'y avait de salut à espérer
que, d'une part, dans la fédération de tous les peuples de race
cochinchinoise, dans un soulèvement général, et, d'autre part,
dans l'action de la France dont il était urgent d'implorer le protectorat. Hors de là, il ne voyait, lui, que guerres intestines, que
l'anarchie, que la ruine finale de tous, l'anéantissement de la
nation, enfin.

Pendant qu'on délibérait, tout à coup on reçut avis que la flotte
des Tayson descendant la rivière du Donnaï allait pousser une
pointe sur Poulo-Condor pour s'emparer du roi et en finir du
coup. On se jeta en hâte dans des barques, qui filèrent dans la
mer de Siam. Bientôt on arriva à l'île de Phuquoc, en face d'Hatien, que les Tayson n'avaient pas encore osé attaquer. L'examen
de la situation fut repris à Phuquoc, en Conseil. L'opinion de
l'Evêque prévalut. Il fut donc arrêté que le roi demanderait asile
au roi de Siam ; qu'il s'y réfugierait avec le millier de sujets
restés fidèles à son infortune ; et que, de son côté, l'Evêque
d'Adran franchirait les mers et irait d'abord à Pondichéry, en
France ensuite, s'il le fallait, pour demander un secours en hommes et en matériel de guerre, et offrir officiellement en compensation la cession d'un port, de quelque partie de territoire et le
protectorat sur tout le royaume de la Cochinchine. Des pouvoirs
et des instructions en conséquence furent donnés à l'Evêque ;
les voici textuellement.

### Délibération du Conseil royal de la Cochinchine (1).

« Le Conseil ayant délibéré sur l'état présent des affaires publiques, il fut résolu :

I. — Que le secours d'une puissance européenne devenant
nécessaire pour rétablir le roi dans tous ses droits, Sa Majesté
serait priée de remettre ses intérêts entre les mains du roi de
France dont la puissance, la beauté et l'équité du gouvernement
lui étaient connues, par préférence à toute autre nation européenne.

(1) Archives des affaires étrangères ; fonds : Indes orientales (inédit).

II. — Que, pour commencer et terminer une négociation de cette importance, il serait proposé au roi de s'adresser à M. l'Evêque d'Adran, français d'origine, dont toute la nation connaît depuis longtemps la prudence et l'amour du bien.

III. — Que le roi le munirait de pouvoirs illimités pour, au nom de Sa Majesté, demander à la Cour de France les secours nécessaires, et prendre avec elle les arrangements les plus convenables et les plus propres à procurer l'avantage des deux nations intéressées.

IV. — Que, pour assurer ladite Cour de France de la droiture de ses intentions, ledit seigneur-roi serait prié de consentir à remettre entre les mains dudit prélat français le prince royal, son fils unique et héritier de ses Etats, s'en rapportant à ses soins pour l'éducation d'un prince si cher au cœur du roi et si précieux à toute la nation.

V. — Que, pour éviter les difficultés de s'assurer du véritable contenu d'écrits faits en langue étrangère et dans un pays où il n'y a d'interprètes que les personnes intéressées, le roi serait prié de vouloir confier audit prélat le sceau principal de sa dignité royale et qui par toute la nation en est regardé comme l'investiture, afin que, dans tous les cas, la Cour de France fût assurée des pouvoirs de M. l'Evêque d'Adran et pût compter sur le succès de l'entreprise qu'elle pourrait faire.

VI. — Que ledit prélat demanderait à la Cour de France, au nom du roi de la Cochinchine, un secours de quinze cents hommes, le nombre de vaisseaux nécessaire pour leur transport; de l'artillerie de campagne, des munitions de guerre et tout ce qu'il serait nécessaire et utile à l'expédition.

VII. — Qu'il sera donné pour gouverneur au prince royal et héréditaire et pour accompagner l'Evêque d'Adran, deux des principaux officiers de la Cour avec toute la suite nécessaire, lesquels officiers seront aussi garants du désir sincère qu'a le roi de traiter avec la Cour de France.

VIII. — Que M. l'Evêque d'Adran sera chargé de proposer au nom du roi et de son Conseil de faire cession et de donner au roi de France, en pleine et entière souveraineté, l'île qui ferme le port principal de toute la Cochinchine, appelé par les Européens le port de Touron (1) et par les Cochinchinois Hoïnan, pour y faire des établissements en la manière et forme qu'il jugera plus à propos.

IX. — Qu'il sera de plus accordé à la nation française, conjointement avec les Cochinchinois, la propriété dudit port, afin d'y pouvoir garder, caréner et construire tous les vaisseaux que la Cour de France jugera nécessaires.

X. — Que ledit prélat proposera aussi à la Cour de France la propriété de l'île appelée Poulo-Condor.

XI. — Que le roi accordera à la nation française le commerce de ses Etats exclusivement à toutes les nations européennes.

XII. — Que le roi s'engagera, si la France le rétablit et le soutient dans ses Etats, à donner au roi de France les mêmes secours en soldats, matelots, vivres, vaisseaux, galères, etc., toutes les fois qu'il en sera requis et partout où besoin sera.

XIII. — Que le roi sera prié de prévenir M. l'Evêque d'Adran que, si la Cour de France venait à demander des choses que Sa Majesté n'aurait pu prévoir, ledit prélat ne devrait y consentir qu'autant que les articles demandés ne porteraient préjudice en aucune manière aux intérêts de son peuple dont ledit seigneur-roi est le père et le défenseur ; que ledit prélat, parfaitement instruit des mœurs et coutumes des Cochinchinois, représenterait à la Cour de France que le traité que le roi désire conclure avec elle n'aurait de consistance qu'autant que les conditions en seraient équitables et avantageuses aux deux nations contractantes.

XIV. — Enfin, que le roi sera prié de faire connaître à M. l'Evêque d'Adran que, en remettant entre ses mains son sort et celui de tous ses sujets, il attend de son attachement pour sa personne royale qu'il mettra dans cette négociation, avec la célérité mesurée par les circonstances, toute la prudence et la maturité que ledit seigneur-roi lui a toujours reconnues ; que de cette opération dépend le succès d'un ministère qu'il a rempli avec zèle et pour lequel il a fait les plus grands sacrifices ; qu'enfin en faisant

(1) Tourane.

connaître par le succès la bonté de l'Etre suprême dont il est le ministre, et la bienfaisance du grand Roi dont il est le sujet, il méritera à jamais les éloges et la reconnaissance du roi et de toute la nation cochinchinoise.

« Délibéré au conseil royal le 10e jour de la 7e lune de la 43e année du règne de Canh-hung. »

En outre de ce document qui lui conférait pleins pouvoirs pour traiter avec la cour de Versailles, l'Evêque d'Adran reçut une lettre autographe du roi de Cochinchine au roi de France, dont voici la traduction fidèle :

« Malgré la différence d'étendue de mon pays et celle de votre illustre royaume, malgré la distance considérable qui nous sépare ; persuadé que vous croirez à ma sincérité, je me suis décidé, d'après l'avis de Canh-chi (l'Evêque d'Adran), de m'adresser à vous. J'ai donc confié mon fils Canh à Canh-chi et lui ai remis le sceau de l'empire, afin que vous ayez toute confiance en lui, pour qu'il se rende auprès de vous et vous demande les secours nécessaires pour rentrer dans mon royaume. Connaissant vos vertus, je me flatte que vous daignerez accueillir mon jeune enfant, que vous aurez compassion de mon sort, et j'espère que dans peu j'aurai la joie de le voir revenir avec les secours nécessaires. J'attends avec impatience le retour de Canh-chi, et soyez persuadé que je conserverai pour toujours le souvenir de vos bienfaits (1). »

Muni de ces documents qui l'accréditaient, l'Evêque d'Adran quitta Phuquoc avec le prince Canh, deux mandarins, membres du conseil royal, une escorte d'environ 40 soldats indigènes et son fidèle Paul Nghi. Le 19 décembre il arriva à Malacca, et il débarqua à Pondichéry à la fin du mois de février 1785. Il s'installa à Virampatnam, dans le local qu'il avait habité au temps où il dirigeait le collège « des saints Anges. »

(1) Les originaux de ces pièces se trouvent aux archives de notre ministère des Affaires étrangères.

Le gouvernement de nos établissements dans les Indes était alors entre les mains d'un honorable et vieux militaire, usé par de longs services coloniaux, Coutenceau des Algrains (1), brigadier des armées du roi, esprit sans élévation, sans initiative et par surcroît irrésolu par caractère et timoré jusqu'à la pusillanimité dans les affaires d'ordre civil ou politique. Précisément à ce moment-là encore se trouvait à Pondichéry, où il faisait sa tournée annuelle, le capitaine de vaisseau vicomte de Souïllac (2), gouverneur général des îles de France et de Bourbon, duquel relevait le gouverneur particulier de l'Inde. De Souïllac, malgré la fonction élevée qu'il occupait, n'était pas un digne continuateur de Dupleix et de Poivre. C'était ce qu'on appelait « un blanc pur », c'est-à-dire un médiocre officier, n'ayant que du dédain pour tout ce qui n'était pas « marin. » C'est une école dont on suit la trace fâcheuse dans notre histoire coloniale. L'Evêque d'Adran avait des données évidemment sur l'un et l'autre de ces officiers, car on le voit hésiter beaucoup à leur communiquer ses projets. Il s'y résout enfin, pressé par la nécessité d'agir et sans espoir d'ailleurs d'un prochain changement de personnes.

« M. l'Evêque d'Adran, écrit le vicomte de Souïllac au ministre de la marine, m'a entretenu de ses projets et m'a pressenti sur les secours à accorder au roi de la Cochinchine. Je lui ai répondu que je ne pourrais rien faire sans les ordres de la cour, mais qu'en attendant j'expédierais un bâtiment à la Cochinchine pour prendre des renseignements. Cette dernière mesure ayant vraisemblablement paru trop lente au prélat, il éluda ma proposition, et moi-même je n'y songeai plus (3). » Cependant, ayant rallié son poste à l'Ile de France, le vicomte de Souïllac, qui avait sans doute pris en mer des renseignements sur la Cochinchine, est tout à coup éclairé et écrit au ministre, en manière de post-

(1) Coutenceau des Algrains, né à Bussy-Saint-Georges, près Meaux, le 28 mars 1730, mort à Paris le 15 avril 1788.

(2) Souïllac (François, vicomte de), né au château de Bardou, en Périgord, le 2 juillet 1732. Non compris dans la formation du 1er janvier 1790, c'est-à-dire rayé des cadres de la flotte française, autrement dit révoqué.

(3) Archives coloniales, correspondance des gouverneurs. Pondichéry, mars 1785.

scriptum à sa précédente lettre : « Après mûre réflexion, je considère le projet d'un établissement à la Cochinchine comme étant sans valeur aucune, à tous les points de vue (1). »

Coutenceau des Algrains qui, lui, était resté à Pondichéry et avait eu des rapports fréquents avec l'Evêque d'Adran, avait écrit, de son côté, au même ministre : « L'Evêque d'Adran donne à ses idées une facilité dans l'exécution qui pourrait surprendre la crédulité d'un grand nombre. Ce prélat, en effet, assure que l'expédition qu'il propose pour rétablir le roi de Cochinchine sur son trône peut se faire avec peu de monde, sans compromettre la nation, sans dépenses en espèces, et avec l'assurance non seulement de couvrir les frais, mais d'y trouver l'avantage d'établir un commerce considérable, par lequel on se procurerait de la cannelle, du poivre, du sucre, du café, de l'ivoire, du thé, de la laque, du cardamome, du riz, du bois de construction, de mâture, etc. Cela ne mérite pas beaucoup d'attention (2). »

Ces lettres, identiques dans le fond et évidemment concertées entre de Souïllac et Coutenceau, n'étaient que l'écho d'une politique hostile qui, en visant la personne de l'Evêque français, tendait à la ruine de ses projets et de ses espérances. Les inspirateurs étaient à Madras, à Batavia, à Macao. Coutenceau et de Souïllac furent les dupes, les complices peut-être inconscients de l'étranger dans ces circonstances. L'histoire ne saurait avoir de tendresses pour de pareils hommes.

Le 22 mars 1785, Mgr Pigneau de Behaine écrivait de Pondichéry au directeur des Missions étrangères de Paris, pour l'informer que le prince Canh et les mandarins qui l'accompagnaient se rendraient, seuls, en France, et que, quant à lui, il n'attendait qu'une occasion pour retourner en Cochinchine, mais en passant par Macao. Cette lettre que nous n'avons pas lue, qui doit se trouver pourtant dans les archives de la maison des Missions étrangères à Paris, puisque le missionnaire Louvet nous en a

(1) Archives coloniales, correspondance des gouverneurs. Ile de France, juin 1785.

(2) Archives coloniales, correspondance des gouverneurs. Pondichéry, avril 1785.

révélé l'existence, serait-elle une preuve de la versatilité de l'Evêque d'Adran ou la marque d'un caractère qui nous aurait totalement
échappé jusqu'à présent? A défaut du texte de la lettre, nous
avons les commentaires de M. Louvet, qui éclairent parfaitement la situation où se trouvait, au point de vue religieux, Mgr
Pigneau de Behaine au moment où il débarquait à Pondichéry.

M. Louvet assure qu'il y apprit, en effet, qu'il avait été dénoncé
à Rome par des confrères qui blâmaient sa conduite et que sa
conscience de prêtre en fut troublée. Que lui reprochait-on ?
M. Louvet va nous l'apprendre : « Une des choses, est-il écrit
dans son livre, que le Saint-Siège a toujours recommandées le
plus instamment à tous les ouvriers apostoliques, c'est de ne
jamais s'immiscer, sous aucun prétexte, dans les questions politiques et de s'occuper uniquement de prêcher l'Evangile à tous,
sans s'attacher à aucun parti, de peur de rendre leur ministère
odieux et stérile aux peuples qu'ils sont venus évangéliser.
Monseigneur d'Adran se demandait donc avec angoisse s'il n'avait
pas déjà contrevenu à ces sages dispositions et si, en demandant
à la France des secours pour rétablir les Nguyen sur le trône, il
n'allait pas contre les intentions du Souverain Pontife. Pourquoi
en faveur d'un prince païen compromettre son ministère et peut-
être celui de ses missionnaires auprès des Tayson qui occupaient
la plus grande partie de son vicariat ? Avait-il bien le droit, lui,
évêque missionnaire, de quitter son poste pour plusieurs années
à la poursuite d'un but exclusivement politique, bien difficile à
atteindre ? N'eût-il pas mieux valu, dès le commencement de la
révolte, accepter les faits accomplis et s'occuper simplement des
intérêts religieux des Cochinchinois sans s'enquérir de savoir
sous quel drapeau ils combattaient ? »

A ces objections, M. Louvet présume que Mgr l'Evêque d'Adran
pouvait répondre et aurait sans doute répondu : « qu'il voyait de
grands avantages à s'occuper des affaires du roi légitime de la
Cochinchine ; que ce prince paraissait bien disposé, puisqu'il lui
confiait son fils à instruire, ce qui donnait de justes motifs d'espérer qu'étant élevé chrétiennement ce jeune prince pourrait un
jour devenir pour son peuple un nouveau Constantin. — Com-

ment d'ailleurs au point de vue religieux faire fonds sur les Tayson ? des rebelles, des hommes perdus de crimes, des persécuteurs implacables de la religion chrétienne... »

« Fallait-il, conclut M. Louvet, que l'Evêque d'Adran négligeât de pareils intérêts à cause du scandale pharisaïque de quelques malheureux (les dénonciateurs) qui avaient de trop bonnes raisons pour en vouloir au Vicaire apostolique dont la sage fermeté les gênait ? » Ces dénonciateurs étaient, en effet, des missionnaires de nationalité étrangère, pas un n'était français.

Le procureur des missions à Macao, un français encore, avait pris parti pour l'Evêque d'Adran et dans une lettre adressée à la Sacrée Congrégation de la Propagande il disait notamment : « Cette amitié du roi de la Cochinchine pour le Vicaire apostolique et pour les missionnaires européens a encore produit un autre effet fâcheux. Des personnes ignorant les lois de la religion chrétienne, en voyant les missionnaires honorés de la faveur royale, se sont imaginé et ont facilement fait accroire à d'autres qu'ils sont les conseillers du prince. Il n'est pas rare effectivement de voir dans les Indes des Européens ministres des rois. Les ennemis du prince de la Cochinchine ont donc pu attribuer aux missionnaires et spécialement à l'Evêque tout ce que ce prince a fait. Mais on peut opposer à cette persuasion du vulgaire non seulement les lettres que le dit Vicaire apostolique m'a écrites à ce sujet, mais encore le témoignage de tous les missionnaires qui vivaient alors avec lui ou non loin de lui, par exemple les lettres de MM. Faulet, Leclerc et Liot. Tous affirment que le dit Evêque a toujours témoigné beaucoup d'éloignement pour les honneurs dont le roi tenait à l'entourer. Aux palais que ce prince lui offrait, il a toujours préféré l'humilité de sa demeure. Le même témoignage lui est rendu par le R. P. François de Saint-Michel, missionnaire espagnol, encore qu'il fût mal disposé à l'égard du dit Evêque qui exigeait de lui une soumission entière à la Bulle de Clément IX *Speculatores* (1) que ce religieux ne voulait observer qu'en partie... »

(1) Cette Bulle établit les droits de juridiction des vicaires apostoliques sur les religieux qui travaillent dans leurs missions.

Le procureur conclut en ces termes : « Il n'a pourtant pas
manqué de gens pour noircir l'Evêque par les plus atroces calomnies et cela avec de telles apparences de vérité qu'ils ont trompé
les plus sages et les plus saints personnages. Il se peut très bien
que l'illustre Evêque d'Adran dans ses lettres à la Sacrée Congré
gation n'ait pas dit un mot de ces odieuses calomnies, sa conscience lui rendant ce témoignage qu'il n'y a donné par sa
faute aucun sujet. Peut-être même ne se doute-t-il pas que ces
bruits désavantageux contre lui sont allés au delà de quelques
propos de table ou de salon. Mais moi qui ai fondement de croire
que ces faussetés ont été portées directement ou indirectement à
la Sacrée Congrégation, par devoir de charité et pour l'amour
de la vérité j'ai cru qu'il convenait d'exposer dans cette lettre
toute la vérité. »

Le procureur de Macao défend l'Evêque d'Adran avec une
loyauté qui l'honore, mais il plaide, en somme, les circonstances
atténuantes. A parler franc, l'Evêque d'Adran poursuivait une idée
politico-religieuse en Cochinchine, à savoir : l'intervention de la
France et le triomphe de la religion chrétienne. Cette idée générale
gênait, contrecarrait les religieux des autres nations, en particulier
les Jésuites qui préféraient et avaient mis en avant l'intervention
du Portugal. L'Evêque français restait inébranlablement français.
*Inde iræ.* Sous couleur de religion, c'étaient en réalité deux et
probablement plusieurs politiques qui se heurtaient et se combattaient. L'Evêque d'Adran le comprit et, renonçant à son projet de
retourner en Cochinchine, il résolut, au contraire, de poursuivre
avec toute l'énergie dont il était capable la réalisation de ses
projets, en s'appuyant sur la France et rien que sur la France.

De Souïllac et Coutenceau, qui s'y étaient montrés hostiles, furent, sur ces entrefaites, relevés tous deux de leurs fonctions
respectives. Le premier fut remplacé par le capitaine de vaisseau
Bruni d'Entrecasteaux, le second par Charpentier de Cossigny,
officier des troupes coloniales. Ce dernier seul se trouvait sur
place ; d'Entrecasteaux était attendu. Parti de Brest le 7 août 1785
sur la frégate « la Résolution », le grand marin était en route
pour exécuter sa belle campagne de l'Inde en Chine à contre-

mousson à travers les écueils de la Malaisie, tandis que son camarade Galaup de Lapérouse, un autre vaillant homme de mer, parti de Brest en même temps que lui, accomplissait une mission analogue et non moins périlleuse dans la Polynésie, où il trouva la mort si glorieuse que l'on sait.

Débarrassé de Coutenceau et de Souïllac, l'Evêque d'Adran se reprit à espérer. A la première visite qu'il lui fit, le nouveau gouverneur de l'Inde ne se montra pas, en principe, opposé à l'entreprise de Cochinchine ; il exposa toutefois qu'il croyait nécessaire de se renseigner sur la position réelle du roi avant de rien entreprendre. Il témoigna la plus grande déférence pour le « courageux » Evêque et lui donna l'assurance qu'il approuvait ses vues patriotiques, qu'il l'appuierait dans toute la mesure possible. Il lui déclara, d'ailleurs, franchement que, s'il était disposé à détacher un navire de la station pour aller en Cochinchine, il ne croyait pas convenable d'agir avant d'avoir consulté le nouveau gouverneur général des îles de France et de Bourbon, ce qui n'occasionnerait pas un long retard, attendu que l'année touchait à sa fin et que la frégate « la Résolution » était signalée comme devant toucher à Pondichéry en février 1786, au plus tard. D'Entrecasteaux arriva à la date qu'il avait annoncée. L'Evêque s'empressa de lui soumettre ses projets.

# CHAPITRE CINQUIÈME

---

Le capitaine de vaisseau de Bruni d'Entrecasteaux, chef de la division navale des Indes ; le général de Cossigny remplace Coutenceau dans le
gouvernement de l'Inde. Ces deux officiers sont favorables aux projets
de l'Evêque d'Adran. Leur correspondance à cet égard. — Lettres du roi
de Cochinchine. — Cependant, l'expédition de Cochinchine ne pouvant
être décidée sur place, à Pondichéry, l'Evêque prend le parti de se rendre
en France. Il s'embarque sur le *Malabar* ; son passage à l'ile de France
où il se rencontre avec le vicomte de Souïllac, remplacé, non encore
relevé ; son arrivée à Lorient (janvier 1787).

Au commencement de l'année 1785, Claret de Fleurieu, capitaine de vaisseau et « commis titré » chargé des ports et arsenaux au ministère de la marine et des colonies, soumit au roi un
Mémoire pour l'envoi simultané de deux missions, l'une à destination des mers du nord, et l'autre à destination des mers du
sud de la Chine. Le roi, en approuvant le Mémoire, y avait ajouté
au bas, de sa main, ces remarques si judicieuses qu'elles ne
seraient pas désavouées par un géographe : « Pour résumer ce
qui est proposé dans ce Mémoire, a écrit Louis XVI, il y a deux
parties, celle du commerce et celle des *reconnaissances*. La
première a deux points principaux : l'un est la pêche de la
baleine dans l'Océan méridional au sud de l'Amérique et du cap
de Bonne-Espérance, l'autre est la traite des pelleteries dans le
nord-ouest de l'Amérique pour être transportées en Chine et,
si l'on peut, au Japon. Quant à la partie des *reconnaissances*, les
points principaux sont celui de la partie du nord-ouest de l'Amérique qui concourt avec la partie commerciale, et celui des
mers du Japon qui y concourt aussi ; mais, pour cela, je crois

que la saison proposée dans le Mémoire est mal choisie (1). » En exécution de la décision royale, les capitaines de vaisseau Galaup de Lapérouse et Bruni d'Entrecasteaux furent chargés de ces missions dénommées à juste titre par Louis XVI des « reconnaissances », et ils partirent tous les deux de Brest le 7 août 1785, le premier avec l'*Astrolabe* et la *Boussole*, le second avec la *Résolution*.

On sait que la dernière lettre qu'a écrite Lapérouse est datée de Botany-Bay le 10 mars 1788, et depuis lors, plus jamais on n'eut de ses nouvelles, non plus que trace des vaisseaux (2). Quant à d'Entrecasteaux, plus heureux sinon plus habile, il s'avança d'abord à l'Est par le détroit de la Sonde en passant entre ce détroit et les Moluques, et il pénétra ensuite dans le grand Océan d'Asie. Il arriva à Canton après avoir contourné par l'Est et par le Nord les îles Mariannes et les Philippines. Il eut l'honneur d'inaugurer cette route si connue aujourd'hui des navigateurs.

Raymond-Joseph de Bruni d'Entrecasteaux, fils de messire Jean-Baptiste de Bruni, marquis d'Entrecasteaux, président à mortier au parlement d'Aix en Provence, et de dame Dorothée de l'Estang de Parade (3), naquit à Aix, le 8 novembre 1737. Il fut successivement garde de marine (1754), enseigne (1757), lieutenant d'artillerie (1762), capitaine de fusiliers (1770), lieutenant de vaisseau (même année), capitaine de vaisseau (1779), directeur-adjoint des ports et arsenaux (1783), chef de division commandant de la station des mers de l'Inde (1785). Ce fut pendant

---

(1) Archives de la marine : *ordres du roi*, 1785.

(2) Le 28 septembre 1791, par décret de l'Assemblée nationale, d'Entrecasteaux appareilla de Brest avec la *Revanche*, l'*Espérance*, l'*Ariel* et la *Flavie* afin d'aller à la recherche de la *Boussole* et de l'*Astrolabe* ; il n'obtint aucun résultat. Il mourut en mer près de l'île de Java, le 20 juillet 1793, alors qu'il rentrait de cette expédition. L'éminent marin succomba à des coliques bilieuses et spasmodiques. Il avait été nommé contre-amiral à la formation du 1er janvier 1792 et vice-amiral le 29 juin suivant. La Révolution rendait ainsi justice à ses mérites.

(3) La famille d'Entrecasteaux est éteinte, je crois, mais celle des Lestang de Parade subsiste, car un membre de cette famille, capitaine d'infanterie de marine, a épousé la fille de M. Godefroy, sous-directeur du personnel au ministère de la marine, sous les ordres de qui l'auteur de ce livre s'honore d'avoir servi.

l'exercice de ce commandement et alors qu'il était en route pour remonter dans le Nord de l'Asie, qu'ayant fait escale à Pondichéry, il y rencontra l'Evêque d'Adran. Ces deux hommes aussitôt se comprirent. Pigneau de Behaine n'eut pas à regretter l'inepte de Souillac. D'Entrecasteaux n'était pas seulement un marin de premier ordre, c'était de plus un officier remarquable par la justesse de son esprit, par son intégrité et par l'étendue de ses vues en matière de politique coloniale. Voyons donc comment il aborda et envisagea l'affaire de Cochinchine.

L'accord fut complet. D'Entrecasteaux comprit qu'en l'état des affaires de l'Europe, il était urgent que la France prît sans plus tarder quelque forte position dans l'Extrême Orient afin de compenser la perte des Indes ; et la Cochinchine lui paraissait admirablement propre par sa situation et par ses ressources à atteindre le but qu'il était nécessaire de se proposer désormais. Seulement, il estima qu'on ne pouvait raisonnablement s'engager à fond, à Pondichéry, sans avoir le consentement et les ordres formels de la cour de Versailles. Il insista donc près de l'Evêque pour qu'il passât en France sans délai, pendant que lui-même continuerait sa campagne dans les mers de l'Asie. Il résolut aussi d'expédier un bâtiment de la station avec mission d'aller observer la partie des côtes de la Cochinchine que l'on avait spécialement en vue. Il désigna pour cela la flûte « le Marquis de Castries » et il en donna le commandement à l'enseigne de Richery, en qui il avait une parfaite confiance.

Les instructions données par d'Entrecasteaux prescrivaient à de Richery de reconnaître minutieusement les côtes de la Cochinchine, principalement le port de « Cambir » (1) que l'Evêque signalait comme un excellent mouillage, les côtes de Siam, celles du Pégou depuis Négrailles jusqu'à la rivière d'Arracan, enfin les îles Andamans à l'entrée du golfe de Bengale. De Richery devait trouver à Poulo-Panjang, île située au débouquement du golfe de Siam, des lettres du roi de Cochinchine, peut-être même le roi lui-même s'il n'avait pas réussi à se fixer à Siam. Dans le cas

(1) Il s'agit de la baie des Cocotiers située dans la rivière Donnaï, proche son embouchure.

où de Richery ferait la rencontre du roi, ses instructions lui prescrivaient de lui donner asile à bord du *Marquis de Castries* et même de l'amener à Pondichéry avec sa famille, s'il y consentait. Enfin d'Entrecasteaux avait adjoint à de Richery le capitaine de Bonneron, du régiment de l'île de France, que ses connaissances et ses talents mettaient à même de remplir les fonctions d'ingénieur. L'équipage du bâtiment fut renforcé à l'aide des matelots cochinchinois venus avec l'Evêque d'Adran et d'une quinzaine de soldats du régiment de l'île de France.

De Richery reçut, en outre, et eut ordre de remettre au roi de Cochinchine la lettre suivante que lui adressait M. Charpentier de Cossigny, gouverneur de nos établissements de l'Inde. « J'expédie M. de Richery pour se rendre auprès de votre personne à Siam. Il vous remettra ou vous fera parvenir cette lettre. Veuillez bien y faire une réponse. Le P. Paul Nghi, qui vient d'arriver à Pondichéry, m'a remis la lettre dont vous m'avez honoré. Je le retiens ici cette année pour y attendre le retour de Mgr l'Evêque d'Adran. Nous n'avons pas eu encore directement des nouvelles de M. l'évêque Pierre, mais nous avons appris avec certitude qu'il était arrivé à l'île de France avec votre fils et qu'ils étaient tous deux bien portants. C'est uniquement pour vous donner cette bonne nouvelle que je vous ai écrit cette lettre, que je confie à M. de Richery comme une personne dans laquelle j'ai la plus grande confiance. S'il a l'honneur d'être admis en votre présence, vous pourrez lui parler de toutes vos affaires sans aucune réserve et comme si vous me parliez à moi-même qui prends le plus grand intérêt à votre sort et en général à tout ce qui vous concerne.

« Vous avez très bien fait de refuser d'entrer dans aucune négociation avec la nation portugaise. Vous auriez commis une très grande faute si vous vous étiez livré de votre propre personne avant d'avoir reçu des nouvelles de Mgr l'évêque Pierre. J'en rends grâce pour vous à la divine Providence qui vous conservera le courage nécessaire pour attendre avec patience le secours que Mgr l'évêque Pierre a été solliciter pour vous auprès de l'empereur de France, qui est le protecteur de tous les princes malheureux, comme de tout temps l'ont été les rois ses pères et ses prédécesseurs. Si vous daignez avoir confiance en mes paroles, vous attendrez donc avec constance le retour de Mgr l'Evêque d'Adran et de votre fils. Vous rejetterez toutes propositions qui pourraient vous être faites de la part de toute autre nation que la nation française et vous tâcherez, en attendant, de disposer toutes choses pour rentrer dans votre pays, châtier les rebelles, et pour gouverner ensuite vos peuples avec justice, dans un profond oubli des fautes commises contre vous. Dans ces dispositions, le ciel ne peut que bénir vos entreprises (1). »

Voici le texte de la lettre que le roi de Cochinchine avait écrite à notre gouverneur de l'Inde : « Il est arrivé ici (à Siam) un vaisseau de Goa qui m'a remis un écrit de la reine de Lusithanie avec une lettre du gouverneur de Goa pour me prendre à bord d'un vaisseau, et aussi avec des écrits au roi de Siam, accompagnés de beaucoup de présents pour l'apaiser. J'ai tout refusé, je ne partirai pas avec eux, parce que j'ai résolu de ne me lier d'amitié qu'avec les Français et non avec d'autres nations. C'est pour cela que le roi de Siam commence à douter de moi. Il craint que je ne suive ce vaisseau. Telles sont les fidèles paroles d'un roi (2). »

Les choses étant ainsi réglées, la flûte *le Marquis de Castries* se mit en mer le 20 juillet pour exécuter la mission que son commandant avait reçue.

M. Charpentier de Cossigny rend compte de ces faits dans la lettre qu'il adressa au Ministre de la marine, le 5 juillet 1786. « Je n'ai pas cru devoir, écrit-il, refuser à Mgr l'Evêque d'Adran la demande qu'il m'a faite de lui accorder passage aux frais du roi sur le bâtiment du commerce « le Malabar », capitaine Pignatel. Mgr l'Evêque part avec un enfant d'un roi de Cochinchine détrôné, un autre jeune prince de ses parents et deux ou trois serviteurs cochinchinois. Mgr l'Evêque d'Adran, avec un cortège de quarante à cinquante personnes, est arrivé, il y a

---

(1) Charpentier de Cossigny au roi de Cochinchine. Pondichéry, le 1er juillet 1786 (Archives coloniales.)

(2) Le roi de Cochinchine au gouverneur français de l'Inde. (Archives coloniales.)

quinze mois, à Pondichéry où il avait projeté d'attendre des réponses aux lettres qu'il avait écrites et au compte que vous en a rendu M. Coutenceau, alors commandant à Pondichéry. Interpellé, Monseigneur, par M. l'Evêque d'Adran sur ce qu'il avait à espérer du gouvernement, je me suis fait un devoir de l'instruire que le compte qui vous avait été rendu par M. Coutenceau n'était pas à l'avantage de son projet, ce qui l'a déterminé à aller lui-même vous le présenter. Sans entrer absolument dans les vues de Mgr l'Evêque d'Adran, qui néanmoins paraissent être d'un bon patriote, je ne saurais être de l'avis de M. Coutenceau qui regarde cette expédition comme étant contraire aux intérêts de la nation, à la saine politique, très difficile et très inutile. Enfin, lorsque Mgr l'Evêque d'Adran sera rendu près de vous, vous serez à même de juger l'étendue de ses vues, de son esprit, de l'avantage que la nation pourrait tirer de cette expédition. »

M. de Cossigny expose ensuite les mesures qu'il a, en attendant, prises de concert avec le chevalier d'Entrecasteaux, et il ajoute : « Ce n'est pas dans les vues seulement de donner les mains à un projet quel qu'il soit de Mgr l'Evêque d'Adran que j'ai consenti au voyage que M. de Richery va entreprendre. Je vais avoir l'honneur de rendre compte de tout ce qui s'est passé à ce sujet, n'ayant rien de plus à cœur que de manifester dans toute ma conduite ce que je vous dois, Monseigneur, pour répondre à la confiance dont vous m'honorez. Je pense que, dans cette circonstance, je ne m'éloigne point des principes de sagesse, de prudence et d'économie que vous désirez. — M. d'Entrecasteaux présumant que M. le vicomte de Souïllac gardera à l'Ile de France la corvette *la Subtile* qui lui est devenue nécessaire, pouvant être obligé de l'envoyer à Madagascar pour apaiser les troubles suscités par M. de Bianowski ; M. d'Entrecasteaux, ayant connaissance que la *Vénus* doit incessamment arriver à Pondichéry pour ensuite aller au Bengale, d'après les ordres de M. de Souïllac, a désiré que la flûte *le Marquis de Castries*, qui arrive du Pégou et qui se trouvait sans destination, pût remplacer du moins la *Subtile*, son dessein étant d'envoyer visiter et reconnaître les Andamans, îles que nous connaissons trop peu,

en effet, quoique à la portée de nos établissements. Cette reconnaissance ne pouvant se faire que dans une saison de l'année, il
a fallu employer la flûte *le Marquis de Castries* à quelque autre
expédition plutôt que de la garder inutilement dans cette rade.
Nous sommes convenus alors avec M. le chevalier d'Entrecasteaux que M. de Richery partirait le 20 de ce mois, qu'il passerait
les détroits, qu'il irait reconnaître les côtes de la Cochinchine,
particulièrement prendre connaissance du port de *Cambir* dont
vous parlera Mgr l'Evêque d'Adran ; qu'ensuite, il ira dans l'île
de Poulo-Panjang, où il doit trouver des lettres de Cochinchine
et peut-être le roi lui-même. Si vous approuvez l'objet de mer
et écartez celui de l'Evêque d'Adran, il restera du moins un
avantage dans d'autres rapports, soit de commerce, soit de navigation. Permettez-moi de vous assurer que cette expédition
est entre bonnes mains ; je ne crains même pas de dire d'avance
que le résultat sera digne des vues que vous avez pour le plus
grand avantage et la gloire de la nation. Mgr l'Evêque d'Adran
est arrivé ici avec un certain nombre de pilotes et matelots
cochinchinois qui s'embarqueront sur le *Marquis de Castries*
avec quinze soldats du régiment de l'Ile de France, tous mauvais
sujets, à charge d'ailleurs au régiment (1). »

Cependant d'Entrecasteaux n'avait pu encore continuer sa
mission, et il en instruit le Ministre de la marine dans la lettre
ci-après : « La saison favorable à la mission dont vous m'avez
chargé, soit pour la connaissance des côtes de la Cochinchine,
soit pour aller à Canton, est décidément passée, vos ordres ne
m'étant parvenus que le 17 septembre. Mais j'espère que M. de
Richery, qui m'a paru un officier plein de zèle, d'intelligence et
d'activité, aura satisfait en grande partie au premier objet, ainsi
que vous pourrez en juger par l'instruction qui lui a été donnée,
dans laquelle, sans avoir pu soupçonner encore vos intentions,
il lui était prescrit, si le temps le lui permettait, de se rendre
d'abord à Trangane sur la côte orientale de la presqu'île de
Malacca et de visiter ensuite le port de Touron (Tourane), comme

(1) Charpentier de Cossigny à Ministre de la marine. Pondichéry, le
5 juillet 1786. (Arch. coloniales.)

nous ayant paru d'une très grande importance. La nécessité plus pressante encore de remplir le second objet, qui est de me rendre en Chine pour appuyer les réclamations de nos négociants, m'oblige à laisser sur cette rade la *Résolution* et de m'en aller avec la *Calypso*, frégate capturée sur les Anglais pendant la dernière guerre (1). »

On sent jusqu'à présent dans la façon de présenter l'affaire de Cochinchine, chez le général de Cossigny, de l'hésitation inspirée par une prudence peut-être excessive et par la crainte d'outrepasser les limites d'une action réservée au pouvoir souverain ; chez d'Entrecasteaux, il faut admirer sans réserve le soin qu'il prend de faire rechercher jusqu'au Pégou des renseignements propres à nous éclairer sur une marche en avant, à supposer que le gouvernement central en donnerait l'ordre.

Mais nous n'avons pas encore l'opinion de d'Entrecasteaux sur l'affaire de Cochinchine en elle-même. J'ai eu beau chercher dans le tas de paperasses conservées dans nos *Archives coloniales* et non encore classées, je n'ai pu réussir à mettre la main sur la dépêche qu'il écrivit après ses entrevues à Pondichéry avec Mgr Pigneau de Behaine. Cette opinion, on ne la connaît que par des dépêches subséquentes que nous avons eu la bonne fortune de découvrir, partie aux Affaires étrangères, partie au Ministère de la marine, toutes concordantes et écrites de la propre main de l'éminent marin.

De Pondichéry, le 19 juin 1786, d'Entrecasteaux écrit à notre Ministre de la marine : « Les Anglais ont fait à Bombay un armement de trois navires, sur lesquels ils ont embarqué trois cents hommes de troupes européennes. On croit que cet armement est destiné à la Cochinchine pour la même cause qui a déterminé M. de Cossigny à y envoyer le *Marquis de Castries* (2).

La saison étant favorable (novembre 1786) et ayant d'ailleurs reçu de notre Ministre des Affaires étrangères les instructions qu'il

_______

(1) D'Entrecasteaux à Ministre de la marine. Pondichéry, le 28 septembre 1786. (Arch. coloniales.)

(2) D'Entrecasteaux à Ministre de la marine. Pondichéry, le 19 juin 1786. (Archives coloniales.)

attendait, d'Entrecasteaux avait poursuivi sa campagne avec la *Résolution*, qui avait pu être radoubée à Trinquemale. Arrivé à Canton, il écrit : « J'ai appris, à mon arrivée à Canton, que le bruit s'y était répandu que nous allions former un établissement en Cochinchine. *L'inquiétude qu'en ont ressenti les Anglais m'a bien confirmé dans l'opinion où j'étais de l'importance du port de Tourane* (1). »

Redescendu à Pondichéry après avoir exploré les mers de Chine et remonté la rivière jusqu'à Canton, d'Entrecasteaux écrit immédiatement à notre Ministre des Affaires étrangères : « J'ai eu déjà l'honneur de vous mander qu'un établissement au port d'Amoy pourrait soustraire notre commerce à la concurrence des Anglais. Peut-être serait-il plus facile et plus avantageux de le former à Tourane sur les côtes de la Cochinchine, au cas que l'on pût parvenir à se le procurer. Un grand nombre de « sommes » chinoines y abondent tous les ans et y portent les marchandises de Chine. Il serait sans doute plus aisé d'y trouver le débouché des nôtres, et l'on y obtiendrait celles de Chine à meilleur marché qu'à Canton même, à raison des frais énormes, comme droits d'ancrage, de visite, etc., dont sont surchargés les navires du commerce (2). »

D'Entrecasteaux, par une autre lettre au Ministre de la marine, l'informe que la flûte *le Marquis de Castries* vient aussi de rentrer de sa mission, et il ajoute : « Je ne peux vous rendre compte encore de sa campagne ; j'ai déjà entrevu cependant que, malgré les événements qui ont retardé ses opérations, le *Marquis de Castries* a parcouru une grande quantité de côtes peu fréquentées et presque entièrement celles de Siam. Il a également visité la grande Andaman et amené un sauvage de cette île. Cette espèce d'hommes paraît être de la race des Cafres. Il a été, de plus, à l'île Pinang, nouvel établissement que les Anglais viennent de fonder à l'entrée du détroit de Malacca. »

_______

(1) D'Entrecasteaux à Ministre des Affaires étrangères. Canton, le 3 mars 1787. (Arch. des Affaires étrangères.)

(2) D'Entrecasteaux à Ministre des Affaires étrangères. Pondichéry, le 16 septembre 1787. (Arch. des Affaires étrangères.)

De Richery avait, en outre, apporté la certitude que le roi de
Cochinchine était réfugié à Siam, qu'il avait rejeté les propositions des Portugais et qu'il était tout disposé à se rendre aux
Français, quand il serait temps. Il n'avait pas pu voir la personne
du roi, mais il avait obtenu de lui la lettre suivante :

« Que tout le monde sache que ceci est le discours du roi de
Cochinchine au général de la station des vaisseaux français dans
l'Inde et au gouverneur de Pondichéry. — Il y a plus d'un an
révolu que j'ai prié le très illustre Evêque Pierre de conduire mon
fils aîné à Pondichéry pour y demander du secours. Je n'en ai
reçu directement aucune nouvelle depuis ; j'en étais donc infiniment inquiet. Cependant il me parvint depuis lors un écrit qui
m'instruisit de tout ; j'en fus très satisfait, dit-on. L'an passé, le
très illustre Evêque traita déjà cette affaire avec le gouverneur
de Pondichéry qui y résidait alors, dont j'ignore le nom, mais il
était pusillanime et point charitable ; il ne sait ni secourir les
malheureux, ni élever les faibles ; l'illustre Evêque ne put donc
rien faire. Il y a trouvé depuis, cependant, de nouveaux commandants aussi bien nés que savants dans l'art militaire et dans les
autres sciences, bienfaisants et disposés à élever les malheureux
et à soutenir les faibles. C'est pourquoi ils m'ont envoyé deux
favoris, l'un commandant de vaisseau et l'autre militaire, venant
de loin pour me prendre. Je vous en rends d'immortelles actions
de grâces. Je loue infiniment votre générosité, votre charité se
manifeste au delà des montagnes, et votre bienfait est aussi grand
que les abîmes sont profonds. Quoique je ne puisse rien faire, je
n'en connais pas moins votre cœur. Déjà j'étais prêt à suivre
votre vaisseau et à venir à vous au plus tôt, tel est encore mon
désir, mais la volonté du ciel est différente. Il m'est à présent
difficile de partir avec le commandant de Richery à cause du
roi de Siam, mais je lui fais donner cette lettre pour vos seigneu-
ries ; dans quelques mois je le suivrai, j'espère. Telles sont les
fidèles paroles d'un roi (1). »

Jusqu'ici, comme on le voit, l'affaire de la Cochinchine semble

(1) Joint à une lettre de Charpentier de Cossigny au Ministre de la
marine, en date du 14 juillet 1787. (Arch. coloniales.)

bien marcher. De Cossigny et d'Entrecasteaux manœuvrent habilement, et le roi de Cochinchine, quoique suborné par le roi de Siam, repousse les offres réitérées des Portugais et reste fidèle à la parole qu'il a donnée à l'Evêque d'Adran de n'accepter que le concours de la France. Malgré ces assurances, il fut décidé que de Richery retournerait dans les eaux de Siam ; il repartit effectivement en juillet 1787 avec le même vaisseau, le *Marquis de Castries*. De Cossigny ne manque pas d'informer le Ministre de cette détermination, et il ajoute : « Nous sommes à peu près assurés désormais que, quand nous le voudrons, nous aurons le roi de Cochinchine, réfugié en ce moment chez le roi de Siam. Je joins ici la lettre (celle qui est ci-dessus transcrite) que j'ai reçue de ce prince et que m'a remise le prêtre cochinchinois (Paul Nghi) ramené par M. de Richery. En supposant que les projets de M. l'Evêque d'Adran n'aient pas eu votre approbation, comme ce n'est qu'un accessoire au voyage de M. de Richery, j'espère que vous approuverez cette nouvelle mission que nous avons cru devoir donner, M. d'Entrecasteaux et moi, à la flûte *le Marquis de Castries* (1). »

Il nous reste maintenant à suivre Mgr l'Evêque d'Adran, chargé de tout le poids de la négociation en France.

On a vu qu'il partit de Pondichéry au commencement du mois de juin 1786 sur un navire du commerce, le *Malabar*, et aux frais de l'Etat. Quelque temps avant de s'embarquer, il avait écrit à M. Liot, directeur du séminaire réinstallé à Chantabun, une lettre où se reflètent les anxiétés de son esprit : « Je ne vous dis rien de toutes les nouvelles qui regardent notre grande affaire. Celui qui vous porte cette lettre (Paul Nghi) ne manquera pas de vous dire tout en détail. Je repasse en France pour cette raison, et il n'y a pas d'apparence que je puisse revenir avant dix-huit mois. Prenez patience... Je vous disais souvent, avant de vous quitter, que j'allais entrer dans une carrière épineuse et pleine de dégoût. Je ne me trompais guère ; j'en ai déjà essuyé de toutes les manières, et Dieu sait quelle sera la fin de toutes ces misères !

(1) De Cossigny à Ministre de la marine. Pondichéry, le 19 juillet 1787. (Archives coloniales.)

« Mon cher confrère, vous qui avez été mon conseil dans cette affaire, vous devriez au moins en supporter une partie pour me soulager. Mais non, le bon Dieu qui vous aime vous a éloigné de tout ce qui pourrait vous faire de la peine et il me laisse seul dans le bourbier. Peut-être cette grâce singulière vous a-t-elle été donnée en considération du soin que vous avez pris du collège et des services que vous rendez à la mission en vous y consacrant. Je porte tous les élèves dans mon cœur. »

Mgr Pigneau de Behaine retrouva à l'île de France, où il fit escale, le fameux vicomte de Souïllac qui était relevé de son gouvernement, mais qui attendait encore son successeur (Bruni d'Entrecasteaux). Le vicomte de Souïllac informe le Ministre du passage de l'Evêque, et ne manque pas de saisir l'occasion pour renouveler ses objections contre les projets de celui-ci : « Par une lettre du 5 juillet dernier, M. de Cossigny me rend compte qu'il a accordé un passage pour France à M. l'Evêque d'Adran sur le vaisseau *le Malabar* avec le fils du roi détrôné, un jeune prince de ses parents et quelques serviteurs cochinchinois.

« J'ai vu ici M. l'Evêque que j'avais déjà connu à Pondichéry et au sujet de qui j'ai eu déjà l'honneur de vous écrire. M. Coutenceau vous avait précédemment rendu compte des projets et des demandes de l'Evêque, et cet Evêque a dû aussi vous en écrire. Il me proposa à Pondichéry de faire une expédition pour rétablir sur le trône de Cochinchine le père du jeune enfant qui est avec lui. Je lui fis connaître que ce qu'il désirait ne pouvait s'exécuter que d'après les ordres de Sa Majesté. Mais je lui dis qu'en attendant des réponses de la cour, je pourrais peut-être expédier un bâtiment à la Cochinchine et charger quelqu'un de prendre des renseignements propres à déterminer ce que l'on pourrait faire. M. l'Evêque d'Adran éluda cette proposition, en me disant que l'affaire qu'il proposait était pressée et que, si elle ne pouvait pas avoir lieu dans peu, elle serait manquée. Cette réponse me détermina à ne plus m'en occuper et à attendre l'effet des comptes qui vous avaient été rendus à ce sujet. Il semble que les circonstances qui exigeaient alors tant de célérité ont changé, puisque M. d'Adran, qui a demeuré jusqu'à présent

à Pondichéry avec l'héritier présomptif de la Cochinchine, a pris
le parti de le conduire en France, où il sera dans le cas de mettre
sous vos yeux ses projets, ainsi que les avantages qui pourraient
en résulter pour la France. Pour moi, je crains l'effet de l'article 6
des instructions données par de Cossigny et d'Entrecasteaux à
M. de Richery en ce que, si le roi de Cochinchine passe sur ce
vaisseau et se rend à Pondichéry, il en résultera l'obligation de
pourvoir à sa subsistance, ainsi qu'à celle de sa famille, et même
celle de le rétablir sur le trône. Je borne à ce seul article mes
observations (1). »

Ce langage terre à terre peint suffisamment le personnage. En
entendant ces pauvres raisons, dites probablement sur le ton
sentencieux naturel aux petits esprits, l'Evêque d'Adran dut
hausser les épaules et reprendre bien vite la route de France.

Mgr Pigneau de Behaine débarqua à Lorient au mois de janvier 1787. Après une absence qui n'avait pas duré moins de vingt-
deux ans, il revoyait enfin son pays natal.

(1) Vicomte de Souïllac à Ministre de la marine. Ile de France, le
31 août 1786. (Arch. coloniales.)

# CHAPITRE SIXIÈME

L'ingénieur militaire de Solminihac de Lamothe. Ses rapports sur la Cochinchine. — Arrivée de l'Evêque d'Adran à Paris (février 1787). L'abbé Vermont, Dillon, archevêque de Narbonne, et de Loménie de Brienne, archevêque de Toulouse, contrôleur général des finances, se déclarent ses protecteurs à la cour de Versailles. — Il obtient une audience du roi Louis XVI. — L'Evêque d'Adran expose ses vues sur la Cochinchine dans un grand et magistral discours. — Texte de ce discours reconstitué au moyen de notes manuscrites des ministres des affaires étrangères et de la marine qui assistaient à l'audience. Notes et plan de campagne de l'Evêque d'Adran pour l'expédition de Cochinchine. — Ses idées sont adoptées. Des dispositions sont prises pour l'expédition.

Les lettres que l'Evêque d'Adran adressa de Pondichéry en 1785 et 1786 au gouvernement français n'ont pas été retrouvées. Nos recherches, tant dans les archives des affaires étrangères que dans celles du ministère de la marine, n'ont pas jusqu'à présent abouti. Tout porte à croire que ces lettres, envoyées à la cour à Versailles, y restèrent et disparurent à la suite de la Révolution. Ce qui est certain, c'est qu'elles parvinrent à destination, qu'elles furent l'objet d'un sérieux examen, comme les documents que nous allons citer en témoignent.

Antérieurement, à différentes époques, le royaume de Cochinchine avait attiré, certes, le regard et l'attention de la France. Les mémoires de Poivre (1), des lettres de missionnaires politiquement insignifiantes, quelques lumineux aperçus çà et là jetés comme des hors-d'œuvre dans la volumineuse correspondance de Dupleix, sont les seuls documents authentiques que l'on avait

---

(1) L'auteur a rapporté tous les précédents de la question de Cochinchine dans le premier volume de cet ouvrage intitulé : *Les origines de l'empire français de l'Indo-Chine*, publié par la *Revue de géographie*.

alors. C'était insuffisant pour contrôler les assertions de l'Évêque d'Adran, dont les connaissances d'ailleurs ne semblaient s'appliquer qu'à la partie de la Cochinchine située au sud, de laquelle avant lui personne ne s'était guère préoccupé précisément.

Quoi qu'il en soit, sur l'ordre du maréchal de Castries, ministre de la marine et des colonies, le dossier de la Cochinchine, y compris les lettres de l'Évêque français, fut remis et soumis à un ingénieur du nom de Solminihac de Lamothe (1), avec ordre d'exposer dans un rapport l'état de la question. M. le comte de Solminihac de Lamothe était, de tous les collaborateurs du ministre, celui qui parut le plus propre à rédiger un pareil travail. En tant qu'ingénieur militaire, c'était un savant officier. Arrivé depuis peu à Paris, il avait passé et vécu vingt années consécutives en Extrême Orient, ayant servi successivement aux Indes où il avait relevé avec le plus grand soin la plupart des places fortes des Anglais, aux îles de France et de Bourbon, enfin, en dernier lieu, à Madagascar dont le gouvernement songeait sérieusement alors à reprendre possession et qui, à cette fin, l'y avait accrédité pour qu'il indiquât les principaux points qu'il y aurait à fortifier en vue de la réoccupation éventuelle de l'île. Ces divers travaux étant terminés, le ministre commit à de Lamothe le soin d'élucider la question de la Cochinchine ; il s'acquitta de sa tâche avec clarté, avec précision dans deux rapports concis (2) qui sont à citer, l'un daté du 26 janvier, l'autre du 25 février 1786.

« On suppose, écrit de Solminihac de Lamothe dans son premier rapport, que la révolution survenue à la Cochinchine soit vraie ; que le roi ou l'empereur de Cochinchine ait été détrôné par un usurpateur de la nation des Kinoïs ; que ce prince ait refusé l'alliance des Hollandais, des Anglais et des Portugais, et qu'il sollicite celle de la France ; que, dans cette intention, il ait envoyé son fils unique à Pondichéry avec M. d'Adran, évêque et

(1) Il appartenait à une très ancienne famille qui eut son berceau aux environs de Sainte-Foy la Grande (Gironde). Cette famille s'est perpétuée jusqu'à nos jours et plusieurs de ses membres habitent Sainte-Foy et Sainte-Eulalie d'Ambarès, près Bordeaux.

(2) Archives coloniales, fonds : Cochinchine, années 1785 et 1786.

chef des missionnaires qu'accompagnent des mandarins et des gardes, pour demander des secours au gouverneur général de l'Inde, offrant en compensation, dit-on encore, aux Français le privilège exclusif du commerce dans ses états, et la permission de former un grand établissement sur l'île située à l'extrémité du port de Tourane, de le fortifier et d'y établir un entrepôt commercial.

« Un officier, — par respect sans doute pour monseigneur le ministre, l'ingénieur parle à la troisième personne — un officier qui connaît bien ce pays et qui désire que ses connaissances soient utiles, va tâcher de démontrer et l'importance des avantages qu'on pourrait retirer d'une telle expédition et l'influence qu'elle aurait sur le commerce général de l'Inde, où il a servi dix ans, et, enfin, la facilité qu'on aurait d'acquérir cette si précieuse influence.

« On sait assez la richesse de l'empire de Cochinchine et les objets importants de commerce qui y abondent. Les fertiles provinces qui l'entourent, le voisinage de l'archipel des Philippines rendraient bientôt l'entrepôt que l'on pourrait faire dans le golfe de Cochinchine le plus florissant comptoir de l'Inde. La poudre d'or, le bois d'aigle, le bois de rose, la cochenille, le sucre, des soies plus belles que celles de Chine, la cannelle et autres épiceries formeraient les cargaisons. Toutes les nations européennes aspirent d'avoir un entrepôt dans le golfe de Cochinchine et l'on en peut juger par le prix d'ancrage qui ne monte pas à moins de dix mille piastres, sans égard à la force du bâtiment.

« Ces avantages seront encore plus sensibles si on les considère par rapport au cabotage ou commerce d'Inde à Inde. En effet, le port de Tourane peut être considéré comme un point central entre la Chine, les Philippines et le détroit de Malacca. Or, on sait quelle circulation d'échanges existe entre ces îles et les diverses parties de ce continent, et il est inutile de s'attacher à prouver que la nation dont le pavillon serait protégé dans ces mers en retirerait d'inappréciables bénéfices.

« Si, d'autre part, l'on considère l'établissement en question par rapport à la guerre, on voit qu'il est au vent de tous les débouquements, étant intermédiaire entre eux et la côte de Chine.

Les vaisseaux qui font ces voyages si productifs pour les Anglais et au monopole desquels ils prétendent, sont obligés de venir reconnaître les îles de Poulo-Condor et d'Hoïnan. Or, l'établissement projeté sur cette dernière île, qui forme le port de Tourane, permettrait d'établir une incessante croisière par laquelle on intercepterait la branche de commerce la plus lucrative de nos ennemis.

« Ces avantages incontestables seront acquis au gouvernement moyennant un léger sacrifice. Il ne s'agit pour remettre sur le trône le roi ou l'empereur légitime que d'un secours de 800 soldats européens, de 400 Cafres, avec les munitions de guerre nécessaires. Ces forces, par exemple, devraient être confiées à un militaire éclairé, désintéressé et d'un esprit conciliant. Ce serait assez pour opérer cette révolution. Car le prince qui réclame l'appui de la nation française est, assure-t-on, en possession des principaux postes sur les côtes ; et toutes les personnes connaissant bien ces pays et le caractère des peuples sont convaincues qu'une seule campagne suffira pour rétablir l'ordre. »

Dans un second rapport, le comte de Solminihac de Lamothe dit : « Le port de Tourane est le plus sûr et le plus vaste qu'il y ait dans ces parages. Il est formé par l'île qui porte le nom d'Hoïnan et par la grande terre. La rivière « Banghé » (c'est le Touron) dont l'embouchure est dans le fond du port est navigable jusqu'à « Banda », ce qui rend le commerce très florissant et fait aborder à Tourane un grand nombre de vaisseaux. Les européens ne peuvent cependant y paraître que sous le pavillon maure ou barman (birman). Ce port de Tourane, les Portugais le nomment « Faïfo. »

« On ne saurait déployer trop d'adresse et de douceur pour se concilier les mandarins. Le roi réside à trente lieues dans les terres. Les présents à leur adresser doivent consister en glaces, pendules, étoffes d'or, lustres de cristal ; un orgue d'Alemagne leur serait surtout fort agréable. Il faudra faire rechercher un missionnaire français du nom de Darsette (1) qui connaît parfaitement le pays. On trouvera peut-être aussi un prêtre cochinchinois

(1) Ce nom est mal orthographié. Il s'agit du missionnaire Darcet (Jean-

appelé Marin Fienne, très dévoué à notre nation, duquel on tire-
rait de grandes lumières. Il ne se fera connaître, il est vrai, que
très difficilement ; mais lorsqu'il aura pris toutes les mesures
pour n'être pas trahi, il ne manquera pas de donner tous les avis
désirables et même des éclaircissements sur la manière de
traiter. Il y a encore un autre port sur cette côte, celui de Cho-
maï ou Vemlau situé à cinquante lieues au sud de Tourane. Il est
peu fréquenté parce qu'il est moins sûr que ce dernier. C'est, en
tout cas, un point utile comme relâche. »

L'arrivée à Paris de l'Evêque d'Adran (février 1787) permit au
gouvernement d'examiner avec plus de connaissance de cause
l'affaire de Cochinchine pendante depuis plus de cinquante ans.
Mgr Pigneau de Behaine avait trois illustres protecteurs à la
cour : l'abbé Vermont, précepteur de la reine ; Dillon, archevêque-
primat de Narbonne, et de Loménie de Brienne, archevêque de
Toulouse, qui venait d'être promu contrôleur général des
finances. Ces trois personnages que je n'ai pas à apprécier autrement ici étaient les têtes de ce qu'on appelait *le parti de la
reine*. Ils obtinrent aisément une audience du roi pour l'Evêque
de la Cochinchine. Cette audience, d'après des notes conservées
aux affaires étrangères et au ministère de la marine, dut lui être
donnée le 5 ou le 6 mai, en présence du comte de Montmorin,
du maréchal de Castries, et de quelques intimes du château.

L'Evêque d'Adran parla au roi en ces termes (1) :

« En outre des avantages que la France pourrait tirer d'un
commerce d'importation dont il n'y a pas encore lieu de faire
état, la Cochinchine par sa position géographique est intéressante
pour le commerce de la Chine, et c'est encore ce qui doit rendre

Pierre-Joseph) du diocèse d'Aire, arrivé en 1771 en Cochinchine où il
mourut (1790).

(1) L'auteur du livre a pu reconstituer ce discours au moyen des notes
prises personnellement par les deux ministres qui assistaient à l'audience,
lesquelles ont été conservées dans divers dossiers particuliers. Ces notes,
écrites de la propre main des ministres et recueillies sans nul doute textuellement, ont un caractère d'authenticité incontestable. Réunies et combinées, elles forment l'ensemble du remarquable exposé de l'Evêque d'Adran
sur la Cochinchine.

cet établissement véritablement important. Des côtes de ce royaume il ne faut que trois jours de traversée pour se rendre à Macao, à Manille, à Bornéo, à Batavia. Cet établissement se trouverait sur la route de tous les vaisseaux allant à la Chine et à ses comptoirs. La nation qui le formerait aurait, de plus, l'avantage inappréciable de fermer absolument le passage à toutes les autres nations et se rendrait, en cas de guerre, seule maîtresse de tout le commerce de la Chine et de ses archipels. Combien ne doit-on pas craindre que les Anglais, déjà si puissants dans les Indes et qui démontrent sans cesse le désir d'y augmenter leur puissance, ne fassent eux-mêmes cet établissement, si nous ne les prévenons pas! Ils ont déjà fait des propositions en 1778. Ils peuvent les renouveler. Elles peuvent être acceptées sous l'empire d'une nécessité dont le roi de Cochinchine est le seul juge. Le roi, j'en réponds, ne fera rien dans cet ordre d'idées sans avoir reçu la réponse aux propositions que je suis chargé de formuler en son nom. Jamais, à mon sens, il ne s'est offert, dans aucun pays, pour faire un établissement d'une manière grande et noble, d'occasion aussi favorable que celle dont la France peut profiter en ce moment pour en former un dans la Cochinchine.

« Le roi légitime, détrôné par un usurpateur, s'est réfugié dans une province de son empire appelée *Cancao* et séparée des autres par des montagnes dont les passages sont faciles à défendre. De là, il a réclamé la protection du roi de France. Il s'est adressé d'abord aux gouverneurs des établissements français dans l'Inde et leur a demandé des secours pour l'aider à remonter sur le trône que ses ancêtres occupent depuis plus de 200 ans. Enfin, il m'a confié son fils unique. Il m'a envoyé moi-même implorer l'assistance du roi de France et lui demander ces secours que les gouverneurs de l'Inde n'ont pas eu le pouvoir de lui accorder.

« Le roi de Cochinchine offre de donner à la France pour prix de son assistance un établissement dans son royaume et toutes les facilités possibles pour lier avec ses sujets un commerce très avantageux.

« C'est de cette manière grande et belle que les Français entreraient dans ce vaste pays et y formeraient un établissement, si Sa Majesté se décide à y porter les forces nécessaires à l'expédition. Dans ce cas, il me paraît qu'il serait plus avantageux d'envoyer à l'île de France les ordres et de faire partir de là, dès qu'on en trouverait le moment propice, les forces jugées convenables.

« Deux principaux avantages se présentent à ne pas les expédier de France, mais de l'île de France. Le premier est le secret vis-à-vis des Anglais qui pourraient chercher à prévenir la France, s'ils étaient certains du départ de l'expédition. Le second est celui de trouver dans cette colonie et dans celle de Bourbon des troupes acclimatées, déjà habituées à supporter la mer et qui valent, pour la discipline, la manière de manœuvrer et l'instruction de leurs officiers, tous les régiments qu'on pourrait envoyer d'ici.

« La traversée pour se rendre de l'île de France aux côtes de la Cochinchine est de deux mois au plus. En partant en mai, on arriverait en juillet. Il est facile de débarquer tout le long des côtes. Il n'y a point de barre qui en rende l'approche difficile et les embarcations des vaisseaux peuvent conduire les troupes jusqu'à terre. Dans quelque endroit, d'ailleurs, qu'on fasse la descente, il sera facile de communiquer avec l'intérieur du royaume par les rivières, qui sont en grand nombre et dans lesquelles on peut remonter jusqu'à des hauteurs considérables.

« Il n'y a, cependant, le long des côtes immenses de la Cochinchine qu'un seul port connu, celui de Tourane. Il est vaste et très sûr. Il serait à désirer qu'on pût y faire le débarquement, afin d'entrer dans le pays par une province qui touche à celle où se trouve la capitale, ville ouverte, incapable de nous résister, et qu'on enlèverait dès lors facilement par un coup de main. Du reste, nous n'aurions rien à redouter à Tourane, soit du côté de la terre, soit du côté de la mer. Ce port a par lui-même une force de protection qui lui est propre.

« Quant aux troupes de l'usurpateur que nous aurions à combattre, elles sont assez nombreuses, mais bien peu redoutables en raison de leur éparpillement et de leur manque de cohésion.

« Le peuple de ce pays est doux et policé, même assez brave. Mais toute idée d'européen l'intimide. Il nous reconnaît sur lui une grande supériorité et nous craint beaucoup. Les troupes de l'Inde sont depuis longtemps habituées à se mesurer avec les troupes européennes ; elles ont même eu quelques avantages qui auraient dû les encourager et leur persuader qu'elles pourraient les combattre avec égalité. Et cependant on a remarqué, dans la dernière guerre, qu'elles craignent beaucoup les troupes blanches et qu'elles ne peuvent soutenir leur approche. Combien ce sentiment de terreur, combien cette conviction de sa faiblesse et de notre supériorité ne seraient-ils pas plus grands chez une nation qui sera combattue pour la première fois par des troupes européennes !

« Les soldats du rebelle sont armés de fusils, de sabres, de lances, de piques, etc.; mais ceux armés de fusils ne sont que dans la proportion d'un sur cinq ; encore ne savent-ils pas se servir de leurs armes, qui sont très mauvaises. Ils ne sont point exercés et n'ont aucun ensemble. Enfin, ils n'ont de canon que sur leurs jonques de guerre, et ne s'en servent jamais à terre. Il est donc facile de voir qu'il ne faudrait pas des forces considérables pour conquérir et pacifier le royaume. Notre position serait améliorée à notre profit, dès notre arrivée, lorsque les partisans du roi qui sont très nombreux se joindraient à nous. Et ils se déclareraient bien vite en notre faveur, le jour où ils verraient commencer une révolution dont le succès fût seulement probable. Oui, le parti de l'usurpateur serait promptement réduit à un bien petit nombre, lorsque les Cochinchinois verraient dans celui de leur roi assez de force pour les défendre et les mettre à l'abri des vengeances du tyran.

« S'il n'est pas nécessaire que ces forces ne soient pas très considérables, il est cependant absolument essentiel qu'elles le soient assez pour se suffire à elles-mêmes dans le premier moment du débarquement, et ne pas pouvoir être facilement accablées par le nombre ; pour faire une impression sur l'esprit des Cochinchinois et les décider à se déclarer en faveur du roi ; pour pouvoir, enfin, commencer la révolution et la terminer,

même en calculant le nombre d'hommes qu'on doit s'attendre à
perdre par les maladies et les accidents.

« Dans quelque endroit que se fasse le débarquement, on sera
dans l'absolue nécessité de diminuer le nombre des troupes
agissantes, en laissant un détachement dans un poste assez fort
pour assurer les derrières et la retraite dans le cas d'un
désastre, que la sagesse oblige toujours à prévoir. Si le débarquement doit se faire dans le port de Tourane, le poste qu'on
devra prendre est facile à indiquer et serait aussi très facile à
fortifier. Un des côtés de ce port est fermé par une île qui en
barre l'entrée, et qui n'est séparée du continent que par un
canal d'environ cent toises ; c'est là qu'on pourrait avec peu de
frais et de difficulté établir un poste sûr et très avantageux, qui
défendrait l'entrée du port en même temps qu'il assurerait la
retraite, si elle devenait nécessaire. En quelque endroit, d'ailleurs, qu'on se décide à établir ce poste, il sera bien facile à
construire et à fortifier assez pour le rendre très respectable
aux troupes du pays. On suivrait la manière simple, mais très
bonne dont on se sert dans les Indes, c'est-à-dire, avec des
palmiers ou cocotiers couchés les uns sur les autres par lits qui
se croisent par sens opposés et qui sont entremêlés de terre
batie et revêtue de gazon. On construit ainsi des fortins solides,
d'une bonne défense et dans lesquels les troupes sont en sûreté,
même contre les canons, parce que ces arbres très spongieux
n'éclatent point et laissent le boulet faire son trou.

« En gardant bien ce poste d'artillerie, on peut évaluer à
200 le nombre d'hommes nécessaires à le défendre. S'il en fallait
davantage, on pourrait aisément trouver et prendre le surplus
sur les bâtiments dans les équipages du bord. Car une fois rendus à la côte, ces équipages ne peuvent rien avoir à craindre de
la marine de l'usurpateur, dont les bâtiments les plus importants
sont de la force à peu près de nos chasse-marée. Je puis même
dire que, dans le commencement des troubles, un brave sujet de
Votre Majesté que j'avais amené avec moi de Pondichéry, montant pour le compte du roi légitime un petit bâtiment armé de
dix canons du plus petit calibre et de quelques marins tirés de

la province de Gia-dinh (Saïgon), s'est défendu, pendant une
journée entière, contre toute la flotte de l'usurpateur composée
de près de 100 bâtiments, et n'a pas été pris. Il est vrai qu'il a
péri volontairement avec son bâtiment. Il est vrai encore que
c'était un brave Français, d'une énergie extraordinaire, dont le
nom, pour ce seul fait, demeurera longtemps légendaire en
Cochinchine (1).

« Quant aux forces qui paraissent devoir être absolument
nécessaires pour entreprendre cette expédition et en espérer
un succès complet, il semble évident qu'un seul bataillon ne pré-
senterait pas le front assez respectable ni assez étendu pour ne
pouvoir pas être trop facilement entouré et accablé par le nombre.
Il en faudrait au moins deux, complets, à 600 hommes chacun,
plus 150 d'artillerie blanche, auxquels on joindrait 300 cafres
destinés également au service de cette artillerie, et qu'on pourrait facilement trouver aux îles de France et de Bourbon, où
ils sont en nombre et suffisamment instruits. Le matériel de
cette artillerie comprendrait : 8 pièces de campagne, 6 pièces de
huit pour les positions et 4 pièces de douze destinées à être
placées dans le fortin.

« Il serait nécessaire d'emporter dans les bâtiments des vivres
pour la subsistance des troupes dans les premiers moments du
débarquement et jusqu'à ce que le parti qu'on se formerait dans
le pays fût en mesure d'en fournir.

« Les frais que cet armement occasionnerait ne semblent pas
devoir être considérables. La somme d'argent que l'on y consa-

(1) Ce Français dont l'Evêque d'Adran parle en des termes si élogieux
était breton, et l'histoire ne peut malheureusement pas mentionner même
son nom. Son prénom était *Manuel*. Le fait d'armes que l'Evêque rappelle
et à la suite duquel il trouva une mort d'autant plus glorieuse qu'elle fut
volontaire, lui valut des honneurs posthumes bien mérités. *Manuel* avait
sa tablette où cet acte de sa vie était tracé; dans la pagode dite *des mares*,
panthéon des grands hommes de la Cochinchine. Dans les combats livrés
autour de Saïgon au début de notre occupation, vers 1860, cette pagode fut
totalement détruite, et c'est bien regrettable. Il est probable qu'avec la tablette
de *Manuel* on y eût trouvé d'autres tablettes consacrées à la mémoire d'autres
Français de la suite de l'Evêque d'Adran, morts non moins glorieusement
au service de la Cochinchine et que nous ne connaissons pas précisément.

crerait ne saurait, en tout cas, être mieux placée, puisqu'elle produirait les avantages véritables et importants que la France en retirerait à bref délai pour son influence politique et commerciale.

« Quant au sol de la Cochinchine, dans ses diverses parties, il est d'une richesse et d'une activité de production véritablement extraordinaires. Tout ce qui est nécessaire aux besoins de la vie sous les climats tropicaux s'y rencontre avec abondance. Les matières propres au commerce intérieur et extérieur sont : l'or, le poivre, la cannelle, la soie écrue, les soieries travaillées, le coton, l'indigo, le fer, le thé, la cire, l'ivoire, la gomme-gutte, le vernis, la laque, l'aloès, la casse, le bois de sapan, l'huile de bois, le bois d'aigle, le calambac, le bois de marquetterie, les arèques, le fil d'ananas, le riz sec, des bois de construction admirables, le brai, etc. Il y aurait des facilités plus grandes que partout ailleurs pour faire un sérieux commerce avec la Chine, et avec beaucoup moins de frais de toute nature.

« En résumé, un établissement français à la Cochinchine donnerait le moyen certain de contrebalancer la grande influence de la nation anglaise dans tous les gouvernements de l'Inde, en y paraissant avec des ressources plus assurées et des secours moins éloignés que ceux qu'on est obligé d'attendre d'Europe ; de dominer dans toutes les mers de Chine et dans tous ses archipels ; de se rendre maître, enfin, de tout le commerce dans cette partie du monde. Nous y aurions un endroit sûr pour retirer nos vaisseaux en cas de guerre, pour les radouber à peu de frais et même en construire de nouveaux. Cette position nous procurerait aussi des moyens faciles de ravitailler nos escadres, et de fournir à nos colonies de l'Océan indien et africain les objets de première nécessité.

« Et, alors, nous aurions véritablement en mains les moyens efficaces non seulement d'arrêter les Anglais dans les projets qu'ils ont de nous chasser de l'Inde, afin de s'étendre et de pousser leurs établissements dans toute la côte de l'est, mais encore de les faire trembler plus tard jusque dans le Bengale, qui est le siège principal de leur puissance, pourvu, toutefois, que cet établissement de Cochinchine fût compris et fait de la manière qu'il mérite d'être vu. »

Ainsi parla le prélat. Un discret (on était déjà craintif à Versailles), un imperceptible murmure d'approbation accueillit ce fier langage. Les figures un instant, dit-on, rayonnèrent.

Ce discours, en tout cas, peut être livré sans commentaire à la méditation des hommes d'Etat et des militaires de notre temps qui se sont occupés, les uns de politique coloniale, les autres d'opérations de guerre dans l'Extrême Orient. Ils y trouveront les uns et les autres, à n'en pas douter, un esprit de sagesse qui leur a parfois manqué et que la nation, non sans justice, a eu raison de réclamer et d'exiger d'eux. L'historien qui compare et qui juge en dernier ressort constate que l'Evêque d'Adran fut, en même temps qu'un patriote éclairé, un profond politique, et que, d'autre part, nos hommes d'Etat et nos militaires contemporains n'avaient qu'à s'éclairer du passé qu'ils ont eu le tort de trop négliger.

Quoi qu'il en soit, l'éloquence simple et singulièrement précise de l'Evêque d'Adran suffit, il y a un siècle, pour gagner à la politique coloniale qu'il défendait la Cour et la ville, comme on disait alors. Ce qui frappa tout d'abord, c'était la lucidité avec laquelle un évêque traitait une question militaire ardue comme l'était et l'est encore celle d'une expédition en Extrême Orient. Mais bientôt, par quelque indiscrétion sans doute, on apprit que l'Evêque d'Adran était un prélat-soldat, à l'imitation de l'archevêque de Bordeaux, Henri de Sourdis, et du cardinal de Richelieu, sous Louis XIII, qu'il avait présidé des conseils de guerre en Cochinchine, et qu'après la lecture de son bréviaire, chaque jour, il méditait Polybe et Jules César, ces maîtres de l'art militaire de l'antiquité grecque et romaine.

Le lendemain même du jour où il avait prononcé, devant le roi et les ministres à Versailles, le discours ci-dessus, l'Evêque d'Adran se présenta au ministère des affaires étrangères et il y remit à MM. de Launay et de la Touche, fonctionnaires de ce département, probablement chargés de traiter les affaires de politique coloniale, une note écrite de sa main, plus explicite sur la question militaire. Cette note est intitulée : « Quelques observations. » La voici textuellement : « 1º La meilleure artillerie de campagne serait depuis une jusqu'à quatre livres de balles. Les canons de fonte seraient préférables. On pourrait envoyer quelques pièces à la *Rostaing* et huit à la *Suédoise*, et y joindre quatre mortiers de huit pouces et deux obusiers. 2º Le riz n'étant pas une nourriture suffisante pour le soldat français et ne pouvant se procurer du blé dans les commencements d'un établissement, il est important de charger les deux frégates que l'on enverra de biscuits, de farine, de blé et d'eau-de-vie. 3º Selon la nature de l'établissement que l'on se décidera à faire en Cochinchine, il sera nécessaire d'y employer un ou deux ingénieurs expérimentés. 4º Il serait encore nécessaire d'emporter d'ici des tentes, des haches et des outils propres aux travaux d'ingénieur. 5º On ne doit point oublier non plus des coffres de pharmacie bien composés, des caisses d'instruments de chirurgie, du linge de pansement, etc. 6º Il serait nécessaire, pour le transport commode d'environ 1.500 hommes, d'avoir non pas deux frégates mais trois, plus trois flûtes et une corvette devant servir d'aviso. Peut-être, pour ne pas s'exposer à manquer de vaisseaux, serait-il mieux d'envoyer d'ici une flûte qui, en portant des vivres pour la subsistance, porterait en même temps des recrues dont peuvent avoir besoin les régiments coloniaux dans l'Inde (1). »

Dans les grandes affaires dont l'exécution est éloignée et partant soumise à de nombreux aléas, même les petits détails ne sont pas insignifiants ; l'Evêque ne l'ignorait pas.

A quelque temps de là, l'Evêque d'Adran avait pris pied au ministère de la marine et à celui des affaires étrangères. Il fit passer au premier de ces ministères la note suivante intitulée : « Note pour servir de base pour l'instruction sur l'expédition de Cochinchine (2). — Les vaisseaux, porte cette note, ne devront

_____

(1) Note manuscrite de l'Evêque d'Adran. — Affaires étrangères, fonds : Indes orientales, 1787.

(2) Archives coloniales, fonds : Cochinchine. La note n'est qu'une copie

pas partir ensemble de Pondichéry. Ils auront rendez-vous à l'île de Poulo-Condor. On distribuera sur chacun des bâtiments destinés à l'expédition les pilotes et les matelots cochinchinois restés à Pondichéry (on a vu plus haut qu'on les avait utilisés sur le *Marquis de Castries*, mais l'Evêque l'ignorait), afin qu'à tout événement les capitaines puissent s'assurer de leur route et de la connaissance de tous les endroits où ils pourraient aborder. On prendra à Poulo-Condor tous les renseignements nécessaires sur l'état où sera alors la Cochinchine et on s'y assurera de tous les bateaux dont on aura besoin pour la descente. Aussitôt que tous les vaisseaux seront arrivés à Poulo-Condor et réunis à ceux du roi de Cochinchine, on partira pour se rendre au port où se trouvent les forces principales des rebelles et où leur chef se tient ordinairement. Il est essentiel d'attaquer le rebelle dans cet endroit, qui est la base de ses opérations, parce qu'il ne s'y attend pas, et qu'une descente imprévue et hardie, en étonnant toute la nation, la ramènera au prince légitime. C'est, d'ailleurs, le moyen de rendre l'expédition courte et assurée.

« Le port (1) dont il s'agit n'est pas celui de Tourane, situé plus au nord et qui est presque abandonné depuis le commencement de la révolution, mais celui qui est placé à l'embouchure d'une rivière dont la rive droite, en la regardant de la mer, est défendue par une montagne escarpée et presque à pic sur la rivière, et la rive gauche par une palissade d'environ cinq pieds de haut qui s'étend depuis la rivière jusqu'à une autre montagne, à la distance de près d'une demi-lieue. Tout cet espace est une plage ouverte et facile à aborder. Il n'y a ni barre, ni aucune autre chose qui puisse empêcher l'accès des bateaux. Les vaisseaux peuvent

---

où il est indiqué que l'original, de la main de l'Evêque d'Adran, a été remis au roi à Versailles. Cet original n'a pas été conservé.

(1) Il s'agit du port de Quinhon qui était la principale place forte des Tayson et leur quartier général, d'où ils lançaient leurs forces, tantôt sur la Cochinchine méridionale, tantôt sur le Tonkin. Le plan de campague indiqué par l'Evêque d'Adran est donc merveilleusement tracé et singulièrement hardi. Quinhon prise, l'insurrection était vaincue ; c'est ce qui arriva plus tard.

aborder à une demi-portée de canon pour protéger la descente. La palissade est ordinairement gardée par 7 ou 800 hommes. Il y a de gros canons placés de distance en distance, mais qui ne sont nullement à redouter. Les frégates portant du 18 battront cette palissade avec le plus grand avantage et la renverseront en très peu de temps. Il est même presque sûr qu'elle sera abandonnée aussitôt que les vaisseaux commenceront à faire jouer leur artillerie.

« Aussitôt après cette opération, on se retranchera à la palissade de manière à être protégé par les vaisseaux de la rade et à conserver avec eux toujours la communication libre. On répandra tout de suite, par la province, des manifestes par lesquels le roi légitime annoncera à tout son peuple et les secours que lui donne le roi de France, et le pardon pour tous ceux de ses sujets qui reviendront à lui, etc.

« Dans une circonstance comme celle dont il s'agit, il est absolument nécessaire de brusquer et de ne pas donner le temps aux révoltés de revenir de leur première frayeur. En conséquence, on fera aussitôt avancer le corps de 1.500 européens avec l'artillerie et les cafres (tirant pour le moment sans aucun danger), 7 à 800 matelots des bâtiments, et on ira en droiture à la ville du rebelle, conjointement avec l'armée du roi de Cochinchine, pour en commencer tout de suite l'attaque. Cette ville (Quinhon), qui n'est éloignée de la palissade que de trois heures de chemin, est gardée par beaucoup de soldats, qui peut-être l'auront abandonnée avant l'arrivée des Français. Car il paraît presque certain que le chef des révoltés n'osera pas y attendre un assaut. Dans le cas, cependant, où il deviendrait nécessaire de l'attaquer, on pourrait le faire sans un sérieux danger et le siège ne serait pas long.

« La ville prise, le reste deviendra aisé. Les différents partis qui tiennent encore pour le roi auront le temps de se réunir à lui, et les troupes françaises ne feront plus que soutenir les troupes royales cochinchinoises, lesquelles seront assez nombreuses pour poursuivre seules les rebelles et pacifier les provinces.

« On enverra, sans perte de temps, un grand nombre d'ouvriers cochinchinois au port de Tourane, afin de préparer les logements des troupes françaises et y commencer notre établissement.

« On n'oubliera pas, dans les instructions qu'on donnera à M. de Conway (ce général venait d'être nommé gouverneur de nos établissements de l'Inde), de lui observer qu'il est nécessaire d'embarquer des officiers du corps royal (génie). »

Avec des indications si précises et si précieuses, la besogne des états-majors de la marine était aisée.

Un rapport pour régler les mesures de détail fut immédiatement soumis au roi par le maréchal de Castries, ministre de la marine, et approuvé. Voici ce rapport (1) :

« Le fils du roi de Cochinchine, accompagné de Monseigneur l'Evêque d'Adran, s'embarquera dans le courant d'octobre ou au commencement du mois de novembre (1787), au plus tard, sur la frégate du roi *la Dryade* pour se rendre à Pondichéry, en passant à l'île de France, sans relâcher au cap de Bonne-Espérance. Cette frégate prendra à son bord le numéraire.

« On embarquera sur cette frégate un officier de marine de confiance et décoré, qui accompagnera le fils du roi de Cochinchine jusqu'auprès de son père. Il sera envoyé à cet effet et adressé au roi de Cochinchine par le roi de France. Cet officier s'embarquera sur la frégate comme officier faisant le service et ne connaîtra sa destination qu'à Pondichéry. Il s'occupera, aussitôt son arrivée à la Cochinchine, de prendre toutes les connaissances nécessaires à donner à celui qui commanderait l'expédition que Sa Majesté serait dans le cas de tenter pour donner des secours au roi de la Cochinchine et le rétablir dans ses états.

« Il verra aussi quel est le lieu qu'il pourrait convenir à la nation de demander pour s'y établir de manière à ouvrir à la nation de nouvelles branches de commerce. Si l'intention du roi est de donner des secours militaires au roi de la Cochinchine, ces secours doivent être composés de troupes du roi, commandées par un officier de distinction qui saurait, après avoir rétabli le

(1) Archives coloniales, fonds : Cochinchine.

roi de Cochinchine dans ses états, y rétablir aussi l'ordre en se faisant respecter par sa conduite et faire considérer et respecter la nation.

« Toute entreprise faite par des compagnies particulières aurait des inconvénients dont les détails seraient trop longs, mais on s'offre de les donner.

« Cette expédition militaire, si elle est jugée convenable, peut être faite avec le plus grand secret et sans que qui que ce soit puisse en avoir connaissance. Le régiment de l'île de France ou celui de l'île Bourbon seront supposés l'un des deux relever celui de Pondichéry qui est actuellement à l'île de France, et celui qui aura reçu les ordres en conséquence s'embarquera sur les bâtiments du roi qui, en vertu des dispositions prises, se trouveront en temps utile dans la rade de Pondichéry, et le régiment présumé destiné à l'île de France s'embarquera avec les bagages et les pièces d'artillerie de campagne attachées au dit régiment ; et, après avoir quitté Pondichéry, il fera route pour la Cochinchine. Les mois de mai, juin et juillet sont les plus favorables pour partir de Pondichéry pour l'île de France et sont aussi les mois dans lesquels il est nécessaire de partir pour la Cochinchine. On pourrait faire les mêmes dispositions pour le détachement d'artillerie qu'il sera jugé nécessaire d'employer à cette expédition.

« On pourrait, sans aucun apparat, embarquer sur les frégates qui seront dans le cas d'être expédiées dans cette mousson les pièces d'artillerie et affûts que réclamera l'expédition de Cochinchine et avoir l'air de destiner le tout pour l'île de France ou pour Pondichéry.

« Il serait nécessaire de donner les ordres les plus prompts et les plus précis à Port-Louis pour faire passer dans la mousson qui va s'ouvrir mille hommes de recrues pour les îles de France et d'en distraire une très grande partie pour remplacer à Pondichéry le vide que le détachement qui serait parti pour la Cochinchine y aurait laissé.

« Le détachement qui partirait pour la Cochinchine ne pourrait pas être mieux commandé que par M. de Fresne, colonel du régiment de Bourbon, officier de la plus grande distinction. Mais on observe que cet officier qui a eu la liberté d'opter, ou de rester en second à Pondichéry ou d'aller en chef à Chandernagor, aura peut-être, par convenance personnelle, préféré la dernière situation, et alors il ne serait pas à Pondichéry à l'époque où il est nécessaire que cette expédition parte. Il pourrait dès lors être remplacé par M. de Chermont, colonel du régiment de l'île de France, qui réunit les mêmes qualités que M. de Fresne.

« On donnera des ordres pour embarquer à bord des frégates à Lorient 8 pièces d'artillerie de campagne (4 de 12 et 4 de 8) avec les attirails, caissons, etc. ; 2 mortiers de 12 pouces ; 2 obusiers de 6 à 8 pouces, 500 fusils. On embarquera comme surnuméraire de l'état-major de la *Dryade* M. le lieutenant de vaisseau de Joyeuse pour remplir apparemment la mission d'un commandant dans l'Inde. Le détachement d'artillerie prendra également passage sur les frégates. Le commandant (1) de la *Dryade* aura à sa table 4 passagers seulement (le prince de Cochinchine, son parent, l'Evêque d'Adran et M. de Joyeuse). On donnera des ordres à l'île de France pour que la corvette *le Duc de Chartres* se rende à Pondichéry en mai ou avril prochain et pour qu'une des frégates de la station se joigne aux deux qui arriveront d'Europe, de manière que ces trois bâtiments puissent prendre chacun de 3 à 400 tonneaux. Les frégates expédiées de France ne devront en aucun cas toucher au cap de Bonne-Espérance. »

L'Evêque d'Adran avait, on le voit, lieu d'être satisfait. Les choses marchaient au gré de ses désirs, et ses espérances avaient jusque-là toutes les chances d'être réalisées. C'est alors qu'il demanda et obtint (c'était en juin) un congé pour aller voir sa famille et prendre un repos nécessaire et assurément bien gagné.

---

(1) Le commandant de la *Dryade* désigné était M. le chevalier de Kersaint, capitaine de vaisseau.

# CHAPITRE SEPTIÈME



Cette année 1787 n'est pas tant mémorable par la réunion des Notables, par les plans coloniaux asiatiques apportés par l'Evêque d'Adran que par les inconcevables variations de la politique de Louis XVI. Cette politique fut, cette année-là, tour à tour timide et hardie, belliqueuse et pacifique à l'excès ; finalement si alambiquée et si molle qu'il semble, en vérité, que les gouvernements aussi bien que les individus perdent, en vieillissant, de leur énergie propre à mesure qu'ils approchent du point final de leur durée et du rôle qui leur est imparti dans l'évolution des êtres et des groupes sociaux.

Ces patriotiques paroles prononcées par l'Evêque d'Adran à Versailles devant le roi et les ministres assemblés : « alors nous aurions véritablement en mains les moyens efficaces non seulement d'arrêter les Anglais dans les projets qu'ils ont de nous chasser de l'Inde, afin d'étendre et de pousser leurs établissements dans toute la côte de l'Est, mais encore de les faire trembler plus tard jusque dans le Bengale qui est le siège principal de leur puissance »; ces paroles patriotiques eurent le don, semble-t-il, de provoquer une sorte de retour de virilité chez la vieillotte monarchie française. Je voudrais essayer, avec sincérité et sans parti pris, de démontrer ce phénomène physiolo-

gique et historique, en m'appuyant uniquement sur les documents
les plus certains, qu'on ne connaît pas encore et qu'après de minutieuses recherches nous avons rencontrés dans nos Archives
publiques (des Affaires étrangères et de la Marine). Puisse la
lumière que ces documents vont répandre sur notre histoire d'il
y a cent ans, éclairer nos hommes d'Etat contemporains ! Ils
voguent sur ces mêmes mers où sont les mêmes dangereux
écueils contre lesquels alors se heurta violemment, s'y brisant
presque, la vieille France fleurdelisée.

La guerre dont sortit l'indépendance des Etats-Unis d'Amérique
se termina par divers traités. En vertu du traité du 30 novembre 1782, les colonies jusque-là anglaises de l'Amérique du Nord
obtinrent leur séparation et leur indépendance absolue de la
métropole. D'autre part, les traités des 3 septembre 1783 et
20 mai 1784 rétablirent la paix entre la Grande-Bretagne d'un
côté, et de l'autre la France, l'Espagne et la Hollande, qui avaient
énergiquement pris le parti des Américains, férus d'indépendance et de liberté nationale. L'Angleterre avait donc été vaincue
grâce à de longs efforts combinés et à des dépenses énormes
auxquelles la France seulement avait contribué pour plus de cinquante millions (1). Cependant il arriva, par une de ces savantes
manœuvres diplomatiques dont elle a le secret, que ces traités
qui amoindrissaient l'Angleterre, qui semblaient ruiner son crédit
dans le monde, tournèrent, comme par miracle, à son avantage
et la grandirent au lieu de l'abaisser. La chose est vraiment singulière et mérite attention et démonstration complète.

La Grande-Bretagne perdit effectivement dans cette guerre
la souveraineté qu'elle exerçait sur la plupart de ses anciennes
colonies de l'Amérique du Nord. Mais ces colonies depuis déjà
longtemps ne lui rapportaient plus rien. Ses négociants seuls, eu
égard au commerce qui leur était exclusif, en retiraient des bénéfices appréciables qu'ils ne perdirent pas du fait de la proclamation de l'indépendance des treize Etats américains (New-Hamp-

(1) Avances de la France aux Etats-Unis, 18 millions de livres, plus les
frais de notre expédition. De plus, la France avait donné sa caution vis
à-vis de la Hollande pour un emprunt de cinq millions de florins.

shire, Massachussets, Rhode-Island, Connecticut, New-York,
New-Jersey, Pensylvanie, Delaware, Maryland, la Virginie, les
deux Carolines et la Géorgie). Il arriva, au contraire, que ces
négociants anglais, loin d'être spoliés, comme ils affectaient de
le dire, gagnèrent au nouvel état de choses, parce que, d'une
part, il provoqua une énorme augmentation de population, et
que, d'autre part, l'industrie britannique en profita pour écouler
ses marchandises ; car cette population soudainement amassée,
étant totalement absorbée par les travaux de l'agriculture, n'avait
encore eu ni le temps ni les moyens d'organiser des manufactures locales. N'empêche que les Anglais affolés jetèrent de grands
cris en Europe et réclamèrent avec l'énergie qui les caractérise
des compensations sérieuses pour des pertes qui n'étaient pas
justifiées, qui touchaient peu les tiers et que, dès lors, on aurait
dû formellement repousser. Ce n'était évidemment qu'un piège
tendu à la crédulité des Etats européens, et la France, toujours
généreuse et parfois inconsciente, y tomba en plein, en signant
le traité de commerce du 26 septembre 1786 qui fut au traité de
paix comme une sorte d'appendice funeste. Les Hollandais aussi,
quoique contraints et forcés, buttèrent au même piège ; de même
les Espagnols, en acceptant les uns et les autres les traités qui
leur furent gracieusement demandés. Examinons séparément ces
divers traités.

D'abord la Grande-Bretagne rétrocéda à la France (traité du
3 septembre 1783) l'île de Tabago qu'elle détenait depuis 1763 ;
mais la France restitua à la Grande-Bretagne Sainte-Lucie, Gre-
nade, les Grenadines, Saint-Vincent, la Dominique, Saint-Chris-
tophe, Nevis et Mont-Serrat. L'Angleterre restitua à la France
la rivière du Sénégal avec les forts Saint-Louis, Podor, Galam,
Arguin, Portendick et l'îlot de Gorée ; lui restitua (avec des restrictions infinies) ses établissements sur la côte d'Orixa et dans
le Bengale. Ainsi, pour Chandernagor, avec réserve expresse
que les Français ne pourraient l'entourer que d'un fossé *propre à l'écoulement des eaux ;* les anciens comptoirs fondés
par Dupleix (Chandernagor, Cossienbuzar, Dacca, Jugdea, Bala-
zore et Patna) et les minuscules territoires en dépendant resté-

rent soumis à la protection et à la juridiction de la France ; mais d'autres comptoirs également français comme Soopore, Keerpog, Kannicole, Mohumpore, Serampore, Chittagong nous furent arrachés et la juridiction de l'Angleterre leur fut infligée ; Pondichéry nous fut rendu, mais simplement avec les districts de Velautour et de Bahour, soit à peine une étendue de vingt lieues de pays ; pour ne rien négliger, disons que les comptoirs de Mahé et de Surate nous furent également restitués.

Aux conditions déjà onéreuses ci-dessus mentionnées relativement à nos possessions dans les Indes, il faut ajouter d'autres restrictions bien autrement dures qui furent insérées dans un appendice, bien entendu secret. Les appendices, en général, ne s'étalent pas tout le long des traités, on les voile ; ça ne se montre pas à l'œil nu ; ça effaroucherait la pudeur des diplomates. Après cent ans écoulés, on peut, peut-être sans de trop graves inconvénients, découvrir ce mystérieux pot aux roses.

La généreuse Angleterre avait consenti à nous restituer notre bien dans les Indes, mais en attachant à ces justes restitutions des conditions léonines. Elle exigea que la France abandonnât les princes indiens, ses alliés, ses amis, ses anciens compagnons d'armes dans les luttes passées ; elle exigea que la France dans un délai imparti évacuât militairement tous les territoires que, pourtant, elle conservait dans les Indes. Cette double lâcheté, le gouvernement de Louis XVI l'avait déjà commise au moment même où il entendait les patriotiques accents de l'Evêque d'Adran. Car, dans les instructions qu'il avait données au général de Conway se rendant aux Indes pour cette belle besogne, le maréchal de Castries avait dit expressément (15 mars 1787) que « l'Inde ne devait plus être considérée que comme un cantonnement de guerre », ce qui impliquait évidemment l'abandon de nos alliés et une évacuation prochaine.

L'Angleterre (c'est toujours le traité du 3 septembre 1783 que nous examinons) conserva l'entière souveraineté sur les îles de Terre-Neuve et adjacentes, moins les îles Saint-Pierre et Miquelon qui étaient à la France en toute propriété de par l'article 13 du traité d'Utrecht. Mais, comme il était nécessaire, paraît-il, d'indemniser la Grande-Bretagne à raison du droit de pêche qu'elle transférait aux Etats-Unis dans les eaux de Terre-Neuve, la France renonça à son droit de pêche primordial (renouvelé par le traité d'Utrecht) sur la côte orientale (la plus belle et la plus fertile en poisson), depuis le cap de Bonavista jusqu'à celui de Saint-Jean, et elle émigra, cédant la place à l'Angleterre ; et son droit fut transporté à la côte occidentale, du cap Saint-Jean au cap Rayé, qui est sans doute d'une plus grande étendue que la partie du Sud, mais ici la quantité ne compensait sûrement pas la qualité ; car, autant la pêche au Sud est abondante et riche, autant au Nord elle est médiocre et pauvre. Nous avions donc beaucoup perdu au change (1).

Il y a, par surcroît, le traité de commerce conclu le 26 septembre 1786. Il va sans dire qu'en le contractant les Anglais n'eurent qu'un but, celui d'être agréables et utiles à la France. Il fut cependant constaté un peu plus tard que ce traité ne leur avait pas été aussi défavorable qu'ils l'avaient tout d'abord prétendu. Pitt, dans le tableau des finances qu'il soumit au Parlement en 1789, fit entrer en ligne de compte pour couvrir les excédants des dépenses du Trésor les ressources produites par *les heureux résultats du traité en faveur de la Grande-Bretagne.* Il n'en fut pas de même, hélas ! pour la France. Nos vins, nos eaux-de-vie, nos huiles, toutes denrées de nos crûs que l'Angleterre ne peut tirer d'ailleurs et dont elle est friande, n'en souffrirent pas trop sans doute. Mais nos diverses industries nationales furent gravement atteintes, parce que l'Angleterre nous écoula ses marchandises communes qui conviennent à un très grand nombre d'acheteurs, et qu'elle ne nous prit que peu ou point

(1) Il paraît qu'en ce moment même l'Angleterre aurait la prétention d'enlever à la France ce droit de pêche sur la côte occidentale de Terre-Neuve, et de lui proposer pour cet abandon une indemnité pécuniaire. La France a assez cédé de ses anciens droits de pêche aux bancs de Terre-Neuve. Elle ne cédera rien à personne, ainsi le lui commandent son devoir et ses intérêts. Notre gouvernement républicain ne saurait transiger là-dessus, ces pêcheries nous étant nécessaires pour les produits qu'elles rapportent à nos populations pauvres et pour l'instruction technique qu'elles procurent à nos marins.

de marchandises riches dont la clientèle en tout temps fut d'ailleurs fort restreinte ; de manière qu'elle nous vendit beaucoup et nous acheta bien peu. Ce traité fut donc désastreux pour nos filatures, pour nos fabriques. Presque toutes nos villes de commerce élevèrent des réclamations et leurs doléances furent consignées dans les « Cahiers » des Etats Généraux de 1789. On constata (1) que plus de 150.000 ouvriers furent les victimes, en France, de ce malencontreux traité. Ce fut, à n'en pas douter, une des causes de la Révolution, que les historiens n'ont pas encore remarquée, je crois.

La Hollande n'avait peut-être pas moins perdu que la France par son traité (20 mai 1784). Il fut stipulé que la Hollande céderait à l'Angleterre Négapatnam (c'était la plus importante place des Indes), avec cette clause illusoire et hypocrite que, moyennant un équivalent, Négapatnam lui serait rendue, si la République batave consentait à renouer les anciennes liaisons ; qu'elle ferait l'abandon de Trinquemale et des autres villes, forts et établissements dans l'île de Ceylan. Autant dire l'île de Ceylan tout entière. Or, Ceylan, par sa position intermédiaire entre les deux presqu'îles d'en deçà et d'au delà du Gange, les archipels adjacents, la mer Rouge, le golfe Persique, était et est encore considéré comme un point d'une extrême importance pour le commerce général de l'Europe avec la Chine. Enfin, la Hollande dut permettre aux Anglais de librement naviguer dans les mers de l'Est, leur livrant ainsi le détroit de la Sonde après celui de Malacca, les autorisant aussi à faire pendant la paix un commerce interlope avec les Moluques et tous les autres territoires à épiceries fines, et leur facilitant par ce fait un prétexte d'invasion en cas de guerre. Les Hollandais étaient donc justement inquiets et mécontents.

Telles furent les compensations consenties par la France et la Hollande à l'Angleterre pour l'indemniser de la perte de ses colonies d'Amérique. Elle gagna plus qu'elle ne perdit dans cette

(1) Cliquot de Blervache, inspecteur général des manufactures, *Considérations sur le traité de commerce entre la France et la Grande-Bretagne*, 1789.

affaire. L'Angleterre jamais ne lâche que contre de solides garanties. Tant pis pour ceux qui se laissent prendre à ses amorces.

Tant il y a qu'à la fin la France et la Hollande avisèrent aux moyens de se débarrasser de ces maudits traités qui les étreignaient à la façon d'une tunique empoisonnée. Ce fut l'objet du traité conclu à la Haye le 10 novembre 1785, en dépit de la vive opposition de l'Angleterre. Il en résulta une crise qui, de sourde qu'elle avait été, arriva à l'état aigu et soudain éclata en 1787. Il y a lieu d'en suivre désormais les phases, puisque aussi bien l'affaire de Cochinchine, qui s'y rattache, autrement ne serait pas comprise.

On était au mois de juillet. « Dans la position des choses, écrivait notre ministre des Affaires étrangères à notre ambassadeur à la Haye, il serait possible qu'elles prissent une tournure qui exigeât les plus grandes précautions dans les Indes orientales. Ne pourriez-vous pas vous entendre avec M. Paulus (syndic de la marine en Hollande) pour faire donner des ordres aux commandants des possessions hollandaises de les confier à des officiers français qui seraient chargés de les défendre conjointement avec eux? Vous sentirez que ceci exige la plus grande circonspection, en prévoyant la probabilité de la guerre. Et, en prenant les précautions qu'elle exigerait, nous ne devons pas avoir l'air d'y croire. Voyez donc M. Paulus, sondez ses intentions, et, après l'avoir consulté comme de vous-même sur cet objet, mandez-nous ce qu'il croirait possible (1). »

L'ambassadeur répond : « Il me reste à vous donner sur les forces navales des Hollandais dans les Indes orientales quelques éclaircissements puisés dans une conversation que j'ai eue hier avec M. Paulus. Ces forces consistent en huit bâtiments de guerre commandés par M. Silvestre, chef d'escadre, dont on fait grand cas et dont on est parfaitement sûr. M. Paulus lui a écrit pour le prévenir de se tenir exactement sur ses gardes, en lui mandant que les troubles de la République pourraient entraîner

(1) Ministre à de Vérac ; Versailles, le 2 juillet 1787. (Arch. Aff. étr. ; fonds : Hollande, année 1787.)

des discussions dont il était possible que l'Angleterre voulût se
mêler. Il a enjoint à tous les officiers de se concerter parfaitement avec les nôtres. L'objet qui lui paraît le plus important
dans le moment actuel est que la France ait l'œil ouvert sur les
armements maritimes des Anglais et puisse balancer les forces
que ceux-ci seront peut-être tentés d'envoyer aux Indes, afin de
donner à la République le temps de préparer ses moyens pour
les combiner avec les nôtres. Il désirerait aussi connaître l'état
de nos forces tant de terre que de mer dans cette partie du
monde. Je n'ai pas été en état de le satisfaire sur ce point et je
me suis borné à lui dire quels étaient les officiers qui les commandaient. Je pense ne m'être pas trompé en lui disant que le
commandant des troupes de terre était M. de Conway, et le chef
d'escadre, M. le chevalier d'Entrecasteaux (1). »

Sans tarder (le 9 juillet) on fait passer en Hollande l'état de nos
forces comprenant, à savoir : la station navale, six frégates de
guerre portant 212 canons (la *Résolution*, 44 ; la *Vénus*, 40 ; la
*Calypso*, 32 ; l'*Astrée*, 32 ; la *Précieuse*, 32, la *Subtile*, 32) ; et les
troupes de terre, 3.900 hommes ; 2.700 hommes européens et
1.200 Cipayes, troupes excellentes.

En réponse à des questions qui lui avaient été, dans l'intervalle,
subsidiairement posées par le maréchal de Castries, M. Paulus
écrit : « Les forces de la République dans l'Inde pourront être
portées au plus haut degré, dans le cas où elle serait assez heureuse pour sortir bientôt des circonstances actuelles. La compagnie a actuellement 46 vaisseaux de 50 canons, et 32 de 40
canons, et beaucoup d'autres petits vaisseaux dont elle se sert
dans l'Inde pour empêcher la contrebande et pour faire le commerce intérieur. Avant la guerre avec l'Angleterre, elle avait
plus de 70 vaisseaux marchands qui portaient tous 54 canons et
40 de 40 canons. La direction actuelle s'occupe de faire construire tous ses vaisseaux de 54 canons et de 160 pieds, afin qu'ils
puissent porter au besoin 60 canons, et d'augmenter leur nombre
de 50 ou 55, de manière que la Hollande aura de 90 à 96 vais-

(1) De Vérac à ministre ; la Haye, le 7 juillet 1787. (Arch. Aff. étr.; fonds :
Hollande, année 1787.)

seaux dont elle pourra se servir en temps de guerre, aussi bien
dans l'Inde qu'en Europe, à mesure qu'une partie de ses vaisseaux sera ici ou là. En outre, on a décidé de ne plus se servir
de toutes sortes de petits bâtiments, mais d'en faire des frégates
de 24 et 16 canons. Il est aisé de voir, par là, que les forces navales de l'Inde jointes aux autres de la République (dont le
nombre de vaisseaux consistera dans peu en cent vaisseaux de
divers types, savoir : 20 de 74, 12 de 64, 10 de 60, et le reste en
frégates) sont assez considérables pour être des objets d'influence
dans la balance des puissances maritimes en Europe, surtout par
rapport à l'Asie. De telle sorte que les armées navales de la
France et de la République seraient incontestablement les plus
fortes dans toutes les mers les plus fréquentées, dans l'Europe et
dans l'Asie. La République tient depuis trois ans une escadre
de huit vaisseaux ou frégates dans l'Inde, de huit dans la Médi-
terranée, de huit ou dix dans les mers du Nord, la Manche, etc.,
et de cinq à six dans les petites Indes. Or, si la France envoyait
à ces escadres respectives autant d'escadres, il est bien sûr que
ces forces jointes ensemble tiendraient non seulement en échec
celles de l'Angleterre, mais les surpasseraient toujours, parce
qu'il est impossible qu'une puissance seule soutienne en temps
de paix des flottes qui seraient ensemble si considérables (1). »

A cette lettre est annexé un état faisant connaître que les
troupes de terre que la Hollande entretenait dans ses possessions
de l'Asie s'élevaient à 8.312 hommes, non compris les officiers.

Ainsi, au mois de juillet 1787, une solide et intime entente
existait entre la France et la Hollande. Leurs intérêts étant soli-
daires et leurs moyens d'action étant réunis, il n'y avait guère de
probabilités que l'Angleterre réussirait à diviser les deux puissances capables de lui résister sur mer et de maintenir intactes
leurs situations coloniales respectives. Mais il était de la politique
de la Grande-Bretagne d'occuper la France sur le continent d'Europe par une puissante diversion qui, l'empêchant de faire de
grands efforts par mer, lui facilitât l'absolue conquête des Indes.

(1) Paulus à de Vérac ; la Haye, le 28 juillet 1787. (Arch. des Aff. étr.
— Hollande.)

Par contre, il était de la politique de la France d'éviter la guerre
continentale par laquelle elle ne pouvait faire aucun mal à l'Angleterre et de se borner à des opérations navales conjointement
avec la Hollande, son alliée.

De Montmorin écrit à de Vérac (3 août) : « Il est à peu près
démontré que si les affaires de Hollande ne sont pas incessamment acheminées vers une conciliation, la guerre civile s'établira
dans le sein de la République, et qu'elle entraînera infailliblement
l'Europe dans une guerre générale. On ne saurait se dissimuler
que, quels que puissent être les événements de cette double
guerre, les provinces-unies qui en seraient le théâtre seraient
dévastées et ruinées, et que celle de Hollande en serait la première victime. En effet, la *corruption qui lui a enlevé ses troupes*
lui enlèverait probablement encore la marine ; son commerce
serait détruit ; et il est évident que l'Angleterre profiterait de la
circonstance pour envahir la plus grande partie des possessions
hollandaises dans l'Inde (1). »

Il ne peut entrer dans notre sujet d'aborder en détail les affaires intérieures de la République batave. Nous devons dire
cependant, pour la clarté de ce qui va suivre, que l'Angleterre et
la Prusse soutenaient le Stathouder, tandis que la France avait
embrassé le parti dit « des patriotes » qui formait la majorité des
Etats Généraux des provinces-unies.

Du reste, l'ensemble de la situation politique fut exposé au roi
par le ministre des Affaires étrangères. Voici les parties les plus
saillantes de cet important rapport : « Il ne faut pas se dissimuler, y est-il dit, que si le roi, après ce qu'il a fait pour les
patriotes, après ce qu'ils ont fait pour la France, se déterminait à
les abandonner, il détruirait non seulement son alliance, mais il
rejetterait les provinces-unies entre les bras de l'Angleterre, et il
perdrait sans retour toute considération. L'alliance avec la République a été et semble devoir être regardée comme un des plus
heureux et des plus importants événements du règne de Sa Majesté.
D'après cela, on ne saurait mettre en doute s'il convient ou non

(1) Ministre à de Vérac : Versailles, le 3 août 1787. (Arch. des Aff. étr.
fonds : Hollande.)

de la maintenir. Il s'agit uniquement de savoir jusqu'à quel point le roi veut et doit porter les efforts pour remplir cet objet. Si le roi peut, en tout état de cause, éviter la guerre, il ne pourra donner aux patriotes que des conseils faibles : il ne pourra que les exhorter à accumuler les sacrifices, et leur mécontentement s'accroîtra. Ils discréditeront la France ; la confiance et l'espoir de la nation hollandaise tourneront en haine. L'Angleterre profitera de cette disposition des esprits. Elle élèvera le ton à mesure qu'elle verra la France le baisser. Et il est plus que probable que la Cour de Londres opérera paisiblement la révolution qui est l'objet de ses vœux et de ses intrigues. Si, au contraire, le roi est résolu à courir le risque de la guerre plutôt que de sacrifier les patriotes et avec eux son alliance, Sa Majesté pourra articuler d'un ton ferme et décidé son opinion vis-à-vis les cours de Londres et de Berlin. Elle fixera avec son parti les bases de l'accommodement et elle lui déclarera d'une manière positive qu'elle le soutiendra. Cette marche rassurera les patriotes. Elle les raffermira dans leur dévouement pour la France. D'un autre côté, les deux Cours (Londres et Berlin) qui protègent le Stathouder calculeront avec plus de précaution leurs démarches et leurs exigences, et, comme il y a lieu de penser qu'elles ne rechercheront point la guerre, elles ne voudront probablement pas s'y exposer pour une cause aussi peu importante que *celle de madame la princesse de Nassau.*

La princesse de Nassau, femme du Stathouder, était la sœur du roi de Prusse. Quant à sa « cause », elle était vraiment singulière, comme on le verra bientôt.

Le ministre continue : « L'Angleterre, malgré le bon état apparent de ses finances, a besoin de la paix et n'a aucun motif national pour la rompre. Sans doute, il lui serait utile de recouvrer les provinces-unies, mais son vœu à cet égard n'est pas assez puissant pour engager le ministère anglais à déranger pour un succès au moins incertain l'ordre qu'il est occupé à rétablir dans les finances, à se livrer à de nouveaux emprunts et à de nouveaux impôts. D'ailleurs, nous avons une preuve bien sensible de son désir de conserver la paix, c'est la déclaration (1) qu'il vient de nous proposer relativement aux armements respectifs. Il est plus que probable qu'il ne se serait pas lié les mains à cet égard s'il avait l'arrière-pensée de faire la guerre à l'occasion des troubles de Hollande.

« Quant au roi de Prusse, s'il ne calcule que son intérêt, loin de se brouiller avec le roi, il doit s'efforcer, au contraire, de conserver son amitié et de la consolider. La grandeur actuelle de la Prusse dépend d'un mot. Elle courrait les plus grands risques si Sa Majesté voulait favoriser les projets des Cours de Vienne et de Saint-Pétersbourg ; et Sa Majesté prussienne doit avoir sans cesse cette crainte salutaire. D'ailleurs, ce prince n'a aucun intérêt à maintenir le trouble dans les provinces-unies et à détruire leur alliance avec le roi. Il a même l'intérêt contraire, si, comme la saine raison le lui prescrit, sa politique l'attache à la France. Frédéric-Guillaume ne se montre que par pure affection pour madame la princesse de Nassau, sa sœur. Mais ce sentiment cédera à des motifs d'un ordre supérieur. Il ne s'agira que de fournir à Sa Majesté prussienne le moyen de se retirer d'une manière décente de la fausse démarche qu'elle a faite à l'occasion du voyage de madame la Stathouder.

« Ainsi, tout concourt à faire penser que la Cour de Londres et surtout celle de Berlin n'ont pas l'intention de provoquer la guerre. Il semble résulter de là que le roi peut prendre un ton affirmatif dans les affaires de Hollande et prévenir de cette manière une perte certaine ; celle de son allié et de sa considé-

(1) Déclaration réciproque signée à Versailles le 30 août 1787 entre les Cours de Versailles et de Londres pour ne mettre en activité, de part et d'autre, que six vaisseaux de ligne. « Sa Majesté très chrétienne et Sa Majesté britannique voulant consolider de plus en plus la bonne harmonie qui existe entre elles, ont jugé à propos, dans la position actuelle des affaires, de convenir qu'on ne préparera de part et d'autre aucun armement de mer au delà de l'établissement de paix et que l'on ne fera aucune disposition pour mettre en mer un plus grand nombre de vaisseaux de ligne que les six dont l'armement a déjà été communiqué réciproquement et que, dans le cas où l'un des souverains se trouverait dans la nécessité de faire à cet égard quelque arrangement différent, il ne pourra avoir lieu qu'après un avertissement préalable. Signé : Comte de Montmorin, W. Eden. » — (Arch. des Aff. étr. ; fonds : Hollande, 1787.)

ration, en ne montrant aucune crainte sur un événement au moins incertain, celui de la guerre. Mais dans la supposition que le roi, en adoptant les réflexions qui viennent de lui être faites, se détermine à protéger même par les armes, s'il est nécessaire, la cause des patriotes, il ne s'ensuivra pas, de là, que Sa Majesté sera obligée d'adopter toutes leurs prétentions. Il s'agira de les fixer avec eux et de convenir d'un plan qui réglera la conduite de Sa Majesté, comme la leur. Les bases à donner à ce plan ne sont rien moins que compliquées ; il s'agira, relativement à la province de Hollande, d'assurer aux bourgeoisies l'influence qu'elles réclament pour le choix de leurs régents, et de borner l'autorité du Stathouder aux termes stricts de sa « commission (1). »

Si judicieux que fût cet exposé, les faits brusquement tournèrent en sens contraire des prévisions du ministre. La Prusse fit le jeu de l'Angleterre.

Il existe entre l'Angleterre et la Prusse un pacte politico-religieux qui paraît indestructible, puisqu'il s'est continué jusqu'à nos jours. A un député qui le questionnait, l'an dernier précisément, en plein Reichstag, relativement à la vertu de cet ancien pacte, le prince de Bismarck, qui était encore premier chancelier de l'empire d'Allemagne, fit cette réponse que l'on n'a peut-être pas suffisamment bien comprise en France, faute de connaître les antécédents : « L'Angleterre et l'Allemagne, ainsi s'est exprimé le chancelier allemand, marchent depuis 134 ans la main dans la main, et il n'y a aucune raison pour que l'ancien pacte puisse être rompu. »

Ce pacte, quel est-il ? Ce pacte, c'est « l'alliance » conclue à Westminster le 15 janvier 1756 et signée, au nom de la Prusse par M. Michell, au nom de l'Angleterre par les comtes Hardwick, de Grandville, Holderness, le duc de Newcastle et Henri Fox. L'instrument diplomatique n'a jamais été publié. Toutefois, un acte subséquent, corrélatif, celui du 11 janvier 1757, jette une pleine lumière sur la nature et la portée de cette alliance prusso-

---

(1) Rapport au roi, fin août 1787 (minute). — Arch. des Aff. étr.: fonds : Hollande.

anglaise. Le traité du 11 janvier 1757 n'a été lui-même connu et publié qu'en 1802.

« Sa Majesté le roi de Prusse et Sa Majesté britannique ayant fait de sérieuses réflexions sur l'alliance peu naturelle contractée le 1ᵉʳ mai 1756 entre la France et la Maison d'Autriche, et voyant que plusieurs puissances ont accédé à cette alliance formée à dessein de renverser les lois et les constitutions de l'empire germanique et de *détruire la religion protestante*, ont cru qu'il était à propos, pour contrebalancer cette grande ligue, *de renouer par un nouveau traité les engagements qui subsistaient déjà entre les Cours de Berlin et de Londres*. C'est pourquoi les susdites majestés, alarmées de la crise présente et ne croyant pas d'ailleurs les secours stipulés par les anciens traités, suffisants pour remettre les choses dans l'état naturel, sont convenues de faire les plus grands efforts pour maintenir les libertés de l'Europe et pour *soutenir la religion protestante. Le traité conclu le 15 janvier 1756* entre Sa Majesté prussienne et le roi de la Grande-Bretagne, ainsi que les engagements qui subsistaient antérieurement entre les Cours de Berlin et de Londres *pour leur défense mutuelle et réciproque*, sont renouvelés et confirmés par le présent traité (art. 1ᵉʳ); mais, comme les secours stipulés dans les anciens traités ne suffisent pas pour contrebalancer la ligue formée contre Sa Majesté prussienne *et la plupart des États protestants*, Sa Majesté britannique, en qualité de roi d'Angleterre, promet et s'engage de prendre à sa solde l'armée hanovrienne, sous le nom *d'armée d'observation*, et de la porter jusqu'à 70.000 hommes, y compris 20.000 hommes que Sa Majesté prussienne s'engage d'y joindre (art. 2); promet et s'engage Sa Majesté britannique de payer, chaque année, un million de livres sterling à Sa Majesté prussienne pour la mettre en état d'agir efficacement contre ses ennemis et les mettre à la raison (art. 3); d'envoyer dans la Baltique une escadre de huit vaisseaux de ligne et plusieurs frégates et encore plus, s'il est nécessaire, afin de seconder les puissants efforts du roi de Prusse (art. 4); d'inquiéter la France sur ses côtes et dans les Pays-Bas, afin de faire une puissante diversion en faveur de Sa Majesté prussienne (art. 5); promet et s'engage Sa Majesté prussienne de faire les plus grands efforts pour forcer la Cour de Vienne à faire la paix, afin d'agir avec toutes ses forces contre la France, que les hautes puissances contractantes regardent *comme une ennemie* (art. 7).

« C'est pourquoi (c'est le *delenda Carthago*) la Prusse et l'Angleterre coalisées promettent et s'engagent de faire mutuellement leurs efforts pour porter la guerre *dans l'intérieur de la France*, afin de la forcer à accepter la paix aux conditions qu'on voudra *lui dicter* (art. 8). Comme on ne peut arriver à cette heureuse fin sans agir de concert, les hautes parties contractantes promettent et s'engagent *à ne rien faire sans se consulter mutuellement*, surtout *à n'entendre à aucun accommodement particulier et séparé avec la France* (art. 9) (1). »

J'ai pensé qu'en l'état où est aujourd'hui l'Europe, il n'était pas seulement utile, il était impérieusement nécessaire de placer sous les yeux du public français cette trame ourdie il y a 134 ans contre la France par la Prusse et l'Angleterre, puissances protestantes, puisque aussi bien le prince de Bismarck proclamait naguère encore qu'il n'y avait rien de changé à cet égard.

En 1756 et 1757, l'Angleterre et la Prusse étaient simultanément menacées par le traité du 1er mai précédent, celle-ci par la catholique Autriche, celle-là par la France qui revendiquait sa part aux Indes.

En 1787, personne ne voulait s'attaquer à la puissance prussienne, au double point de vue politique et religieux. L'Angleterre seule allait être atteinte par le traité franco-hollandais du 10 novembre 1785, non pas dans son île que personne n'a jamais songé sérieusement à lui enlever, mais dans les Indes où elle n'est que campée. Il est vrai que l'alliance de la France et de la Hollande était faite pour refréner ses insatiables ambitions en Extrême Orient; il est vrai encore que les projets élaborés par

---

(1) De Garden, *Histoire des traités de paix*, tome IV, p. 30, texte cité d'après celui édité par Koch, en 1802. Chose curieuse ! tout se sait, dit-on, à la longue. On ignore pourtant encore et le lieu et par qui fut signé le traité en question confirmatif du pacte de Westminster dont le texte n'a jamais été divulgué.

l'évêque d'Adran et tendant à asseoir l'influence française dans l'Indo-Chine pouvaient offrir un solide point d'appui contre elle dans l'avenir.

L'Angleterre, quoiqu'elle fût seule visée, fit appel à la Prusse, en vertu de l'alliance de Westminster, et celle-ci n'hésita pas à lui venir en aide. D'une question purement coloniale, on fit une affaire continentale. Et la tragi-comédie hollandaise commença.

# CHAPITRE HUITIÈME

---

Comment, sous le plus futile des prétextes, la Prusse, poussée par l'Angleterre, intervient tout à coup à main armée en Hollande. — Reculade de
la France. — Nombreux documents diplomatiques inédits. — La Hollande, abattue, est livrée au Stathouder, agent de la Prusse et de
l'Angleterre. — Celle-ci arrache à la France une déclaration de désar-
mement. Les effets du traité de 1783 revivent pour la Hollande aussi bien
que pour la France. Le traité avec l'Évêque d'Adran n'en est pas moins
signé.

Quelle était cette cause de madame la Stathouder, inopinément
soulevée et que notre Ministre des Affaires étrangères traitait de
chose futile ?

Madame la Stathouder, sœur du roi de Prusse, comme on sait,
un beau jour de fin d'août avait bouclé ses malles, s'était mise en
carrosse avec ses enfants et était entrée incognito dans je ne
sais quelle province de Hollande dont le pacte fédéral lui inter-
disait l'accès. Elle avait été arrêtée par les autorités locales,
traitée du reste avec égards, mais obligée pourtant de rebrousser
chemin. Là-dessus, le roi de Prusse avait jeté un immense cri de
douleur, disant que c'était une injure sanglante faite à sa sœur,
demandant une réparation immédiate et une punition exemplaire
des criminels. Tandis que les États généraux délibéraient sur
cette affaire bizarre, le roi de Prusse, impatienté, jetait tout d'un
coup, sans déclaration de guerre préalable, sur la Hollande une
armée de 25.000 hommes (trop vite mise en campagne pour
qu'elle n'eût pas été de longue main préparée pour la circonstance). L'Angleterre qui avait combiné le coup, se réjouissait. La
Prusse, fidèle au traité de Westminster, opérait en sa faveur une
diversion bien précieuse.

Qu'allait faire la France ?

Rouvrons la correspondance diplomatique. D'abord, de Vérac
est rappelé ; le comte de Saint-Priest, qui se trouve à Paris, est
désigné pour le remplacer. Le Ministre des Affaires étrangères
écrit à celui-ci (21 septembre) : « Vous sentirez de vous-même
combien il nous importe d'être éclaircis promptement, tant sur
les vues ultérieures du roi de Prusse que sur les dispositions
que nous avons à faire... Comme il y a grande apparence que
l'Angleterre cherchera à profiter, soit contre nous, soit contre la
république batave, des troubles qui l'agitent, il serait intéressant
que l'on prît d'avance des mesures pour la sûreté du Cap et de
Trinquemale. Je vous prie de vous entretenir sur cet objet avec
M. Paulus (c'était difficile, M. Paulus étant en Hollande et de Saint-
Priest allait se mettre en route pour s'y rendre). Si les choses
doivent amener la guerre avec la Cour de Londres, je pense qu'il
serait de notre intérêt commun de prévenir les vues de cette Cour.
Je recommande particulièrement cet objet à votre zèle, parce que
c'est le seul qui excite la jalousie de l'Angleterre et qui lui ferait
faire des efforts pour détruire notre alliance ou pour perdre la
république par des troubles intestins. Mais vous sentirez sûrement, Monsieur, que ce que je vous propose relativement au
Cap et à Trinquemale demande à être traité avec circonspection.
Vu la tournure qu'ont prise les affaires, il serait possible que
tôute confiance en nous fût détruite, même de la part de ceux
qui nous étaient le plus attachés ; et, dans ce cas-là, il ne faut
parler de cet objet qu'avec infiniment de précautions et vous
assurer auparavant bien positivement de la disposition de ceux
avec lesquels vous serez dans le cas de vous ouvrir. Au surplus,
ne perdez aucune occasion de montrer le plus grand désir de
notre part de venir au secours de la province de Hollande. Il est
question d'en trouver les moyens. Je les crois difficiles, même
impossibles pour le moment. Mais le printemps peut et doit nous
donner des facilités qui nous manquent à présent. Il s'agit de
savoir s'il est possible de conserver jusqu'à cette époque les
restes du parti qui nous est attaché. En vous parlant ainsi, je ne
fais que vous dire ce que je crois et ce que je crains, car, je le

répète, s'il est des moyens possibles de venir, dès à présent, au secours de la Hollande, le roi est décidé à les employer, mais vous jugerez qu'un rassemblement de troupes considérable exigerait un temps qui nous conduirait nécessairement à la saison où il serait impossible de s'en servir. L'idée d'une diversion dans les Etats du roi de Prusse me paraît absolument impraticable sous ce rapport. Nous attendons avec une grande impatience des nouvelles de Berlin, et, quelles qu'elles soient, je me hâterai de vous les transmettre. Je doute qu'elles soient satisfaisantes, car le roi de Prusse est trop avancé pour qu'il puisse reculer (1). »

Y eut-il jamais un ministre plus naïvement tombé en déconfiture ? Tout à l'heure, il prévoyait la guerre, et il n'a pris que d'insignifiantes mesures pour y faire face, le cas échéant. Les Prussiens, conduits par le duc de Brunswick, sont en marche sur la Hollande et il est évident qu'ils ne s'arrêteront pas avant d'avoir atteint le but principal qu'ils poursuivent d'accord avec l'Angleterre et qui est de briser le parti favorable à la France. Les lettres de M. Caillard, premier secrétaire d'ambassade, demeuré à la Haye après le départ de Vérac, vont promptement lui dessiller les yeux, si tant est qu'ils ne le fussent pas.

En attendant, le Ministre écrit au secrétaire d'ambassade : « M. le comte de Saint-Priest qui s'est arrêté à Anvers vient de me mander que le passage du Gorcum a été forcé. D'après cela, je présume que dans le moment actuel la Sud-Hollande est au pouvoir des Prussiens. Reste à voir quelle conduite ils tiendront : s'ils se borneront à exiger la satisfaction qui, selon eux, est l'objet de leur entrée, ou s'ils feront une révolution en faveur du Stathouder. J'attends avec impatience et crainte de vos nouvelles à cet égard (2). »

Le ministre, à cette heure solennelle, semble douter encore si les Prussiens feront une révolution en faveur du Stathouder !

« C'est M. le duc de Brunswick en personne, écrit le secrétaire

____

(1) Ministre à de Saint-Priest ; Versailles, le 21 septembre 1787. (Arch. des Aff. étr. ; fonds : Hollande.)

(2) Ministre à Caillard ; Versailles, le 21 septembre 1787. (Arch. des Aff. étr. ; fonds : Hollande.)

d'ambassade, qui a pris Gorcum, sur qui il a fait lâcher un boulet rouge. M. le baron de Capellen qui y commandait est prisonnier de guerre et la ville est dévastée. Les Prussiens ont paru à Rotterdam, se sont portés sur Gouda, où ils ont commis toutes sortes d'excès. Ils ont été vers Schiedam et nous avons entendu des environs de cette ville une vive canonnade qui a duré toute la journée. Ainsi l'invasion prussienne en Hollande est un fait absolument certain et sur lequel vous êtes le maître d'asseoir vos combinaisons politiques (1). »

Le lendemain (22 septembre), nouveau courrier du secrétaire d'ambassade : « Les horreurs continuent à la Haye. L'hôtel de France est ou sera dans une situation précaire jusqu'à ce que M. le comte de Saint-Priest arrive pour en imposer par son caractère public. Il paraît qu'on a résolu d'exterminer le parti patriotique et depuis deux jours, sous le prétexte ridicule d'une prétendue conspiration formée anciennement contre le parti stathoudérien, on entre chez les patriotes, on se saisit de leurs personnes, on les traduit dans les prisons. Sans doute, on fera leur procès et on s'attend à voir couler le sang. On ne peut s'empêcher de frémir en pensant au sort qui attendait M. Van Berkel et Gizelaar, s'ils eussent différé la fuite d'un seul jour. M. Dumas est encore dans le risque le plus imminent. Je n'ai trouvé d'autre moyen de le soustraire que de lui donner un asile dans l'hôtel de M. l'ambassadeur. Madame la princesse n'accompagne pas M. le Stathouder. Elle est restée à Nimègue avec les princes, ses enfants, et n'arrivera ici que dans quelques jours (2). »

Malgré ces nouvelles, le ministre paraît toujours flotter entre la paix et la guerre. Il écrit à de Saint-Priest (24 septembre) : « M. le marquis de Lambert doit être actuellement avec vous. Nous attendons son retour avec une vive impatience, parce que les notions qu'il nous rapportera doivent déterminer notre marche. En attendant, nous avons donné l'ordre à nos troupes

(1) Caillard à Ministre ; la Haye, le 21 septembre 1787. (Arch. des Aff. étr. ; fonds : Hollande.)

(2) Caillard à Ministre ; la Haye, le 22 septembre 1787. (Arch. des Aff. étr. ; fonds : Hollande.)

de se tenir prêtes et M. le comte d'Esterhazy est mandé ici pour nous informer de l'état de celles qui sont dans son commandement. »

L'Angleterre, qui voyait la France comme frappée de stupeur par ce coup inattendu, s'était démasquée alors, à son tour : « La Cour de Londres, poursuit le ministre, vient de nous prévenir, conformément avec ce qui avait été convenu (le 30 août, moins d'un mois écoulé), que les circonstances exigeaient qu'elle se disposât à faire des armements de mer ultérieurs. Je viens de répondre à son ministre que nous allions en faire autant. M. Eden m'a communiqué en même temps quelques articles que la Cour propose pour base d'un accommodement relativement aux affaires de Hollande. Notre réponse est qu'il est impossible de s'occuper de conciliation, tant qu'il y aura des troupes étrangères sur le territoire de la république (1). »

C'était d'une belle fierté, mais de peu d'effet, les actes ne concordant malheureusement pas avec ce langage. Eden, par un revirement soudain, avait été fait ministre du Foreign-Office.

Tandis que la Cour de Londres, à Versailles, se montrait semi-menaçante, semi-souriante, elle prenait un tout autre ton vis-à-vis des puissances du Nord, notamment vis-à-vis de l'Autriche. Lord Torrington remettait le 27 septembre au comte Murrai, gouverneur général des Pays-bas autrichiens, la notification suivante : « La France ayant notifié sa résolution d'aider de ses forces le parti en Hollande qui refuse de donner satisfaction aux justes plaintes et réclamations de Sa Majesté prussienne à cause de l'insulte faite à madame la princesse d'Orange, ma Cour me charge d'informer Votre Excellence que Sa Majesté britannique ne pouvant pas considérer l'alliance de la France avec la République entière comme une raison juste et suffisante pour l'engager à y soutenir un parti dans une affaire expressément désavouée par la majorité des Etats généraux, il est impossible à Sa Majesté britannique de souffrir avec indifférence l'*interposition* armée de la France dans cette affaire. En conséquence, Sa Majesté bri-

_________

(1) Ministre à de Saint-Priest : Versailles, le 24 septembre 1787. (Arch. des Aff. étr. ; fonds : Hollande.)

tannique se voit dans la nécessité de faire les préparatifs les plus prompts pour équiper un armement naval considérable et pour augmenter ses forces de terre, afin d'être en état et prête à faire face à tout événement (1). »

L'Angleterre, bien renseignée par le ministre Eden, savait alors pertinemment que la France n'armait pas et que le camp de Givet qu'elle avait décrété, était désert. Le ministre de la guerre de France s'était simplement borné à envoyer quelques centaines d'artilleurs en Hollande, mais qu'était cela ? autant dire rien. On se trouvait tout à coup en face de 25.000 Prussiens. L'Angleterre se donnait donc des airs de matamore ridicules, mais singulièrement en circonstance.

Du reste, la France se sentant tristement impuissante, commençait à abandonner les Hollandais à leur sort. « En faisant abstraction de toutes les réflexions que présente l'état de choses, Sa Majesté voit avec une véritable peine que les secours nécessaires pour soutenir la ville d'Amsterdam contre les forces dont elle est entourée n'y parviendraient qu'avec incertitude par la multitude d'obstacles qu'ils auraient à surmonter. Ces obstacles ne peuvent que s'accroître avec la mauvaise saison qui s'approche. L'arrivée des secours deviendrait peut-être même impraticable et alors l'espérance dont on se serait flatté ne servirait qu'à prolonger pendant l'hiver la durée des troubles qui déchirent la République. Le roi croit donc donner à la ville d'Amsterdam une preuve de son intérêt en se bornant à laisser à votre sagesse et à la connaissance de vos moyens le soin de décider ce que votre position permet et exige. Au surplus, quel que soit le parti auquel la ville d'Amsterdam se décide, Sa Majesté ne s'en occupera pas moins avec le plus grand zèle des moyens de lui faire éprouver les effets de son amitié et de son intérêt (2). »

Le 29 septembre, la décision pour l'abandon était définitivement prise. « Dans l'impossibilité où nous sommes de donner à la ville d'Amsterdam les secours qui lui seraient nécessaires

_______

(1) Archives des Affaires étrangères ; fonds : Hollande, année 1787.

(2) De Montmorin aux bourgmestres et conseils de la ville d'Amsterdam ; Versailles, le 28 septembre 1787 (mêmes archives).

pour rendre sa résistance utile, tout ce que nous pouvons désirer est qu'elle puisse éviter par une capitulation prompte les malheurs dont elle est menacée. C'est à quoi se borne notre vœu en ce moment. Vous pourrez assurer de la protection du roi tous les patriotes que vous serez dans le cas de recueillir et leur rendre tous les services qui dépendent de vous (1). »

M. Caillard mande (30 septembre) que tout le monde est convaincu à la Haye que la ville d'Amsterdam doit nécessairement tomber en très peu de jours au pouvoir des Prussiens pour peu qu'ils attaquent avec vigueur. Vers le 6 octobre, Amsterdam effectivement capitulait.

Le gouvernement français avec la plus étrange désinvolture avait accepté les faits accomplis et son bon vouloir se bornait à offrir un asile et des secours à ceux qui avaient cru en ses engagements. Le ministre écrit donc à M. de Saint-Priest qui n'avait toujours pas pu dépasser Anvers : « Les circonstances ayant entièrement changé la face des affaires, l'intention du roi est que vous reveniez à Versailles pour y recevoir les nouvelles instructions que l'état des choses exige pour déterminer votre conduite à la Haye, lorsque vous y retournerez.

« Si M. Paulus est encore à Anvers, vous ne sauriez trop l'exhorter à se rendre en France. Nous verrions à concerter avec lui les moyens de faire renaître de ses cendres le parti que les circonstances nous forcent d'abandonner. Les individus de ce parti qui craindraient de retourner en Hollande seront assurés de trouver un asile en France et doivent compter avec la confiance la plus entière sur les bontés du roi et sur les secours de toute espèce qu'exigera leur position (2). »

Voici qui est plus poignant encore, si c'est possible. On a vu que la France avait fait passer en Hollande quelques hommes de l'artillerie. Qu'étaient-ils devenus ? avaient-ils été faits prisonniers par les Prussiens ? étaient-ils morts ? Le ministre de la

_____

(1) Ministre à de Saint-Priest ; Versailles, le 29 septembre 1787 (mêmes archives).

(2) Ministre à de Saint-Priest ; Versailles, le 28 septembre 1787 (mêmes archives).

guerre, dans la lettre ci-après, s'en enquiert : « J'ai l'honneur de vous communiquer l'état des détachements d'artillerie qui étaient passés en Hollande. Trouvez bon que je réclame vos bons offices en leur faveur et que je vous prie d'employer tous les moyens qui peuvent dépendre de votre administration pour leur faire donner des secours et faciliter, s'il se peut, leur retour en France. Je ne vous parle pas des officiers qui commandaient ces détachements, *puisqu'ils sont actuellement en France*. Mais je serai vraiment reconnaissant de ce que vous pourriez faire pour nos pauvres canonniers (1). » Abandonnés de leurs officiers, nos artilleurs (ils n'étaient que 150) s'étaient débandés à leur tour et, travestis, ils parvinrent à travers mille dangers à gagner la frontière française.

L'invasion prussienne causa des maux infinis à la Hollande et à la France, en renversant de fond en comble une alliance qui nous avait coûté des millions et dont l'affermissement eût relevé grandement nos affaires coloniales compromises par les funestes traités qui succédèrent à la guerre d'Amérique. Ce malheur était irréparable et imputable absolument à l'impéritie du gouvernement de Louis XVI.

Notre fâcheux ministre des affaires étrangères s'évertua quelque temps à vouloir tenir tête à l'Angleterre. Car la Prusse, une fois le service rendu à son alliée de Westminster et le coup qu'elle avait porté en Hollande accompli, daigna se montrer pacifique et conciliatrice ; elle fit rentrer ses troupes. « Nous sommes encore dans un état d'incertitude relativement à la guerre ou à la paix, et elle ne sera levée que par les dépêches que doit apporter un courrier que nous attendons à chaque instant de Londres. Nous continuons, en attendant, nos préparatifs par terre et par mer. Nous *sommes dans le doute sur les véritables intentions du cabinet de Saint-James*. Quant à celles du roi de Prusse, nous avons lieu de les croire pacifiques et conciliatoires (2). »

(1) De Loménie de Brienne à de Montmorin ; Versailles, le 12 octobre 1787 (mêmes archives).

(2) Ministre à de Saint-Priest ; Versailles, le 26 oct. 1787 (mêmes archives).

Les propositions de l'Angleterre, qui étaient attendues le 26 octobre, ne tardèrent pas à parvenir à Versailles, puisque le lendemain même de ce jour-là on y signa les actes suivants qui constatent l'effondrement de la France et la toute-puissance de sa rivale.

« Déclaration anglaise. — Les événements qui ont eu lieu dans la république des Provinces-Unies ne paraissant plus laisser aucun sujet de discussion et encore moins de contestation entre les deux cours, les soussignés sont autorisés de demander si l'intention de Sa Majesté très chrétienne est de donner des suites à la notification faite le 16 du mois de septembre dernier par le ministre plénipotentiaire de Sa Majesté très chrétienne, qui annonçait qu'on donnerait des secours en Hollande, a occasionné des armements maritimes de la part de Sa Majesté, lesquels armements sont d'ailleurs réciproques. Si la cour de Versailles est disposée à s'expliquer sur cet objet et sur la conduite à adopter vis-à-vis de la république d'une manière conforme au désir qu'on a témoigné de part et d'autre de conserver la bonne intelligence entre les deux cours, et toujours entendu aussi qu'il n'y a aucune vue d'hostilité nulle part. En conséquence de ce qui s'est passé, Sa Majesté, toujours empressée de concourir avec les sentiments *amicals* de Sa Majesté très chrétienne, conviendrait avec elle que les armements et en général tous les préparatifs de guerre seraient discontinués de part et d'autre, et que les marines des deux nations seront remises sur le pied de l'établissement de paix, tel qu'il existait au 1ᵉʳ janvier de la présente année. — A Versailles, le 27 octobre 1787. Signé : Dorset (pour Eden), ministre (1). »

« Contre-déclaration française. — L'intention de Sa Majesté n'étant pas et n'ayant jamais été de s'immiscer par la force dans les affaires de la république des Provinces-Unies, la communication faite à la cour de Londres le 16 du mois dernier par M. Barthélemy n'ayant d'autre objet que d'annoncer à cette cour *une intention* dont les motifs n'existent plus, *surtout depuis que*

(1) Archives des Affaires étrangères ; fonds : Angleterre, année 1787, fᵒ 43. Ce document est inédit.

*le roi de Prusse a fait part de sa résolution* (1), Sa Majesté ne fait aucune difficulté de déclarer qu'elle ne veut donner aucune suite à la communication ci-dessus mentionnée et qu'elle ne conserve *nulle part* aucune vue hostile relativement à ce qui s'est passé en Hollande. En conséquence, Sa Majesté, désirant de concourir avec les sentiments de Sa Majesté britannique pour la conservation de la bonne harmonie entre les deux cours, convient, *avec plaisir*, avec Sa Majesté britannique que les armements et en général tous préparatifs de guerre seront discontinués de part et d'autre et que les marines des deux nations seront remises sur le pied de l'établissement de paix, tel qu'il existait au 1er janvier de la présente année. — A Versailles, le 27 octobre 1787. Signé : De Montmorin (2). »

« Déclaration bilatérale. — En conséquence de la déclaration et contre-déclaration échangées ce jourd'hui, les soussignés, au nom de leurs souverains respectifs, conviennent que les armements et en général tous préparatifs de guerre seront discontinués de part et d'autre et que les marines des deux nations seront remises sur le pied de l'établissement de la paix, tel qu'il existait au 1er janvier de la présente année. — A Versailles, le 27 octobre 1787. Signé : De Montmorin, Dorset (pour Eden), ministre (3). »

Oui, les gouvernements de même que les individus, en vieillissant, perdent de leur énergie propre à mesure qu'ils approchent du point final assigné à leur durée. La Révolution allait bientôt révéler une France nouvelle. Le peuple français, plus énergique que les bourgeois de Hollande, infligera tout à l'heure au même duc de Brunswick, dans les défilés de l'Argonne, une défaite retentissante, qui, enfin, vengera la France des humiliations subies, à son insu, en 1787.

Ces faits et ces documents devaient être connus avant d'aborder l'examen du traité qui fut passé avec l'Evêque d'Adran, à Ver-

---

(1) Après la prise d'Amsterdam, le roi de Prusse avait habilement notifié à Versailles qu'il allait faire évacuer la Hollande.

(2) Archives des Affaires étrangères ; fonds : Angleterre, année 1787, f° 45.

(3) Archives des Affaires étrangères ; fonds : Angleterre, année 1787, f° 48.

sailles, le 28 novembre 1787. Autrement, le lecteur n'eût jamais pu comprendre ce qui va suivre. La politique a des enchaînements nécessaires qui conduisent aux plus étranges choses. On va le voir.

Le ministre de la marine (maréchal de Castries) donna sa démission (octobre), ne voulant pas s'associer plus longtemps à l'étrange politique du comte de Montmorin.

# CHAPITRE NEUVIÈME

Paris s'amuse. — On chante l'Evêque d'Adran, pendant que celui-ci se rend dans sa famille. — Le malheur qui l'y attend.

Paris, en effet, s'amusait, et beaucoup, au moment même où s'accomplissaient les pénibles événements que nous venons de relater ; à vrai dire, il les ignorait entièrement, car, alors, en monarchie, la nation était tenue soigneusement à l'écart des événements internationaux, qui, pourtant, devaient l'intéresser un peu, ce semble. Tant il y a que la grave affaire de Hollande passa tout à fait inaperçue. L'histoire elle-même l'a presque dédaignée jusqu'à présent. L'histoire de la France n'est pas encore faite. Il y a encore beaucoup de besogne pour les ouvriers de la pensée, je parle de ceux (ils sont rares) qui ont à cœur de tirer au clair nos affaires nationales d'après les documents originaux.

L'Evêque d'Adran, au contraire, fut, comme nous dirions aujourd'hui, le lion du jour pendant le printemps et l'été de 1787, tant à Paris qu'à Versailles. Vaudevilles, madrigaux, impromptus, chansons, allèrent bon train. La chanson qui suit eut notamment une vogue énorme. Cela se chantait partout sur l'air *du maréchal*, qui est oublié aussi :

Dans cet asile est le bonheur ;
J'y vois la vertu, la candeur ;
Mes enfants, avec allégresse
Joignez-vous à ma faible voix :
Je veux célébrer à la fois
L'auguste enfance et la sagesse.
 Tôt, tôt tôt,
 Battons chaud ;
 Tôt, tôt, tôt,
 Bon courage,
Il faut avoir cœur à l'ouvrage.

Commençons par l'illustre enfant ;
Que son sort est intéressant !
Fait pour porter le diadème,
On le voit assis parmi nous ;
Royal enfant, consolez-vous,
Vous régnerez. Adran vous aime.
 Tôt, tôt, tôt,
 Il bat chaud ;
 Tôt, tôt, tôt,
 Son courage
Double quand pour vous est l'ouvrage.

Comment fêter ce saint Prélat,
La gloire de l'apostolat,
Qui, sans se livrer à l'extase,
Est tout zèle, tout ferveur !
C'est de Xavier le successeur,
L'émule du grand Athanase.
Tôt, tôt, tôt,
Il bat chaud ;
Tôt, tôt, tôt,
Son courage
Est tout feu pour l'ouvrage.

Réunissons tous nos efforts
Pour exprimer avec transports
Le respect, la reconnaissance
Que nous éprouvons en ce jour ;
Lorsque nous y joignons l'amour,
Tous nos cœurs chantent en cadence.
Tôt, tôt, tôt,
Battons chaud ;
Tôt, tôt, tôt,
Bon courage,
Nous avons tous cœur à l'ouvrage.

Adran, c'est à vous que je dois
L'honneur qu'en ce jour je reçois.
Ah ! si la Majesté divine
Exauce les vœux que je fais,
Vous remplirez vos pieux souhaits,
Vous soumettrez la Cochinchine.
Tôt, tôt, tôt,
Battez chaud ;
Tôt, tôt, tôt,
Bon courage,
Dieu couronnera votre ouvrage.

La Cour, quoique assombrie par les événements extérieurs, recevait admirablement l'Evêque d'Adran et son élève, le prince royal de Cochinchine. C'était, même, une sorte d'engouement qui rappelait ce qui s'était passé sous Louis XIV pour l'ambassade du roi de Siam, dont le grave moraliste La Bruyère daigna même s'occuper.

Mgr Pigneau de Behaine plaisait par sa belle prestance, son teint bronzé, brûlé par le soleil tropical ; il plaisait encore par son air bon homme, presque asiatique, qui tranchait avec la morgue hautaine du haut clergé du temps. On le savait fils d'un tanneur ; ses collègues en riaient ; il essuyait leur dédain sans se plaindre, car il les dominait de la supériorité de son grand esprit habitué par profession aux petitesses humaines.

Pour le petit prince de Cochinchine, avec sa figure mièvre, il excitait surtout à la Cour ce sentiment de compassion qui s'attache à l'enfance et au malheur. On lui permettait de jouer avec le fils de Louis XVI, qui avait à peu près son âge, et on s'intéressait à leurs ébats dans les jardins du château. Tout, jusqu'à son vêtement, paraissait, d'ailleurs, original. Son costume était tout de soie rouge et d'or ; sa coiffure était bizarre : c'était un foulard de soie noué en turban autour de la tête. *Léonard*, le fameux coiffeur de Marie-Antoinette, s'empara de cette coiffure exotique. Il inventa, pour les hommes, la coiffure *au prince royal de Cochinchine ;* pour les élégantes, *les chignons à la Chinoise.* Le succès en fut énorme. Si on riait à la Cour et à la ville de ces modes excentriques, on se l'imagine.

Il y a pourtant une ombre à ce tableau. L'Evêque d'Adran, on l'a vu, avait obtenu du roi un congé pour se rendre dans sa famille qu'il n'avait pas vue depuis vingt-deux ans. Arrivé à Laon, ses compatriotes lui firent une ovation spontanée, enthousiaste. Sa mère l'y attendait avec quatre de ses filles religieuses. Ils s'emparèrent de la vaillante femme et ils la portèrent de vive force auprès de son fils. Sans doute brisée par l'émotion, elle tomba dans ses bras et poussa un grand cri lugubre. Sa pâleur, son regard sinistrement fixe en disaient assez. Elle avait perdu la raison.

# CHAPITRE DIXIÈME

De Montmorin, ministre des Affaires étrangères, malgré les mécomptes
infligés à sa politique, signe avec l'Evêque d'Adran le traité d'alliance
offensive et défensive avec la Cochinchine (28 novembre 1787). Texte de
ce traité, ainsi que des deux conventions annexes. — L'Evêque d'Adran
prend congé de Louis XVI à Versailles. — Le général de Conway, commandant des troupes françaises aux Indes. — L'Evêque d'Adran s'embarque à Lorient sur la *Dryade* (27 décembre 1787).

Le secret le plus absolu fut commandé et gardé sur les fâcheux
événements politiques que nous avons fidèlement rapportés. La
ruine de notre alliance avec la Hollande eut pour première conséquence d'humilier la France devant l'Angleterre, qui dès lors
exigea l'exécution pure et simple des malencontreux traités de
1783. Il est clair que dans de telles circonstances l'affaire de la
Cochinchine était absolument intempestive. De Montmorin n'y
renonça pourtant pas ostensiblement. Seulement, tout en signant
le traité, par une conduite d'une perfidie et d'une déloyauté insi-
gnes que, par pudeur sans doute, on n'a pas encore dévoilées
(l'histoire est lente à formuler son verdict), le ministre se promit
de ne pas l'exécuter. On ne s'engagea donc qu'avec des restrictions mentales, avec la ferme volonté de détruire, en détail, sour-
noisement, l'édifice que l'on élevait. Fut-il plus triste politique !
Ce fut celle de Louis XVI et de son ministre de Montmorin. Le
voile le plus épais a couvert jusqu'à ce jour cette ténébreuse
intrigue. Quelque pénible qu'il soit, le devoir, ici, commande à
l'historien.

Malgré la reculade de la France devant la Prusse et l'Angleterre coalisées, les négociations avec l'Evêque d'Adran, après

avoir été interrompues, furent reprises en novembre 1787. De Montmorin reçut pleins pouvoirs du roi à cet effet. Mgr Pigneau de Behaine fut nommé commissaire du roi de France auprès du roi de Cochinchine et chargé d'assurer l'exécution du traité et des conventions qui furent signées à Versailles le 28 novembre 1787. Voici ces actes qui n'ont jamais été publiés textuellement. Nous les avons collationnés sur les minutes déposées aux archives du ministère des Affaires étrangères.

1º Traité d'alliance offensive et défensive entre la France et la Cochinchine.

« N'guyen-Anh, roi de Cochinchine, ayant été dépouillé de ses Etats et se trouvant dans la nécessité d'employer la force des armes pour les recouvrer, a envoyé en France le sieur Pierre-Joseph-George Pigneau de Behaine, évêque d'Adran, dans la vue de réclamer des secours et l'assistance de Sa Majesté le roi très chrétien ; Sa dite Majesté, convaincue de la justice de la cause de ce prince et voulant lui donner une marque signalée de son amitié comme de son amour pour la justice, s'est déterminée à accueillir favorablement la demande faite en son nom. En conséquence, elle a autorisé le sieur de Montmorin à discuter et arrêter avec ledit sieur évêque d'Adran la nature, l'étendue et les conditions des secours à fournir ; et les plénipotentiaires, après s'être légitimés, savoir, le comte de Montmorin en communiquant son plein pouvoir, et l'évêque d'Adran en produisant le grand sceau du royaume de Cochinchine ainsi qu'une délibération (1) du grand conseil du dit royaume, sont convenus des points et articles suivants : Le roi très chrétien promet et s'engage de seconder de la manière la plus efficace les efforts que le roi de Cochinchine est résolu de faire pour rentrer dans la possession et la jouissance de ses Etats ; pour cet effet, Sa Majesté très chrétienne enverra incessamment sur les côtes de la Cochinchine, à ses frais, quatre frégates avec un corps de troupes de 1.200 hommes d'infanterie, 200 hommes d'artillerie et 250 cafres. Ces trou-

---

(1) On a lu plus haut cette délibération.

pes seront munies de tout leur attirail de guerre et nommément
d'une artillerie compétente de campagne.

« Le roi de Cochinchine, dans l'attente du service important
que le roi très chrétien est disposé à lui rendre, lui cède éven-
tuellement, ainsi qu'à la couronne de France, la propriété absolue
et la souveraineté de l'île formant le port principal de Cochinchine
appelé *Hoïnan* par les indigènes et par les européens *Tourane*.
Et cette propriété et souveraineté seront incommutablement
acquises dès l'instant où les troupes auront occupé l'île susmen-
tionnée. Il est convenu, en outre, que le roi très chrétien aura,
concurremment avec celui de la Cochinchine, la propriété du port
susdit et que les Français pourront faire sur le continent tous les
établissements qu'ils jugeront utiles tant pour leur navigation et
leur commerce que pour garder et caréner leurs vaisseaux et
pour en construire. Quant à la police du port, elle sera réglée
sur les lieux par une convention particulière. — Le roi aura aussi
la propriété et la souveraineté de *Poulo-Condor*.

« Les sujets du roi très chrétien jouiront d'une entière liberté
de commerce dans tous les Etats du roi de Cochinchine, à l'ex-
clusion de toutes les autres nations européennes. Ils pourront
pour cet effet aller, venir et séjourner librement, sans obstacles
et sans payer aucun droit quelconque pour leurs personnes, à
condition toutefois qu'ils seront munis d'un passeport du commandant de l'île de *Hoïnan*. Ils pourront importer toutes les
marchandises d'Europe et des autres parties du monde, à l'exception de celles qui sont défendues par les lois du pays. Ils
pourront également importer toutes les denrées et marchandises
du pays et des pays voisins sans aucune exception. Ils ne paie-
ront d'autres droits d'entrée et de sortie que ceux qu'acquittent
actuellement les naturels du pays, et les droits ne pourront être
haussés en aucun cas et sous quelque dénomination que ce puisse
être. — Il est convenu, de plus, qu'aucun bâtiment étranger, soit
marchand, soit de guerre, ne sera admis dans les Etats du roi de
Cochinchine que sous pavillon français. — Le gouvernement
cochinchinois accordera aux sujets du roi très chrétien la protection la plus efficace pour la liberté et la sûreté tant de leurs

personnes que de leurs biens et, en cas de difficulté ou de contestation, il leur sera rendu la justice la plus exacte et la plus
prompte.

« Dans le cas où le roi très chrétien serait attaqué ou menacé
par quelque puissance que ce puisse être relativement à la jouissance des îles de *Hoïnan* et de *Poulo-Condor*, et dans le cas où
Sa Majesté très chrétienne serait en guerre avec quelque puissance soit asiatique, soit européenne, le roi de la Cochinchine
s'engage à lui donner des secours en soldats, matelots, vivres,
vaisseaux et galères. Ces secours seront fournis trois mois après
la réquisition, mais ils ne pourront pas être employés au delà des
îles Moluques et de la Sonde et du détroit de Malacca. Quant à
leur entretien, il sera à la charge du souverain qui les fournira.

« En échange de l'engagement énoncé dans l'article précédent, le roi très chrétien s'oblige d'assister le roi de la Cochinchine lorsqu'il sera troublé dans la possession de ses Etats. Ces
secours seront proportionnés à la nécessité des circonstances.
Cependant ils ne pourront en aucun cas excéder ceux énoncés
dans le présent traité.

« Le présent traité sera ratifié par les deux souverains contrac-
tants et les ratifications seront échangées dans l'espace d'un an,
ou plus tôt, si faire se peut. »

2º Première annexe au traité. — Conventions relatives à l'expédition de Cochinchine :

« Sa Majesté très chrétienne s'oblige de fournir toutes les
troupes demandées par le roi de Cochinchine et nécessaires pour
le rétablir dans ses Etats. Ces troupes consistent, savoir : le
régiment de l'île de France ou celui de Bourbon au complet ;
200 hommes d'artillerie ; 250 cafres. Le tout commandé par les
officiers attachés au dit corps. Aucun état-major ni officier supérieur breveté ne sera placé à la suite de ladite expédition. 10
pièces d'artillerie de campagne depuis une jusqu'à quatre livres
de balles ; 2 pièces de huit livres de balles ; 4 obusiers ; tous les
caissons et toutes les munitions de guerre nécessaires à chaque
objet. De la toile propre à faire des tentes pour la quantité de

soldats qui seront employés à cette expédition. Mille fusils de rechange pour les troupes. Des vivres pour un an pour 2.000 personnes, à compter du jour de leur arrivée en Cochinchine.

« Sa Majesté très chrétienne s'oblige, en outre, de fournir tous les bâtiments nécessaires pour le transport de cette expédition. Ils consistent dans les frégates l'*Astrée*, la *Calypso*, la *Dryade*, la *Méduse* ; deux flûtes, le *Mulet*, le *Dromadaire*. On y joindrait deux ou trois bâtiments de transport, s'il était nécessaire.

« Mgr l'évêque d'Adran, revêtu de tous les pouvoirs du roi de la Cochinchine et de son conseil, muni du grand sceau dudit empire qui lui a été donné par le roi pour ratifier tous les traités qu'il pourrait faire en France relativement aux intérêts de ses Etats, Mgr l'évêque d'Adran s'oblige : 1º De faire donner en toute propriété à Sa Majesté très chrétienne l'île qui forme le port principal de toute la Cochinchine appelé par les Européens le port de *Touron* ou *Tourane*, et par les Cochinchinois *Hoïnan*, pour y faire des établissements en la manière et forme qu'elle jugera le plus convenable pour le bien du service ; 2º il sera, de plus, accordé à la nation française conjointement avec les Cochinchinois la propriété dudit port, afin de pouvoir y construire, garder et caréner tous les vaisseaux qu'elle jugera convenable d'y entretenir ; 3º la propriété de l'île de *Poulo-Condor* ; 4º la liberté de commerce dans tous les Etats du roi de Cochinchine exclusivement à toutes les nations européennes ; 5º tous les secours dont la France pourra avoir besoin en soldats, matelots, vivres, vaisseaux, galères, etc., toutes les fois que le roi de Cochinchine en sera requis et partout où besoin sera ; bien entendu qu'on aura toujours égard à l'état des forces du roi de Cochinchine et à la situation de ses affaires ; 6º le roi de Cochinchine s'oblige de faire construire à ses frais pour remettre à Sa Majesté très chrétienne, en toute propriété, le même nombre de vaisseaux de la même qualité que ceux qui auront été employés à cette expédition, à raison d'un vaisseau par an, et ce, à compter du jour où le roi de Cochinchine aura été rétabli dans ses Etats. »

Deuxième pièce annexe : — « Quoique dans la convention

signée cejourd'hui il ne soit fait aucune mention des frais qu'oc-
casionneront les établissements que Sa Majesté très chrétienne
pourra former, soit dans les îles *Hoïnan* et *Poulo-Condor*, soit
sur le continent du royaume de Cochinchine, le soussigné, en
vertu de l'autorisation dont il est muni, déclare que le roi de
Cochinchine prendra à sa charge, soit par fourniture en nature,
soit en argent d'après les évaluations qui en seront faites, les
premiers frais de l'établissement à former pour la sûreté et la
protection, tels que fortifications, casernes, hôpitaux, magasins,
bâtiments militaires et logement du commandant ; signé : P. J. G.,
évêque d'Adran (1). »

Ces divers actes dûment signés par le ministre et revêtus de
la sanction royale, l'Evêque d'Adran ne songea plus qu'aux menus
détails de son départ. Il fit alors passer au ministre des affaires
étrangères le billet suivant : « L'Evêque d'Adran a l'honneur de
représenter au comte de Montmorin que, quoique l'expédition
doive dépendre des circonstances et de la situation de nos
affaires dans les Indes, il paraîtrait cependant indispensable de
statuer, provisoirement et dans le cas où il n'y aurait aucun obstacle, sur ce que la Cour demanderait alors du roi de Cochinchine,
quels établissements elle voudrait faire dans son pays et combien
de troupes et de vaisseaux on pourrait y employer. Quel pourrait
en être le commandant. L'Evêque d'Adran représente aussi à
M. le comte de Montmorin qu'ayant dépensé beaucoup de son
argent pour l'entretien du prince et de sa suite de quarante-trois
personnes pendant son séjour de dix-huit mois à Pondichéry,
pour les préparatifs de leur retour dans leur pays et pour le
voyage du prince en France, il n'a plus aucune ressource pour
les préparatifs d'un deuxième voyage, pour les relâches et autres
besoins. Il prie M. le comte de Montmorin de vouloir bien lui obtenir du roi les secours nécessaires, ou pour le compte du roi de
Cochinchine, ou à titre de gratification, de dédommagement.

(1) Archives des Affaires étrangères, fonds : Indes orientales. Les actes
qui ont été publiés jusqu'ici ont été dénaturés. C'est pourquoi nous avons
jugé utile de les reproduire dans leur intégrité.

Pour les dépenses du prince à Paris, M. le maréchal de Castries a fait, en attendant, remettre au soussigné une somme de 4.000 écus. Le soussigné déclare aussi avoir dépensé, de ses fonds, au delà de 40.000 livres, en sus des sommes que lui avait remises le roi de Cochinchine, qui n'avait pas pu prévoir que son fils serait absent pendant si longtemps (1). »

La question financière, d'un commun accord entre le ministre et l'Evêque, fut réglée moyennant un versement de 30.000 livres qui fut fait à l'Evêque avant son départ de Paris par la caisse du ministère de la marine et des colonies. En ce qui concerne les troupes, les vaisseaux, etc., on jugea la convention ci-dessus suffisamment explicite. Quant au commandement de l'expédition, duquel à juste titre l'Evêque se préoccupait, il fut décidé qu'il serait dévolu, à défaut du général de Conway qui pourrait avoir dans l'Inde d'autres soins en vue desquels il venait d'y être expressément envoyé, soit au colonel Custin, du régiment de l'île de France, soit au colonel de Fresne, du régiment de Bourbon. Tous deux étaient, du reste, des officiers de valeur, à qui le sort des troupes pouvait être indifféremment confié en toute sécurité. Ces engagements furent purement verbaux.

Cependant, au cours de l'audience de congé qui lui fut donnée à Versailles le 8 décembre, le roi Louis XVI prononça devant l'Evêque ces paroles significatives : « Vous vous êtes, dit le roi à l'Evêque, laissé prévenir en faveur de Conway ; croyez-moi, il est à craindre qu'il ne vous donne beaucoup de chagrin et que même il ne fasse échouer tous vos projets dans cette expédition. Si je l'ai nommé commandant en chef des troupes dans l'Inde, ce n'a été que pour me débarrasser ici de ses intrigues, et l'empêcher d'y mettre tout en confusion. Car je sais très bien que lui, son frère (2) et Dillon ne peuvent rester un moment en repos. Il peut être bon soldat et servir utilement tant qu'il sera à Pondi-

---

(1) Archives des Affaires étrangères ; fonds : Indes orientales (billet autographe).

(2) Ce frère de Conway, lequel était également officier général, avait épousé la sœur de Brienne, archevêque de Toulouse, ministre des finances, qui présenta à Louis XVI l'Evêque d'Adran.

chéry, mais je ne voudrais pas de lui à la tête d'une armée.
Cependant, pour vous obliger, je lui donnerai le cordon rouge et
le rang de lieutenant général. »

La date de la nomination de de Conway est antérieure à l'arri
vée de l'Evêque d'Adran en France. Celui-ci n'était donc pour rien
dans cette nomination. L'Evêque, il est vrai, avait vu de Conway
avant son départ pour l'Inde, chez un de ses parents, le ministre
de la guerre. Il est vrai encore qu'il le savait investi du commandement suprême aux Indes, et alors, il l'avait entretenu de l'objet
de sa mission. Et de Conway, quoique parfaitement ignorant des
moindres notions en fait de politique coloniale, n'avait pas manqué d'abonder dans le sens des idées de l'Evêque. En sorte que
si, comme le prouve le langage du roi, l'Evêque d'Adran avait
demandé et obtenu quelques faveurs pour de Conway, il ne faut
voir là qu'un désir de le gagner plus sûrement à la cause de
la Cochinchine. On ne peut donc pas lui reprocher de s'être
trompé sur la valeur intrinsèque du personnage, qu'il ne connaissait pas autrement, d'ailleurs ; tandis que le roi... sa manière
d'agir mériterait d'être sévèrement jugée.

On a dit et répété, à la légère, que le roi avait anobli l'Evêque
et lui avait octroyé le titre de comte. Cette allégation est sans
fondement, nulle trace d'un pareil acte n'étant, suivant la règle,
restée à la Chancellerie. Il se peut bien que des offres dans ce
sens aient été faites à l'Evêque d'Adran, mais étant donné
l'homme modeste et sérieux que nous connaissons, il n'est pas
douteux que, le cas échéant, il les ait doucement écartées. Ce
qu'il accepta, ce fut une simple tabatière d'or, enrichie de son
chiffre en diamant (preuve qu'il avait le petit défaut de priser du
tabac), et son portrait peint à l'huile, une mauvaise peinture, du
reste, qu'il envoya à sa famille à Origny-en-Thiérache, et que
nous avons pu apprécier chez le curé-doyen de Notre-Dame de
Chauny, qui le conserve comme l'unique et précieuse image de
son grand compatriote.

Le jugement porté par Louis XVI sur de Conway, quelque sévère qu'il paraisse, n'est que juste. Thomas de Conway n'avait
pas vu le jour sur le sol français. Il naquit à Templenac, en

Irlande, le 27 février 1733. A la suite d'on ne sait quelles vicissitudes, il vint en France ; et, en 1760, il fut admis à prendre du service dans l'armée nationale ; il prit part à la campagne d'Allemagne, en 1761. Au bout de douze ans de service, il eut la chance d'être pourvu d'un brevet de colonel. Il était de souche noble et il n'en fallait pas davantage alors pour arriver promptement aux grades élevés.

En 1777, lorsque éclata la guerre des colons américains contre l'Angleterre, l'aventurier colonel quitta la France, passa l'Océan, et, une fois arrivé dans le nouveau monde, il y obtint, grâce à la haute recommandation de Silas Deane (1), d'être employé à l'instruction des troupes qui avaient levé l'étendard de la révolte contre la mère-patrie. Cette position parut trop inférieure, trop modeste au colonel de Conway, qui se croyait appelé à de hautes destinées militaires. Il était parti avec cette conviction que le congrès américain lui offrirait spontanément au moins le grade de major général. Comme il ne lui accorda que le grade supérieur à celui qu'il avait en France, il fut froissé et le laissa voir. Bientôt il se conduisit en mécontent, et son dépit éclata.

L'homme se révéla avec son empreinte native indélébile durant le rude hiver qui signala l'année 1777, alors que la jeune armée américaine bivouaquait à Walley-Forge, sous le commandement suprême de Georges Washington. Exploitant dans l'intérêt de son ambition impatiente le mécontentement des troupes encore peu aguerries, on vit de Conway faire tous ses efforts pour miner sourdement la confiance qu'elles avaient dans leur généralissime. Il proclama qu'il fallait enlever le commandement à Washington, et en investir le général Gates. Quoique connues de l'état-major, ces menées séditieuses ne lui nuisirent pas, puisque de Conway reçut du congrès le grade de major général, qu'il ambitionnait. Mais Washington se fâcha et protesta contre cet avancement qu'il considérait comme immérité et surtout comme un outrage fait à sa personne. Le congrès, néanmoins, ne l'écouta pas. L'as-

(1) Silas Deane et Franklin avaient entraîné la France à prendre part pour les Américains contre les Anglais.

cendant qu'exerçait et dont avait besoin Washington en fut diminué. Encouragé par ce succès dont il se targuait comme d'une éclatante victoire, de Conway accentua son hostilité contre Washington. Il s'abaissa alors jusqu'à répandre des lettres anonymes qu'il forgeait contre son chef, toutes pleines de perfides et odieuses accusations, qu'il semait dans l'armée pour y exciter le mécontentement, si bien qu'on donna un nom à ces lâches intrigues, qu'on appela *la cabale de Conway*. Le jour, cependant, se fit sur ces ténébreuses machinations, et alors une telle clameur d'indignation s'éleva dans toute l'armée américaine, que de Conway fut obligé d'envoyer sa démission au congrès, bien persuadé, toutefois, qu'on ne l'accepterait pas ; mais il fut déçu dans ses espérances. Le congrès, enfin, avait vu clair dans le jeu de ce triste soldat ; il décida qu'il serait rayé des cadres de l'armée.

Une autre leçon lui était réservée ; elle lui fut donnée par un de ses anciens compagnons d'armes. Le général Cadwallades, au nom de toute l'armée, provoqua en duel de Conway ; le duel eut lieu, et de Conway tomba avec une balle dans la tête. On le crut mort et, lui-même se croyant perdu, il adressa à Washington une lettre où il avouait ses torts et déclarait que son ancien chef, qu'il avait tant et si odieusement outragé, « était un homme grand et bon. »

Voilà l'histoire de de Conway en Amérique. De retour en France, on eut le tort d'oublier ses extravagances coupables, en le réintégrant dans l'armée avec le grade de maréchal de camp. Le roi ne l'estimait pas, il est vrai ; n'empêche qu'il lui avait donné un poste lucratif aux Indes, et cela simplement pour s'en débarrasser.

Le ministre de la marine (la lettre qui suit en témoigne) avait eu la main forcée dans ce choix. « Le roi m'autorise à vous prévenir, monsieur, écrivait à de Conway le maréchal de Castries, qu'il vous destine le commandement des troupes des établissements que Sa Majesté a dans l'Inde. Il n'a pas jugé à propos de vous donner le titre de gouverneur, qui ne convient qu'à un genre d'établisssment que l'état actuel des choses dans cette partie du monde ne comporte pas. Je ne dois pas vous laisser ignorer que

Sa Majesté a connaissance de l'opinion publique sur l'incompatibilité de votre caractère. Elle a daigné présumer qu'averti de cette opinion, vous vous surveillerez avec assez d'attention pour qu'elle ne regrette pas de vous avoir accordé une préférence que vous justifierez sans doute par vos talents, votre fermeté et par la plus grande exactitude dans l'exécution des ordres que vous recevrez (1). »

De Conway était parti en mars 1787 pour aller prendre possession de son poste.

L'Evêque d'Adran s'embarqua à Lorient le 27 décembre suivant sur la frégate *la Dryade*.

Ces deux hommes allaient donc se trouver bientôt face à face, à Pondichéry.

(1) Ministre de la marine et des colonies au comte de Conway ; Fontainebleau, le 9 novembre 1786. (Archives coloniales, fonds : Inde.)

# CHAPITRE ONZIÈME



L'Evêque d'Adran écrit au ministre des Affaires étrangères :

« Je suis arrivé à l'île de France après 102 jours de traversée. Le prince que j'accompagne a joui pendant le voyage et jouit encore d'une parfaite santé. Je ne trouve ici aucune nouvelle de son père, mais je compte en trouver à Pondichéry par la flûte *le Castries,* qui tout nouvellement doit être de retour de Cochinchine.

« J'ai trouvé les administrateurs de cette île disposés à remplir les vues de la Cour. Tout ce qui pouvait être relatif à l'expédition de la Cochinchine et, selon les ordres, devait se prévoir ici, est déjà terminé. Nous partirons au plus tard dans huit ou dix jours (1). »

La même lettre, mais avec le post-scriptum suivant, est adressée par l'Evêque au maréchal de Castries, bien qu'il eût quitté les fonctions de ministre de la marine et des colonies, particularité que l'Evêque n'ignorait pas. « J'oubliais, monsieur le maréchal, de vous dire un mot de M. le chevalier d'Entrecasteaux, vraiment digne d'avoir été appelé par vous au gouvernement des îles. Il paraît désirer instamment son rappel, mais je ne crois pas qu'il puisse jamais être remplacé. Il joint aux lumières étendues d'un administrateur la douceur, l'honnêteté d'un homme fait pour

(1) L'Evêque d'Adran à Ministre des Affaires étrangères ; Port-Louis, le 14 avril 1788. (Arch. coloniales, fonds : Cochinchine.)

le bonheur de la société. Il a plus que jamais le désir d'abandonner le service, depuis qu'il a appris que vous vous étiez retiré (1). »

Le grand marin avait, en effet, exprimé à plusieurs reprises le désir de quitter le service à la suite d'un cuisant chagrin de famille. On sait que d'Entrecasteaux était natif d'Aix en Provence. Son neveu, Jean-Baptiste-Bruno-Raymond-Joseph-Guillaume Bruni d'Entrecasteaux, président au Parlement de Provence, avait épousé, en 1783, Angélique-Pulchérie Castellane Saint-Iners, lorsque, dans la nuit du 31 mai 1784, elle fut égorgée dans son lit avec un rasoir qui fut retrouvé dans le jardin de l'hôtel qu'elle habitait avec son mari. L'assassin fut bientôt indiqué et signalé ; c'était son propre mari. Sous un déguisement il s'enfuit à Nice, où il s'embarqua clandestinement pour Lisbonne. Il y fut reconnu, arrêté et mis en prison ; son extradition fut demandée. Pendant qu'on le condamnait par contumace à Aix, le 17 novembre 1784, à la peine de mort, il mourut dans sa prison à Lisbonne. Ce crime eut alors autant de retentissement qu'en eut en 1847 celui du duc de Praslin. Il semblait à d'Entrecasteaux que le crime de son neveu et la flétrissure l'atteignaient personnellement. Le gouvernement fut d'un autre avis, et fit bien de ne pas accepter sa démission, quoique plusieurs fois renouvelée.

Le radoub de la frégate *la Dryade* sur laquelle il devait continuer sa route ayant duré plus longtemps qu'on ne comptait, l'Evêque d'Adran adressa encore de Port-Louis cette autre lettre au ministre des Affaires étrangères : « Depuis la lettre que j'ai eu l'honneur de vous écrire, j'ai reçu des nouvelles de Cochinchine. Elles sont intéressantes et paraissent très avantageuses à la mission que nous avons à remplir. Elles me viennent des missionnaires de Cochinchine et du Tonking, fixés dans les deux royaumes depuis le moment où j'ai été obligé d'en sortir. Ces nouvelles portent qu'en 1786, les révoltés cochinchinois, absolument maîtres de la Cochinchine, étaient entrés dans le Tonking et

(1) L'Evêque d'Adran au maréchal de Castries ; Port-Louis, le 14 avril 1788. (Arch. coloniales, fonds : Cochinchine.)

y avaient porté partout le fer et le feu ; que le maire du palais
(un Trinh), vaincu dans plusieurs batailles, avait été obligé de se
donner la mort pour éviter de tomber entre leurs mains ; qu'en
fin, après avoir pillé tous les trésors, qui devaient être considérables, ils étaient revenus en Cochinchine, laissant cependant partout de très fortes garnisons. On ne dit rien du roi du Tonking (1)
que le maire gardait en tutelle, ni de sa famille. A leur retour
de Cochinchine, les trois frères, chefs de toute la révolte, pour
des raisons qu'on a dû certainement pénétrer, mais qu'on soup-
çonne être des raisons d'intérêt, se sont séparés et en sont même
venus à se battre avec le plus grand acharnement. On assure que
les actions ont été si multipliées et si meurtrières, qu'il n'y a
presque plus d'hommes dans le pays et qu'on n'y voit presque plus
qu'un peuple de femmes éplorées dont les unes pleurent la perte
de leurs pères, les autres celle de leurs maris ou de leurs enfants. On ajoute que le rétablissement du prince légitime dans
tous ses droits est la chose du monde la plus facile, mais que le
pays, entièrement dévasté, ne pourra être d'aucune ressource
qu'après quatre ou cinq ans de paix.

« Voilà, en substance, les nouvelles qui viennent de m'arriver
et qui, comme vous pouvez en juger, assurent le succès et le
grand bien de notre expédition. Je n'attends plus que des nouvelles du roi, que doit nous apporter la flûte *le Castries* (2). »

Laissons l'Evêque d'Adran à ses douces et chères illusions.
Aussi bien, elles ne dureront guère. Le moment est venu de faire
tomber les derniers voiles qui couvrent encore la politique cau-
teleuse et antifrançaise dont il fut l'innocente victime.

D'Entrecasteaux, l'honnête d'Entrecasteaux, ainsi que le qualifie l'Evêque d'Adran, avait reçu du ministre des Affaires étrangères une dépêche confidentielle dont il sera question plus loin,
et à laquelle il répond en ces termes : « J'ai reçu de M. le comte

(1) Le roi Lé-chiêu-thong fut le dernier de l'antique dynastie des Lé.
Chassé du Tonkin par les Tayson, il alla mourir à Pékin. Cette famille
semble aujourd'hui éteinte.

(2) L'Evêque d'Adran à Ministre des Affaires étrangères ; Port-Louis, le
22 avril 1788. (Arch. coloniales, fonds : Cochinchine.)

de Kersaint (c'était le commandant de la *Dryade*) votre lettre secrète relativement à l'expédition de Cochinchine. Je dois vous prévenir que tous les détails de cette expédition ont été publiés, on ne sait par quelle voie, presque au moment de l'arrivée de cette frégate. J'ai donné les ordres nécessaires pour remplir les vues contenues dans la dépêche. »

Ce n'étaient assurément ni l'Evêque d'Adran ni d'Entrecasteaux qui avaient violé le secret de l'expédition de Cochinchine. Voici l'explication : Le ministre anglais Eden s'était empressé de notifier aux Indes l'acte qu'il avait arraché au gouvernement français le 27 octobre 1787, et le bâtiment qui apportait cette grande nouvelle n'avait pas manqué de faire escale à l'île de France pour la répandre, en passant. D'Entrecasteaux, qui n'osait y croire et qui la croyait fausse, par prudence s'abstient de mentionner le fait.

Le comte de Montmorin avait un peu tardivement demandé à d'Entrecasteaux son opinion sur l'expédition de Cochinchine qui était déjà bien engagée. Celui-ci la lui donne : « M. le comte de Montmorin a eu la bonté de me demander mon avis sur les avantages de l'établissement projeté. J'en ai parlé à différentes reprises au maréchal de Castries et avec bien plus d'assurance encore depuis ma campagne de Chine, parce que j'ai été à portée de mieux sentir tout ce que la position du port de Tourane et de cette côte offre de favorable. Le seul et grand inconvénient que j'y aperçoive, c'est la difficulté de correspondre avec l'île de France, en temps de guerre. L'entrée du détroit de Malacca nous sera fermée par l'établissement des Anglais à Poulo-Pinang (1), et si nos relations avec la Hollande sont affaiblies, les obstacles seront encore plus grands dans le premier détroit, et il n'y aura guère de sûreté à passer par le détroit de la Sonde ; ce sera donc un point absolument abandonné à ses propres forces et aux ressources que pourra lui procurer notre alliance avec le prince de la Cochinchine, lequel, une fois rétabli, pourrait bien n'être plus

(1) Les Anglais s'emparèrent effectivement de Poulo-Pinang en 1786, à titre privé, comme dot d'une femme indigène qu'avait soi-disant épousée un officier de la marine britannique. Les Anglais, en matière de conquêtes coloniales, ont épuisé toutes les ruses.

retenu par les liens de la reconnaissance, s'il avait à craindre surtout que sa liaison avec les Français n'attirât sur lui toutes les forces anglaises. Du reste, ma grande inquiétude en ce moment est que nous ne puissions pas retirer le roi de Cochinchine de sa captivité à Siam, s'il a surtout écouté les propositions des Portugais, lesquels ne sont pas en état de le remettre sur le trône, mais qui seront fort aises cependant que le prince ne soit pas au pouvoir de toute autre puissance. »

Abordant la partie de la lettre *secrète* du ministre qui lui est personnelle, d'Entrecasteaux répond avec sa droiture et son abnégation habituelles : « M. le comte de Montmorin a eu la bonté de m'écrire les choses les plus obligeantes relativement à la remise que je serai obligé de faire du gouvernement de l'île de France à M. le comte de Conway, dans la supposition où cet officier général serait forcé de se replier avec ses troupes sur l'île de France. J'ose vous répondre que mon seul regret serait, dans ce cas, l'issue fâcheuse qu'aurait eue cette expédition, et c'est dans toute la sincérité de mon âme que j'ai l'honneur de vous le garantir. Je ne puis me dispenser, même, à cette occasion de vous assurer que ni mes forces physiques, ni mes forces morales ne me permettent de conserver ce gouvernement, et que ce sera avec le plus grand plaisir que je m'en démettrai à l'arrivée de M. le comte de Conway, dont plus d'un événement peut rendre le retour nécessaire à l'île de France, dans le cas même où l'expédition de Cochinchine ne serait pas entreprise. Si, conformément à mes désirs, cette expédition a tout le succès que des mesures aussi bien prises doivent promettre, M. le comte de Conway, ayant alors à gouverner le nouvel établissement et n'ayant plus moi-même à attendre cet officier général à l'île de France, je me crois autorisé à vous demander de vouloir bien nommer à ce gouvernement un officier général dont la santé s'accommode mieux de ce climat et y soit à tous égards plus propre (1). »

---

(1) D'Entrecasteaux à Ministre des Affaires étrangères, chargé par intérim du département de la marine et des colonies: Port-Louis, le 18 avril 1788. (Arch. coloniales, fonds : Cochinchine [autographe].)

Parti de l'île de France le 26 avril sur la *Dryade*, l'Evêque d'Adran arrivait à Pondichéry le 18 mai. Il entrait immédiatement en rapports avec le comte de Conway qui, de son côté, avait reçu du comte de Montmorin des instructions *secrètes*, qu'il est temps de divulguer.

# CHAPITRE DOUZIÈME

---

Mémoire du roi et autres documents officiels secrets relatifs à l'expédition
de la Cochinchine, et desquels il ressort que le traité et les actes acces-
soires du 28 novembre ne devaient pas avoir de sanction.

Le gouvernement de Louis XVI signa le traité de Versailles
avec l'Evêque d'Adran avec l'arrière-pensée traîtresse d'en arrêter l'exécution. Cet inavouable parti-pris ressortira clairement,
je l'espère, des documents officiels qu'on va lire, et que quiconque
ayant le sens droit ne lira pas sans une surprise pénible, tant la
mauvaise foi y est flagrante. Il se rencontre, quelquefois, dans
notre histoire, des traités qu'on n'a pas exécutés, parce que les
circonstances politiques, des obstacles inopinés, des éventualités
redoutables s'y opposaient; mais on n'a peut-être pas encore vu
un gouvernement prendre des engagements fermes, montrer
apparemment des dispositions pour mettre sa conduite en con-
cordance avec ses engagements, tandis que, dans le même temps,
dans le secret de son conseil, il s'ingéniait à détruire son œuvre
de ses propres mains, et sans qu'aucun incident de quelque importance eût surgi et fût susceptible d'en modifier la marche.
C'est si anormal, tellement contraire à la vieille loyauté française,
qu'il faut des preuves bien certaines, bien convaincantes, bien
patentes pour y croire.

Les documents que nous allons produire et révéler pour la
première fois portent tous la date du 2 décembre 1787. On
remarquera qu'ils ne sont postérieurs que de quatre jours au
traité même qu'ils tendent à saper. L'un, le plus grave, en ce
qu'il engage personnellement le souverain, a pour titre : « Mé-

moire du roi pour servir d'instruction particulière au sieur comte de Conway, maréchal des camps et armées de Sa Majesté et commandant de ses troupes dans l'Inde, relativement à une expédition sur les côtes de la Cochinchine dont il aura le commandement, et à l'exécution d'une convention et déclaration conclues à ce sujet entre Sa Majesté et le roi de ce pays. »

Le roi commence par déclarer qu'il confie l'exécution de ce traité au général de Conway, alors que, quelques jours auparavant, il avait tenu, en présence de l'Evêque d'Adran, sur le compte de cet officier, le langage le plus amer, de manière à donner à entendre qu'il serait de la plus grande imprudence de lui confier quoi que ce soit. La duplicité ou l'inconséquence est ici prise sur le fait. Voici la continuation du mémoire : « Sa Majesté va lui faire connaître les motifs qui l'ont portée au parti qu'elle a pris, afin qu'ils dirigent à leur tour la conduite qu'il aura à tenir. Elle lui expliquera ensuite les principes, les moyens, les vues générales, d'après lesquels il devra opérer.

« Quelque pressant que soit pour le cœur de Sa Majesté le désir de réintégrer dans la plénitude de son autorité un prince malheureux, le sieur comte de Conway concevra aisément que la seule impulsion de ce sentiment n'aurait pas suffi pour provoquer l'acte de bienfaisance qu'elle veut exercer. Il fallait donc qu'elle y vît peu de danger pour ses troupes, peu de sacrifices à faire, peu d'étendue à donner à sa protection, mais, en retour, des concessions précieuses pour l'augmentation de sa puissance en Asie et pour l'extension du commerce de ses sujets dans cette partie intéressante du globe. C'est sous ce rapport supérieur qu'on (l'Evêque d'Adran) lui a présenté une expédition qui ne demande que l'emploi momentané de quatre frégates, quelques flûtes et bâtiments de transport, de 1.200 hommes d'infanterie, 200 d'artillerie et environ 250 Cafres, d'un petit nombre d'ingénieurs et des munitions de guerre analogues au but qu'on se propose.

« Le fruit que Sa Majesté retirera de cette dépense primitive, évaluée par l'Evêque d'Adran à cent mille piastres, sera d'obtenir la propriété absolue de l'île de *Hoïnan* et de celle de *Poulo-Con-*

*dor,* avec la co-propriété du port de *Touron* (1), le droit d'ouvrir des factoreries à terre, de commercer librement et exclusivement à toute autre nation européenne sur les côtes cochinchinoises, de prendre le poste le plus avantageux dans le voisinage de la Chine et de jeter, loin du siège principal des possessions anglaises en Asie, le fondement d'un commerce dont cette nation nous marque elle-même l'importance par le soin qu'elle prend de s'établir dans le détroit de Malacca. Des objets de traite, parmi lesquels plusieurs pourraient rivaliser avec les productions de Chine, ajoutent encore dans le plan de nos perspectives à l'intérêt que nous avons de réaliser cette entreprise.

« Quant aux frais ultérieurs de l'établissement à former pour nous assurer la jouissance de ces avantages, ils seront bien diminués par la fourniture des matériaux et par le salaire des ouvriers du pays que le prince consent à prendre à sa charge pour tout ce qui sera fortifications, casernes, hôpitaux, magasins, bâtiments militaires et logement du commandant.

« Cependant, si déjà d'autres nations européennes avaient pris parti pour ou contre l'usurpateur, dans ce cas, l'intention de Sa Majesté est que le sieur comte de Conway s'abstienne de rien entreprendre ; et il regardera cette défense comme si absolue qu'il ne se permettra d'y donner aucune espèce d'atteinte, directe ou indirecte, quelque réquisition qu'il puisse lui en être faite. Au surplus et, dans le cas contraire, pour ne pas trop subordonner sa détermination à la mesure des fonds qui seront affectés à l'expédition et aux premières dépenses de l'établissement militaire, Sa Majesté compte les porter au double de l'évaluation de l'Evêque d'Adran, dans l'espoir où elle est qu'ils seront surabondants et que cette nouvelle preuve de l'opinion qu'elle a de son zèle pour ses intérêts, de quelque nature qu'ils soient, ne le rendra que plus attentif à ménager des ressources sur lesquelles le bien du service en tout temps, mais plus particulièrement encore les circonstances actuelles commandent la plus studieuse économie.

(1) Tourane.

« Lorsqu'il (de Conway) n'aura plus besoin des forces navales de Sa Majesté, il les renverra à Pondichéry, en gardant une frégate avec un ou deux bâtiments de ligne, tant pour la sûreté de la côte que pour la communication à l'île de France. Il rendra compte de sa position, de ses succès, de ses progrès, de ses besoins, par toutes les occasions qui se présenteront, et il attendra les ordres de Sa Majesté sur les choses qui n'exigeront pas une instante célérité. Il lui fera connaître, par des plans et des mémoires détaillés, le parti que le commerce de ses sujets pourra tirer de la Cochinchine même et des côtes circonvoisines. Il appréciera et proposera les dépenses de protection, en les resserrant dans de justes bornes. Il observera les mouvements des Anglais et la suite qu'ils donneront à l'établissement qu'ils ont formé dans le détroit de Malacca. Il étudiera le caractère du prince de la Cochinchine. Il s'attachera à gagner sa confiance, ainsi que celle de ses sujets, par l'exemple de *la fidélité aux engagements*, de la justice, de la modération, de la plus exacte police et discipline, du respect pour l'autorité souveraine, des égards pour les mœurs et usages du pays. Il imposera, par là, une haute et vraie opinion de la puissance et des sentiments de Sa Majesté (1). »

Il n'y a, ce me semble, rien à reprendre dans ce mémoire du roi ; tout y est parfaitement correct et en situation, hormis la confiance témoignée à de Conway. Voici qui est beaucoup moins net. Le ministre des Affaires étrangères fit suivre ce mémoire d'un commentaire où « la fidélité aux engagements pris », recommandée par le roi au comte de Conway, n'est rien moins que gravement atteinte. Cet autre document est intitulé : « Instruction secrète et confidentielle pour le sieur de Conway seul (2). »

<hr>

(1) Mémoire du roi pour le sieur comte de Conway *seul*; Versailles, le 2 décembre 1787. (Arch. coloniales ; fonds : Cochinchine.) La minute de ce mémoire datée et enregistrée, d'une grosse écriture cursive, est de la main de M. de Rayneval, premier commis au ministère des Affaires étrangères. On y remarque quelques retouches de la main du ministre, le comte de Montmorin.

(2) Le comte de Montmorin au sieur comte de Conway ; Versailles, le 2 décembre 1787. (Archives coloniales ; fonds : Cochinchine.)

« Le sieur de Conway, y est-il dit, a vu dans le mémoire du roi, daté de ce jour, quelles sont les intentions de Sa Majesté en ce qui concerne l'expédition de la Cochinchine, ainsi que les avantages et les facilités que le sieur Evêque d'Adran a présentés à ce sujet.

« Mais à six mille lieues il n'est pas difficile de faire illusion. Sa Majesté ne se l'est pas dissimulé. Aussi, elle veut se tranquilliser sur des doutes qu'elle ne peut résoudre elle-même par la plus grande marque de confiance dans la sagesse du sieur comte de Conway, à qui elle daigne abandonner le pouvoir de procéder à l'expédition, ou de surseoir à l'exécution de ses ordres, alors qu'il le jugera plus convenable, d'après les renseignements qu'il se sera procurés, d'après les documents qu'aura apportés le sieur de Richery, député à la connaissance des faits et des lieux, d'après la possibilité et la vraisemblance d'une réussite prompte et facile, en se circonscrivant dans les moyens énoncés, d'après, enfin, le degré d'utilité pour la prospérité du commerce français en Asie, dont l'entreprise et ses suites lui paraîtraient susceptibles. Sa Majesté le laisse, à plus forte raison, le maître de retarder jusqu'à la seconde mousson, s'il estimait avoir besoin de ce délai, le départ des forces qu'elle lui confie, en prétextant des causes assez apparentes pour ne pas refroidir le dévouement du prince de la Cochinchine au sort des armes de Sa Majesté. »

Ce n'est pas tout. Le ministre précise encore mieux sa pensée dans une seconde instruction également pour de Conway « seul » :

« Le roi s'étant déterminé à accorder des secours au prince de la Cochinchine, pour qui l'Evêque d'Adran était venu en France les réclamer de sa bonté, c'est sur vous que Sa Majesté a arrêté son choix pour commander l'expédition et diriger l'établissement qui doit en être la suite. Ses intentions vous sont clairement manifestées par les instructions ci-jointes dont une partie est ostensible, selon l'usage que votre prudence vous suggérera d'en faire ; l'autre, *secrète*. Cette dernière vous laisse maître de ne pas entreprendre l'expédition, ou de la retarder d'après votre opinion personnelle, fondée sur les documents que vous aurez reçus, ou ceux que vous pourrez recevoir, tant sur la facilité du

succès que sur les avantages de l'établissement projeté. Une
telle marque de confiance de Sa Majesté vous prouvera combien
elle se repose sur vos lumières et sur votre zèle. »

Ici, les insinuations du ministre commencent à se donner libre
carrière.

« La révolution qui vient de se faire en Hollande change considérablement nos dispositions politiques dans l'Inde, et ne nous
permet plus guère de regarder le cap de Bonne-Espérance ou
l'île Ceylan comme un point d'appui ou de refuge. Cette considération fait pencher le gouvernement vers le parti de porter ses
principales forces, ses moyens et son attention sur l'île de France
et sur un établissement nouveau qui mette plus de distance entre
le siège de la puissance anglaise et nous. Mais la Cochinchine
pourra-t-elle remplir ce but ? Voilà, monsieur, ce que le roi
commet à votre jugement et à vos connaissances.

« Je n'entrerai point ici dans le détail des objets qui forment
la matière de vos instructions. Je me contenterai de vous recommander d'en bien pénétrer *l'esprit*. Vous connaissez l'état d'épui-
sement où se trouvent les finances du roi, et ce n'est pas pour
elles un effort médiocre que d'avoir consacré un fonds extraordinaire de deux cent mille piastres à l'expédition et au premier
fondement de l'établissement dont il s'agit. Je suis donc assuré
que vous ménagerez l'emploi de ce sacrifice avec la plus grande
économie. Si des obstacles imprévus faisaient échouer l'expédition, alors c'est à l'île de France que vous devez vous replier et
rester avec vos troupes. Dans ce cas, vous prendrez le commandement des îles de France et de Bourbon, à raison de la supériorité de votre grade. M. le chevalier d'Entrecasteaux en est prévenu ; il aura pour vous le remettre les mêmes ordres que vous
trouverez ici pour le prendre. Mais si l'opération a lieu et qu'elle
tourne heureusement, vous vous occuperez de l'établissement
militaire dans les concessions du prince de Cochinchine. Vous
préparerez les places d'un établissement civil et commercial, en
vous bornant à des aperçus de dépenses les plus strictement nécessaires, et vous attendrez pour votre destination ultérieure les
ordres que Sa Majesté jugera à propos de vous faire passer. S'il

arrivait que l'expédition ne se fît pas, ou qu'elle fût retardée, vous veillerez, de concert avec M. de Moracin (1), à ce que le fonds extraordinaire de deux cent mille piastres ne soit diverti en aucune autre espèce de destination, jusqu'à ce que Sa Majesté vous ait manifesté ses intentions à ce sujet.

« Je suis persuadé que je n'aurai à rendre au roi que des comptes satisfaisants sur la conduite que vous aurez tenue ; et, quelque parti que vous ayez pris dans une occasion qui intéresse aussi essentiellement le bien de son service, je n'ai pas moins lieu d'espérer que l'exemple de votre zèle et de votre dévouement, soutenus d'une juste fermeté, maintiendra l'ordre, l'émulation, la pureté, la vigilance et l'économie parmi tous ceux qui se trouveront employés sous vos commandements (2). »

Le mémoire du roi du 2 décembre fut, en partie seulement, communiqué à d'Entrecasteaux, gouverneur général des îles de France et de Bourbon, et au capitaine de vaisseau de Saint-Riveul, commandant la station navale des Indes. La lettre suivante fut, en outre, adressée à d'Entrecasteaux par le ministre : « Je dois vous prévenir, monsieur, du *secret* qu'exige cette dépêche, dont vous ne donnerez communication à ceux qui doivent concourir à l'exécution des ordres qu'elle renferme, que pour les parties du service qui les concernent, sans leur faire connaître l'ensemble des vues de Sa Majesté, ni l'objet important que je vais vous confier. S'il arrivait, ce qui n'est nullement vraisemblable, que l'expédition tournât mal, l'intention de Sa Majesté, dans ce cas, est que M. de Conway se replie avec ses troupes sur l'île de France. Dans cette supposition, que je regarde comme n'étant que de pure et inutile précaution, vous sentirez, monsieur, que la supériorité du grade de M. de Conway demande que vous lui remettiez le commandement des îles de France et de Bourbon, quelque parfaitement bien qu'il soit entre vos mains. Mais si cet événement avait lieu, je suis autorisé par Sa Majesté à vous annoncer

_________

(1) Le vieux de Moracin, qui avait servi dans l'Inde sous Dupleix, était alors ordonnateur à Pondichéry.

(2) Ministre à de Conway ; Versailles, le 2 décembre 1787. (Archives coloniales, fonds : Cochinchine.)

d'avance qu'elle est trop satisfaite de vos services pour ne pas vous dédommager, par un autre commandement supérieur, de celui que vous n'auriez perdu que par l'empire des circonstances.

« Je vous prie de ne pas parler à l'Evêque d'Adran de la liberté que le roi laisse à M. de Conway de suspendre ou de retarder l'expédition (1). »

On a vu plus haut comment d'Entrecasteaux, qui voyait clair dans cette politique, répondit au ministre, en réitérant sa demande de démission, et en insistant pour son rappel immédiat.

L'ambiguïté de ces instructions est non moins évidente qu'intentionnelle. Il nous reste maintenant à montrer comment se débrouilla à Pondichéry ce déplorable imbroglio diplomatique créé, à l'insu de l'Evêque d'Adran, avec une perfidie raffinée, par le comte de Montmorin Saint-Hérem. Mais il est clair déjà qu'en abandonnant à un homme comme de Conway le pouvoir de décider en dernier ressort du sort de l'expédition, c'était autant dire annuler le traité même.

(1) Ministre à d'Entrecasteaux ; Versailles, le 2 décembre 1787. (Archives coloniales, fonds : Cochinchine.)

# CHAPITRE TREIZIÈME

---

Entrevue de l'Evêque d'Adran et du général de Conway. — S'érigeant en
une sorte de tribunal, de Conway et le capitaine de vaisseau de Saint-
Riveul obligent l'évêque à y comparaître. — Leurs questions : ses réponses.
Une polémique s'engage entre l'évêque et le général. — Leurs lettres
réciproques. — Tous deux, à l'insu l'un de l'autre, font appel au ministre.

L'Evêque d'Adran débarqua à Pondichéry le 18 mai 1788. Il
s'installa avec le prince de Cochinchine dans les anciens locaux
du collège *des Saints Anges*, à Virampatnam. Le lendemain de
son arrivée, il fit sa visite officielle au comte de Conway, au
cours de laquelle, de part et d'autre on s'échauffa, on se piqua
et l'on se brouilla presque. A quelques jours de là, l'évêque
adressa au général le billet suivant : « J'ai l'honneur de prévenir
M. le comte de Conway que Sa Majesté très chrétienne ayant
bien voulu reconnaître et prendre sous sa protection le prince
royal de la Cochinchine, a eu la bonté de pourvoir à son entretien
à Paris pendant le séjour qu'il y a fait, et dans le voyage qu'il
vient de faire jusqu'ici; que son intention à moi manifestée par
M. le comte de Montmorin, ministre des Affaires étrangères,
chargé par intérim du portefeuille de la marine et des colonies,
est de le faire reconduire à ses frais jusque dans son pays. J'espère que M. le comte voudra bien exécuter, en cela, les ordres
de Sa Majesté (1). » De Conway qui, effectivement, n'avait pas
reçu d'ordres touchant ce point particulier, refusa, puis accorda
le subside réclamé en faveur du prince. Un palanquin, eu égard

(1) L'Evêque d'Adran au comte de Conway; Virampatnam, le 8 juin 1788.
(Arch. coloniales, fonds : Cochinchine.)

à la corpulence de Mgr Pigneau de Behaine, lui eût été bien utile
pour faire le trajet (environ une lieue) de Virampatnam à l'hôtel
du gouvernement; l'évêque en parla au général, qui ne l'écouta
pas, qui osa se permettre à ce sujet des plaisanteries de mauvais
goût. Il y trouva même un prétexte pour exercer une petite ran-
cune, dont nous dirons plus loin la cause.

Mais ce n'étaient encore là que des escarmouches. Une lutte plus
violente et plus haute éclata bientôt entre ces deux hommes
obligés de poursuivre des buts divergents. De Conway, se pénétrant de « l'esprit » de ses instructions, éludait, tergiversait, ne
cherchait, enfin, qu'à gagner du temps. L'évêque, au contraire,
était pressant ; il voulait au plus tôt sortir de Pondichéry et
atteindre les résultats qu'il se promettait de l'exécution du traité.

Le général de Conway, d'emblée, vit clair dans les instructions
secrètes qu'il venait de recevoir; il adopta une ligne de conduite
fort simple. Il considéra le traité de Versailles comme non avenu.
Il remit tout en question. Il ouvrit une nouvelle enquête, qu'il
dirigea de manière à la prolonger à son gré.

Tout d'abord, il s'érigea, lui et de Saint-Riveul, en conseil de
guerre. Il commanda à l'Evêque d'Adran de comparaître, et celui-
ci se présenta devant ce bizarre tribunal dont il eût pu, ce semble,
décliner la compétence. En une seule séance, qui eut lieu le
12 juin, l'affaire de Cochinchine fut débattue, examinée à fond,
sommairement jugée, et jugée sans appel. Procès-verbal en fut
dressé et envoyé au ministre (1).

De Conway qui, naturellement, présidait l'étrange tribunal,
posa à l'Evêque d'Adran diverses questions auxquelles celui-ci
répondit. « Donnez-nous, lui demanda-t-il, des renseignements
sur les îles de Poulo-Condor et de Hoïnan cédées à la France par
le traité du 28 novembre ? Nous avions sous les yeux, M. de Saint-
Riveul et moi, dit-il, le *Neptune oriental* de M. d'Après, les
cartes de Datrimpe et les journaux de quelques autres voyageurs, notamment de Pierre Poivre. J'ai montré à M. l'évêque
d'Adran que, selon ces voyageurs, l'île de Poulo-Condor n'est

(1) Annexe à la dépêche du 18 juin 1788. (Arch. coloniales, fonds
Cochinchine.)

habitée que par 200 malheureux ne vivant que de poissons et de
légumes. Les Anglais qui l'ont occupée pendant quelques années,
bien convaincus qu'elle ne pourrait jamais être d'aucune utilité
pour leur commerce, l'abandonnèrent (1). — L'évêque n'a pas
contredit. — Nous avons ensuite passé à l'île de Hoïnan qui forme
la baie de Touron ou Tourane. — L'évêque a répondu que cette
dernière île, d'une étendue de quatre à six lieues, formait effectivement la baie de Tourane et que, en outre, elle était séparée
du continent par une rivière. — Je lui ai demandé ce que produisait cette île. — Il a répondu qu'elle était inculte, mais qu'on
pourrait y semer du riz. — J'ai demandé ce que produisait le
continent qui bordait cette île. — Il a répondu que cette partie
du continent était inculte aussi, ayant été dévastée par les
Cochinchinois, pour se mettre à l'abri des incursions des Tonkinois. — Ainsi, s'écrie de Conway, il résulte des propres paroles
de l'évêque d'Adran, que les concessions faites au roi consistent
en une île malsaine qu'aucune nation n'a voulu occuper, et en une
autre île déserte, voisine d'un continent également désert !

L'interrogatoire se poursuit et on aborde des idées d'ordre
purement militaire. — Quand, demande-t-on à l'évêque, les vaisseaux seront entrés dans la baie de *Chin-Chin* et que le débarquement sera opéré, y trouverons-nous les bœufs nécessaires
pour traîner notre artillerie, nos munitions de guerre et de
bouche, enfin tout notre attirail de campagne ? — L'évêque a
répondu qu'il n'y avait pas de bœufs en Cochinchine, mais qu'on
y trouverait des buffles. — Je lui ai observé qu'en supposant que
les Cochinchinois prissent la fuite à notre arrivée, il n'y avait
pas d'apparence qu'ils laissassent sur le rivage, ou même à portée
de nous, des buffles pour le service de leurs ennemis. — L'évêque
en est convaincu ; il a dit simplement qu'on pourrait en prendre
à l'île de Poulo-Condor. — Je lui ai observé qu'il ne fallait pas

---

(1) C'est inexact. Les Anglais, en 1708, n'évacuèrent pas volontairement
Poulo-Condor dont ils appréciaient, au contraire, l'importance au point de
vue militaire ; ils y furent à peu près exterminés. (On peut voir là-dessus
la première partie de cet ouvrage ayant trait aux origines de notre empire
de l'Indo-Chine.)

moins de 4 ou 500 buffles, et que, si l'on trouvait ce nombre à
Poulo-Condor, il y aurait de grandes difficultés pour les faire
embarquer et transporter à la côte. — L'évêque a répondu qu'on
les mettrait sur les vaisseaux. — Là-dessus, M. de Saint-Riveul
lui a représenté que les gabarres et les frégates, armées en guerre
et bondées de vivres et de troupes, ne pourraient pas se charger
de 500, ni même de 200 buffles. — L'évêque a répondu qu'on les
transporterait sur des barques que l'on trouverait également à
Poulo-Condor. — Si les buffles de Poulo-Condor, lui ai-je objecté,
ressemblent à ceux que nous voyons sur cette côte, ils ne peuvent pas être d'un grand service, car nous voyons que, dans les
très beaux chemins qui aboutissent à Pondichéry, des buffles,
attelés à une voiture infiniment plus légère qu'une pièce de canon
de quatre, ne font qu'une lieue en trois heures. Que serait-ce
dans un pays de montagnes tel que la Cochinchine?

« Je n'ai pas voulu le pousser plus loin sur cet article, je lui ai
cependant demandé encore quelles seraient les premières opérations à faire à terre, lorsque nous serions débarqués. — L'é-
vêque a répondu que nous nous avancerions d'abord à quatre ou
cinq lieues de la baie et que nous y prendrions un fort construit
en pierre ; qu'ensuite nous ferions une autre marche de cinq ou
six lieues, que nous entrerions dans une grande ville ouverte, où
étaient les trésors du roi ou de l'usurpateur actuel, que nous
nous emparerions de ces trésors, et que, dès lors, les troupes
françaises n'auraient plus rien à faire, parce que les 1.800, 1.500
ou 1.200 hommes (car le prélat varie perpétuellement sur le
nombre) qui seraient partis du golfe de Siam avec l'ancien roi
de la Cochinchine et qui nous auraient joints, iraient combattre
les armées de l'usurpateur et soumettre les six provinces méridionales; qu'après cette opération nous rembarquerions sur les
vaisseaux pour aller prendre possession de l'île déserte de
Hoïnan, dans la baie de Tourane, et que le roi ne manquerait pas
d'y envoyer des charpentiers, des maçons et autres ouvriers
pour y construire des fortifications, des casernes et autres bâtiments.

« Voilà, ajoute de Conway, en manière de conclusion, notre

conversation avec l'évêque d'Adran. Je crois qu'elle n'exige pas
de réflexions. Je n'ai pas voulu interroger le prélat sur l'établissement de nos hôpitaux, de nos magasins, sur nos subsistances,
sur les moyens de conserver nos communications, parce que je
me suis aperçu qu'il nous donnait toujours des assertions, et
point de preuves, et que je ne faisais que l'embarrasser sans en
tirer la moindre instruction satisfaisante. »

De Conway ne se borna pourtant pas à ces interrogations,
puisqu'il avoue qu'il demanda à l'Evêque d'Adran des renseignements circonstanciés sur l'armée du roi de Cochinchine, sur le
matériel, les canons, les affûts, sur les approvisionnements que
le pays produit, etc. Tout cela étant bien classé dans sa tête, il
n'hésita pas à déclarer, sachant qu'il serait compris en haut lieu,
qu'il n'y avait rien à gagner en ce pays-là, non plus, du reste,
que dans toute l'Inde, « contrées malsaines, inhabitables, où il
n'y a que de la misère, et qu'il n'est pas trop tôt d'abandonner
aux Anglais qui s'en tireront comme ils pourront. Trinquemale
même n'offre aucune utilité dans le présent ni dans l'avenir. Les
Hollandais le possèdent, il est vrai, mais qu'ils le gardent, et
grand bien leur fasse (1) ! »

On a prétendu que le général de Conway était inintelligent. Ce
n'est pas tout à fait notre avis. Cet homme, au contraire, pénétra
admirablement le sens caché que recélaient les instructions secrètes du ministre de Montmorin. Il y conforma toute sa conduite avec une ténacité, qui peut être moins contestée que son
honnêteté.

Cependant l'Evêque d'Adran, ayant en mains un traité en règle,
persistait à en réclamer l'exécution prompte ; et comme le temps
se consumait en des conférences qui lui semblaient oiseuses,
comme, d'autre part, la saison favorable pour se rendre en
Cochinchine pouvait se passer sans qu'on eût rien décidé, il prit
le parti de mettre le général de Conway en demeure d'agir, ou
de s'expliquer catégoriquement. Il lui adressa, dans ce but, la
lettre suivante : « Par la lettre de M. de Richery, écrite de Ma-

(1) Comte de Conway à ministre ; Pondichéry, le 18 juin 1788. (Archives
coloniales, fonds : Cochinchine.)

lacca au mois d'avril dernier, nous connaissons avec certitude que ce capitaine vient de manquer encore une fois l'objet de sa mission (1). Cette nouvelle, très fâcheuse, d'ailleurs, a cependant un avantage qui est de nous tirer de l'extrême embarras où aurait pu nous mettre son silence. Elle nous apprend que l'état actuel du roi de la Cochinchine doit être le même qu'en septembre dernier, puisque cet officier était le seul qui, depuis cette époque, eût pu y apporter quelque changement.

« Les Portugais envoyés à Siam de Goa, en 1787, manquèrent leur retour et furent obligés de rester à Macao jusqu'au commencement de 1788. Ils partirent alors de cette ville avec deux envoyés du roi de Cochinchine qui, comme ils me l'écrivent eux-mêmes de Macao, ne suivaient le vaisseau portugais, que pour ménager la nation qui faisait des offres au roi, leur maître, et se tenir en mesure de réclamer leur protection dans le cas où la France ne viendrait pas à son secours. Aucune autre nation, depuis mon absence jusqu'au mois de septembre dernier, n'avait fait de démarches auprès de ce prince et n'a pu même en faire depuis cette époque, que dans ce moment où les vents permettent d'aller dans cette partie du monde. C'était ce que m'annonçaient les lettres des missions de l'année dernière et celles de Macao de cette année. En nous laissant supposer que le roi était toujours dans la même position, elles nous apprenaient un changement très avantageux dans l'état politique des royaumes de Cochinchine et du Tonking. Elles portaient que, en l'année 1786, le chef des révoltés ayant envoyé son frère cadet porter la guerre chez les Tonkinois, celui-ci avait eu de si grands succès qu'après avoir obligé le prince qui gouvernait à se donner lui-même la mort, il avait réussi à se mettre en possession des provinces méridionales du Tonking, et à s'emparer des trésors du roi. Elles ajoutaient qu'après avoir laissé une forte garnison dans ces provinces, il était revenu dans les provinces septentrionales

---

(1) Cet officier tira un profit personnel de sa mission en Cochinchine. Au lieu de la remplir en officier pénétré de ses devoirs, il se livra au commerce du riz, et ne justifia nullement la confiance que d'Entrecasteaux avait mise en lui.

de la Cochinchine, et avait fixé son séjour dans cette ville où
était autrefois le palais des rois (Hué); que le frère aîné, empressé d'avoir quelque part au succès de son frère cadet, y était
venu des provinces méridionales, où il avait coutume de se tenir,
mais que, sans pouvoir en pénétrer les raisons, on les avait vus
se brouiller, au point que l'aîné était retourné presque aussitôt
au lieu d'où il était venu. Le cadet l'y avait suivi avec une armée
pour l'y attaquer. Dans le moment où les missionnaires écri-
vaient, il y avait déjà plus de trois mois qu'ils étaient à se battre
sans qu'on pût s'assurer de quel côté était le succès. Ils ajoutaient, seulement, que le peuple était dans la plus grande conster-
nation, et attendait avec impatience quelque événement heureux
qui vînt mettre fin à ses maux.

« Il paraît donc que l'état actuel des choses, par rapport au roi,
est le même qu'il était quand la Cour de France s'est décidée à
lui donner des secours, et que, de plus, il y a un changement
favorable à l'expédition, à savoir : la division entre les chefs des
rebelles et la disposition actuelle des peuples. Je ne parle pas du
rendez-vous dont M. de Richery fait mention dans sa lettre. Je
sais assez combien on doit peu de confiance à des hommes qui
montrent si peu de délicatesse.

« Si le manque de gabarres est la seule raison, monsieur le
comte, qui vous empêche d'exécuter, ou de faire exécuter (1) les
ordres du roi, je conçois que vous devez me renvoyer au terme
de leur arrivée, et que je suis obligé de l'attendre·en silence.
Mais si, malgré l'arrivée de ces bâtiments, vous étiez dans la
résolution de ne rien entreprendre avant des nouvelles plus posi-
tives du roi de la Cochinchine, il est alors inutile et même nuisible au bien de la chose de différer de prendre un parti.

« Je demande, au nom du roi, et comme commissaire pour Sa

_______________

(1) L'Evêque d'Adran était toujours dans cette pensée, qui lui avait été
suggérée à Versailles, que le commandement de l'expédition serait, à défaut
du général de Conway empêché pour un quelconque motif, confié à l'un
ou à l'autre des deux colonels qui étaient à la tête des régiments coloniaux
à Pondichéry. Il ne connaissait pas le Mémoire du roi qui conférait expressément à ce général ce commandement important.

Majesté auprès du roi de la Cochinchine, les moyens de pouvoir continuer ma route sur la frégate qui m'a amené de France, afin d'aller moi-même sur les lieux et assurer l'expédition pour l'année prochaine. Peut-être, pour des raisons que vous comprendrez aisément, serait-il même mieux d'y ajouter une corvette. Mais je laisse ceci à votre prudence et me borne à demander la *Dryade*.

« Si vous souscrivez, monsieur le comte, à ce que j'ai l'honneur de vous proposer, je demanderai alors un écrit, signé de votre main, qui, en déclarant que vous ne pouvez dans le courant de cette année exécuter les ordres du roi, fasse foi que vous consentez que j'aille moi-même m'assurer de l'état des choses, et chercher le roi de Cochinchine pour l'amener ici, si cela est possible.

« Voilà, monsieur le comte, le dernier moyen qui est en mon pouvoir. Je le saisis uniquement par zèle pour la gloire du roi et l'intérêt de la nation. Si vous avez des raisons pour vous y refuser, vous êtes trop juste pour ne pas me les communiquer par écrit. Vous n'ignorez pas que je dois le compte de ma conduite à la Cour, et l'assurer que je n'ai rien négligé pour répondre à la confiance qu'elle a bien voulu me témoigner.

« Les gabarres (1) arriveront, monsieur le comte, il n'y a aucune raison d'en douter, mais elles peuvent tarder. J'ai l'honneur de vous prévenir que, quoique le voyage que je propose puisse se faire encore au mois d'août, il serait cependant de la dernière importance et plus sûr de partir à la fin de ce mois, ou dans les premiers jours de juillet. On pourrait, par ce moyen, parcourir à loisir toute la côte de Cochinchine, prendre une connaissance suffisante des ports, s'assurer de la personne du roi, et être de retour ici en février ou mars de l'année prochaine.

« En conservant ici ce qui s'y trouve déjà réuni, vous pourriez y rassembler pour le mois d'avril tous les vaisseaux dont vous auriez besoin et, en gardant en dépôt l'argent que la Cour a des-

---

(1) Ces gabarres (le *Dromadaire* et le *Mulet*) apportaient les vivres de l'expédition, et il paraît qu'elles ne se pressaient pas d'arriver.

tiné pour cette expédition, M. de Moracin pourrait facilement
conserver, ou remplacer les vivres qui seront sur les gabarres,
comme il a déjà bien voulu me l'assurer.

« En deux mots, monsieur le comte, et pour donner à cette lettre
toute la clarté qu'elle demande, l'expédition est possible, cette
année, si on peut partir d'ici avant le 15 juillet. Quoi qu'il arrive,
elle ne peut manquer que par des accidents communs à tous
les temps. D'un autre côté, on ne peut nier que, s'il y a des inconvénients à la remettre à l'année prochaine, il y aurait aussi
l'avantage de pouvoir, avec de la bonne volonté, y mettre plus
de sûreté dans les moyens, et surtout procurer plus de motifs de
confiance à ceux qui doivent en être chargés.

« J'ai l'honneur de vous déclarer que, pour ce qui me regarde,
je suis également disposé à l'un ou à l'autre parti. Mais si, de
votre côté, vous croyiez avoir des raisons assez fortes pour rejeter
également les deux partis, il ne me reste alors qu'à vous en
proposer un troisième, qui serait de me donner deux bâtiments,
dont l'un serait destiné à reconduire le prince et sa suite où ils
doivent être, et l'autre à me reporter en France.

« Pour votre gloire, monsieur le comte, reprenez l'énergie dont
vous avez donné partout tant de preuves, et décidez-vous. Rap-
pelez-vous surtout ce que vous disiez à Paris de ce projet et
faites attention que, depuis, rien de solide n'a pu changer vos
résolutions. Méprisez des conseils qui, sous le voile de la prudence, cachent la plus grande faiblesse. Enfin, montrez à la Cour,
qui l'attend de vous, qu'à la maturité des réflexions vous avez su
réunir la noblesse, la force et le courage dans l'exécution (1). »

Le général de Conway riposte aussitôt : « Je reçois la lettre
que vous m'avez fait l'honneur de m'annoncer par votre billet du
11 de ce mois. Je me conformerai strictement à mes « instructions. » C'est tout ce que je puis vous dire. Je vous remercie,
Monseigneur, des conseils que vous voulez bien me donner et
de l'intérêt que vous daignez prendre à ma gloire. Je la fais

(1) L'Evêque d'Adran au comte de Conway ; Pondichéry, le 14 juin 1788.
(Archives coloniales, fonds : Cochinchine.) Cette correspondance est autographe et inédite.

consister dans l'exacte exécution des ordres du roi, et je pense qu'on ne m'a jamais reproché un défaut d'énergie quand il a été question de son service. Ma conduite est connue des ministres de Sa Majesté. C'est à eux de me juger sur le passé, le présent et l'avenir. Je leur soumettrai toutes mes démarches avec autant de confiance que de respect. Je me rappelle parfaitement qu'à Paris, comme ici, j'ai pris un véritable intérêt à tout projet qui portait l'apparence d'un établissement avantageux pour le roi, et d'une augmentation du commerce de la nation. Mes sentiments sont encore les mêmes, mais il ne faut pas oublier *les obligations qui me sont imposées.* Vous me donnez le droit de vous demander, Monseigneur, quelles sont ces personnes qui, sous le voile de la prudence, cachent la plus grande faiblesse, et dont vous me recommandez de mépriser les conseils. Je vous ai déjà assuré et je vous répète que je suivrai exactement mes instructions, et je consulterai, dans les circonstances, sur les moyens de les exécuter, les personnes les plus éclairées et les plus dignes de ma confiance. Je ferai ce que la Cour attend de moi, n'en doutez pas. Vous m'exhortez à la noblesse, à la force, au courage. En quelle occasion y ai-je manqué ? Je vous prie de me l'indiquer. J'avoue que je suis étonné qu'un digne et respectable prélat accuse de faiblesse des personnes qu'il ne nomme pas, et qu'il serait cependant essentiel de faire connaître. Ce jugement porté si légèrement, permettez-moi de vous le dire, n'est ni chrétien ni généreux. Ne serait-ce pas ici le cas, Monseigneur, de vous donner le conseil salutaire de vous défier des calomniateurs, des intrigants et des curieux ? Au reste, rien ne me déterminera à m'écarter des ordres du roi. Votre lettre, Monseigneur, ne peut offenser ni moi, ni personne de ma robe, et elle ne changera rien à mon plan de conduite. En remplissant exactement mes devoirs, je vous prie d'être persuadé que je n'oublierai jamais les égards dus à votre état respectable (1). »

L'Evêque d'Adran réplique sur-le-champ : « Le respect que j'ai

____

(1) Le comte de Conway à l'Evêque d'Adran ; Pondichéry, le 14 juin 1788. (Archives coloniales, fonds : Cochinchine.) Cette correspondance est autographe et inédite.

pour votre discrétion à mon égard ne m'empêche pas de la trouver fort singulière. Vous assurez que vous vous conformerez aux ordres du roi,... c'est la seule chose que je désire. Ce n'est même qu'en vertu de ces mêmes ordres que j'ai cru devoir vous présenter mes observations. Vous êtes étonné que j'accuse de faiblesse des personnes que je ne nomme pas. La chose est toute simple ; c'est que je ne les connais pas. Je ne puis attribuer qu'à des conseils donnés par la faiblesse le changement que j'ai remarqué en vous au sujet de l'expédition de Cochinchine. J'ai la franchise de vous en faire part et de vous prier de n'en faire aucun cas. Qu'y a-t-il, en cela, de contraire au christianisme et à la générosité ? Si je me trompe, tant mieux ! Si j'ai raison, c'est à vous à voir ce que vous avez à faire. Vous consultez, dites-vous, les personnes les plus éclairées, les plus dignes de votre confiance. Je crois qu'il vaudrait mieux encore, en cela, suivre vos « instructions. » Vous me faites un crime de vous parler noblesse, force, courage. Eh ! monsieur le comte, m'abuserais-je à vous parler ce langage, si je ne vous croyais les sentiments ? Il y a, dans la colonie, des hommes mal intentionnés qui ne se plaisent qu'à allumer le feu de la discorde. Je le sais. Mais, monsieur le comte, je vous prie de croire que je n'ai ici qu'une affaire, et que je ne me mêlerai jamais que de celle-là. Ma lettre, au moins selon mon intention, ne peut offenser personne, de quelque robe qu'il soit. Je ne l'aurais jamais écrite, si j'avais cru qu'elle pût avoir un tel effet.

« Je suis fâché, pour le service du roi, que vous vous préveniez contre moi et que je sois obligé d'en venir à de pareilles explications. Vous me croyez des prétentions. Je m'en suis aperçu dès le premier jour (1). Cependant, il me semble que rien n'est plus indigne d'un homme de bon sens et surtout d'un homme de mon état. Quoi qu'il en soit, je ne serai pas moins zélé à vous

(1) On sait que l'Evêque d'Adran avait reçu mandat du roi à Versailles de remettre au général de Conway le cordon rouge et le brevet de lieutenant-général. Dès le lendemain de son arrivée à Pondichéry, il s'acquitta de son mandat en des termes qui, d'après cette lettre même, offusquèrent l'irascible militaire.

prouver, en toute occasion, que je désire votre gloire, et à avoir
pour votre état et pour votre personne tous les égards que je
reconnais vous devoir (1). »

De Conway sur-le-champ riposte : « Je vous ai répété, écrit-il
à l'Evêque d'Adran, que les ordres du roi et mes « instructions »
régleraient invariablement ma conduite. Je consulterai dans les
circonstances d'exécution les personnes les plus éclairées et les
plus dignes de confiance. Ma lettre ne présente pas d'autre sens.
Je n'ai pas répondu à vos observations, Monseigneur, parce que
je n'ai pas dû le faire, mais je les ai lues avec la plus grande
attention. Je n'ai donné aucun lieu aux suppositions que vous
avez faites. *Le public déposera pour moi.* Vous accusez de faiblesse des personnes que vous ne nommez pas. Cela vous paraît
tout simple. Vous êtes casuiste, Monseigneur. Vous êtes plus que
moi en état de prononcer sur cette manière de juger. Depuis
neuf mois que je suis ici, j'ai réfléchi plus d'une fois, et j'ai cherché
à me procurer tous les renseignements sur la Cochinchine. Mes
désirs sont toujours les mêmes, mais il me semble que je puis
sans faiblesse ne pas abonder implicitement dans le sens d'une
personne que, d'ailleurs, je considère et respecte. Je ne vous fais
pas un crime, Monseigneur (et j'aurais tort), de la peine que vous
avez prise de me prêcher énergie, force et courage. Mais puisque
vous avez la bonté de croire que je n'ai pas renoncé à ces sentiments, il était inutile de m'exhorter à les reprendre. Il y a
dans cette colonie, dites-vous, des gens mal intentionnés qui se
plaisent à allumer le feu de la discorde. Je n'en doute pas. Je ne
suis pas disposé à les écouter; et j'avoue que je n'en ai pas le
temps. La seule affaire qui vous occupe, Monseigneur, m'occupe
aussi, et j'en ai beaucoup d'autres, qui ne me permettent pas
d'écouter les discours des oisifs. Je serais au désespoir, Monseigneur, de ne vous avoir pas marqué tout le respect qui vous
est dû. J'espère que vous n'aurez jamais à vous plaindre de moi
à cet égard. Je ne sais pas si vous avez des prétentions. J'ignore

_____

(1) L'Evêque d'Adran à de Conway; Pondichéry, le 16 juin 1788. —
Autographe.

de quelle nature elles sont, et je ne vous ai laissé entrevoir rien de désobligeant à ce sujet (1). »

Pour nous, qui connaissons maintenant le Mémoire du roi et les instructions secrètes concomitantes du comte de Mont-morin, la polémique entre l'Evêque d'Adran et le général de Conway roule sur une équivoque. L'évêque croit que les ordres du roi, dont il connaît au moins le sens général, prescrivent à de Conway de procéder à l'expédition, hors le cas seul où une puissance étrangère nous aurait devancés en Cochinchine, et il s'attache à démontrer que ce cas-là n'existe pas, que l'état des choses est tel qu'il était au moment de la signature du traité. Il ne s'explique donc pas, il ne peut pas s'expliquer les tergiversations, les faux-fuyants du général de Conway, butté à ses instructions qu'il évoque et qu'il invoque sans cesse, et desquelles il faut convenir qu'il ne pouvait sortir sans en méconnaître « l'esprit », suivant la recommandation instante qui lui avait été faite par le ministre. En sorte que l'un et l'autre, pour sortir de l'impasse où ils se trouvaient engagés, prirent la résolution d'en référer, chacun de son côté, et bien entendu à l'insu l'un de l'autre, au ministre qui avait embrouillé à dessein les choses. C'était, dans la pensée de l'évêque, l'ajournement de l'expédition à un an, tandis que, pour le général de Conway, c'en était virtuellement l'abandon. Le premier se trompait, certes, de bonne foi, et le second entendait ses instructions de la bonne façon. Il nous reste à suivre cette autre phase de cette curieuse affaire.

(1) De Conway à l'Evêque d'Adran ; Pondichéry, le 17 juin 1788. (Arch. coloniales, fonds : Cochinchine.)

# CHAPITRE QUATORZIÈME



Le général de Conway consigna dans un long mémoire (1) ses
observations au sujet de la Cochinchine et il l'expédia, le 18 juin,
au ministre, de qui il tenait ses instructions. Il prend les choses
de haut, et, pour montrer qu'il s'est bien pénétré de « l'esprit » de
ses instructions, il s'efforce de prouver que ce serait une entreprise
détestable. Tout d'abord, il déclare qu'il a compulsé, lu et relu tous
les documents qu'il a pu découvrir dans les archives du gouvernement, à Pondichéry, et de l'examen desquels il fait sortir cette
étrange doctrine politique pour l'époque, que « les prétentions du
roi détrôné de la Cochinchine ne sauraient en aucune façon être
assimilées aux droits sacrés et imprescriptibles des princes héréditaires des monarchies européennes, parce que, selon lui, il n'y
a pas à proprement parler de droit dynastique en Asie », encore
qu'il y ait, nonobstant, plusieurs monarchies héréditaires et fort
anciennes. A la veille de 1789, une telle doctrine ne laisse pas
que d'être intéressante et bonne à recueillir. C'est là-dessus que
la Révolution établira tout à l'heure la souveraineté de la nation.

(1) De Conway à Ministre ; Pondichéry, le 18 juin 1788. (Archives coloniales, fonds : Cochinchine.)

« L'Evêque d'Adran, poursuit-il, a déclaré au capitaine de vaisseau de Kersaint, en présence des officiers de son état-major, durant la traversée de la *Dryade*, que le roi détrôné est idolâtre, alors que l'usurpateur est chrétien ; que ce dernier, il y a quelques années, a écrit au dit Evèque pour lui reprocher d'avoir embrassé le parti de l'idolâtre contre le chrétien. Ce n'est donc pas une guerre de religion que nous entreprendrions. Ne serait-ce pas plutôt une guerre de religieux ? Aurait-elle pour motif la jalousie qu'inspire le crédit dont jouissent plusieurs autres missionnaires auprès de l'usurpateur ? Je ne me permets pas de le soupçonner. J'aime mieux croire que l'Evêque d'Adran, malgré l'engagement que l'on fait prendre aux missionnaires de prêcher la parole de Dieu sans s'immiscer dans la politique, a été embrasé d'un beau zèle, et a tout oublié pour ne s'occuper que des intérêts du roi. »

La politique de l'Evêque d'Adran, je l'ai déjà dit, mais on ne saurait trop le répéter, consistait à identifier la cause du roi légitime de la Cochinchine avec celle de la France et de la religion chrétienne en Extrème Orient. Au contraire, les autres missionnaires qui appuyaient et soutenaient ouvertement le parti de l'usurpateur, n'étant pas français, combattaient cette politique à l'instigation d'une quelconque nation européenne, et c'est ce que de Conway ignore ou feint d'ignorer. L'équivoque était grossière, indigne d'un fonctionnaire français.

Après ces insinuations perfides, le général de Conway continue : « Si le roi de Cochinchine avait simplement une province et un parti quelconque, l'expédition serait aisée ; mais sa lettre, que j'ai entre les mains, prouve qu'il n'a rien et ne peut rien. D'un autre côté, en fait de commerce, on ne peut taxer les Hollandais de négligence, et les humiliations même ne les dégoûtent pas. Il est évident que les Hollandais avaient pour le commerce de la Cochinchine un avantage infiniment supérieur aux autres nations européennes. Les Anglais sont, ensuite, les plus voisins de la Cochinchine, et on connaît leur ambition excessive pour leur commerce. Ils ont cependant abandonné, ceux-ci Poulo-Condor, ceux-là le Tonking. »

Ces assertions sont inexactes. Il n'est pas vrai que les Anglais aient évacué volontairement Poulo-Condor, ni les Hollandais le Tonkin. J'en ai donné les preuves dans la première partie de ce travail (1).

« Dans le mémoire du Roi, poursuit de Conway, je vois que M. l'Evêque d'Adran a persuadé qu'il serait très avantageux de prendre un poste dans le voisinage de la Chine, et de jeter les fondements d'un commerce loin du siège principal des possessions anglaises en Asie. Il suffit de jeter les yeux sur une carte pour se convaincre qu'en portant nos établissements de commerce à la Cochinchine, c'est les dénuer de toute protection, et les laisser à la merci des Hollandais et des Anglais, qui sont *presque* les maîtres des détroits de Malacca et de la Sonde. »

Le même argument avait été présenté dans le conseil du Roi à Versailles. Il avait été rétorqué par le capitaine de vaisseau de Fleurieu, directeur des ports et arsenaux de la marine, et le premier hydrographe de son temps. De Fleurieu avait démontré qu'en raison seulement de leur étendue, les détroits en question ne pouvaient être simultanément fermés au commerce maritime, en cas de guerre, quand même les flottes réunies de l'Angleterre et de la Hollande y seraient employées ; et, quelques efforts qu'on fît, on n'arriverait pas à barrer absolument ces mers.

Le général de Conway ressasse encore certains autres arguments, qui n'ont pas plus de consistance que les précédents, et il revient à son sujet favori, qui consiste à dénigrer l'Evêque d'Adran. « L'Evêque d'Adran a annoncé, dès son arrivée, qu'il ne resterait ici que quinze à vingt jours. Le lendemain, il m'a proposé d'envoyer une corvette pour avertir le roi de la Cochinchine de son prochain retour. Je lui ai représenté que cela *retarderait notre expédition,* puisque nous serions obligés d'attendre le retour de cette corvette. Il m'a dit ensuite qu'il n'avait pas besoin du roi de la Cochinchine, et que le jeune prince suffirait. Je lui ai observé que le traité avait été signé au nom du roi de Cochinchine, et nullement au nom d'un enfant, né sept ans après la révolution.

(1) V. *Les origines de l'empire français de l'Indo-Chine,* chapitre v.

Enfin, voyant que je désirais être instruit du sort du roi de la Cochinchine, il m'a déclaré, en présence de M. de Saint-Riveul, que, lui, évêque d'Adran, ferait, *seul*, la révolution. » Et de ce langage qu'il trouve extravagant, il tire cette conclusion que l'Evêque a les facultés dérangées, ou du moins il le donne suffisamment à entendre. Il expédie aussitôt un bâtiment de la station pour porter sa dépêche à l'île de France.

Mais pénétrant sans doute les secrètes pensées du général de Conway, l'Evêque, de son côté, à quelques jours de là, écrit au ministre : « Quoique, pour l'expédition de Cochinchine, nous n'ayons plus à attendre que les gabarres, et que nous ayons déjà ici tous les moyens à tirer de l'île de France, je ne suis pas rassuré sur le parti qu'on prendra, en supposant même que ces bâtiments arrivent à temps. M. le comte de Conway, depuis son retour de Trinquemale (1), est dans un état de faiblesse physique et morale qui afflige toute la colonie. La nouvelle d'une expédition à la Cochinchine paraît beaucoup le contrarier, et, depuis mon arrivée, il n'a cessé de me témoigner à ce sujet la plus grande répugnance. Depuis près d'un mois que je suis ici, non seulement il n'a fait aucun des préparatifs que la prudence aurait pu lui permettre, mais il a pris même des moyens qui rendent cette expédition très difficile, cette année. Il a renvoyé la flûte « le Nécessaire » qui était le seul bâtiment du Roi en état de porter des troupes. Il renvoie encore en ce moment « la Vénus » que le gouverneur de l'île de France avait fait revenir ici pour remplacer « la Calypso. » D'après cette conduite et les nouvelles de la flûte « le Castries », j'ai cru devoir lui adresser la lettre dont copie est ci-jointe (lettre du 14 juin citée plus haut). Il n'a répondu à aucun des articles

-----

(1) Effectivement, le général de Conway, en vertu des instructions verbales qu'il avait reçues à Versailles, avait dû faire une visite officielle au gouverneur hollandais de Trinquemale, pour se concerter avec lui, en cas de rupture avec l'Angleterre. Parti en février avec tous les bâtiments de la station navale de l'Inde, il était rentré en mai à Pondichéry. Depuis lors, il était inquiet, agité et convaincu (la dépêche que nous avons citée en témoigne) que la belle île de Ceylan était « un affreux et malsain pays que nous aurions le plus grand tort de revendiquer. »

qu'elle contient. Aussitôt qu'il se sera décidé, je ne manquerai pas de vous en faire part (1). »

De Conway, dans une de ses lettres à l'Evêque d'Adran, a prétendu que l'opinion publique était pour lui à Pondichéry. C'est encore une affirmation trompeuse, car jusque dans son entourage officiel on lui était contraire. On en a une preuve évidente dans la dépêche suivante, écrite au ministre par l'intendant ordonnateur de Moracin, un homme timide, qui hésite à prendre un parti, mais qui pourtant dit courageusement sa pensée, quand on l'y invite. Il écrit, en effet, au ministre de la marine : « Dans un des derniers paragraphes de la lettre qu'il m'a écrite en conformité de « l'instruction secrète » de Sa Majesté relativement à l'expédition de Cochinchine, M. le comte de Conway me dit que je dois présenter au ministre mes idées sur cette expédition. Je n'en avais pas le projet, parce que mon caractère comme mes principes m'ayant toujours éloigné de toutes les affaires auxquelles je ne suis pas spécialement appelé, j'estimais n'avoir aucun compte à vous rendre sur les projets d'une expédition dont les ordres ont été, avec raison, adressés au seul commandant général. D'ailleurs, que puis-je dire que tout le monde ne sache sur un pays, où je n'ai jamais été ? Excepté les relations des missionnaires qui ne traitent que de religion et de quelques points géographiques, M. Poivre et d'après lui l'abbé Raynal (2) sont les seuls qui aient écrit sur la Cochinchine, que ce dernier appelle un très beau pays. M. l'Evêque d'Adran, après une longue résidence, confirme tous les avantages que cette grande étendue de terre présente au commerce maritime. Ou il ne faut croire à rien, ou il convient de respecter des autorités si prononcées. Je crois donc à l'utilité mercantile que la nation pourra retirer d'un établissement solide sur les côtes de la Cochinchine. Mais la guerre civile qui y règne depuis plusieurs années ayant nécessairement dévasté l'intérieur, je ne pense pas que l'on puisse établir un commerce de quelque importance avant que la paix ne soit plus ou moins

(1) L'Evêque d'Adran à Ministre : Pondichéry, le 26 juin 1788. (Archives coloniales, fonds : Cochinchine.)

(2) Dans son *Histoire philosophique de la conquête des Indes.*

généralement établie. Il faudra semer pour recueillir, et peut-être longtemps attendre le fruit de tant de soins et de peines.

« Quant aux frais, ils seront certainement considérables. Je ne pense pas que l'on puisse transporter 1.500 hommes en Cochinchine sans une dépense extraordinaire de deux millions, pendant la première année. Je crois encore que de ces 1.500 hommes, un cinquième sera hors d'état d'entrer en campagne le jour du débarquement, et que la moitié de ce cinquième, c'est-à-dire un dixième du tout, ne sortira jamais des hôpitaux par le seul effet du déplacement, et sans compter le cours ordinaire des maladies dans les armées.

« Je ne me permettrai pas d'avoir une opinion sur les grands objets de dignité nationale, etc., mais je me permettrai d'affirmer que les Anglais nous verront sans peine entreprendre une expédition qui privera nos établissements sur cette côte de la moitié de leurs forces militaires. J'ose assurer que tout plan du gouvernement qui tendra à ramener l'état de notre nation dans l'Inde à de simples établissements de commerce sera d'autant plus agréable à la Grande-Bretagne, qu'il est de son intérêt spécial de ne nous pas rendre trop pénible l'exploitation d'un commerce dont elle recueille tous les fruits dans ce pays, en raison de la masse très considérable de fonds effectifs que nous répandons, chaque année, pour composer nos cargaisons de retour dans les provinces, que ses agents dépouillent régulièrement de leur numéraire pour le transporter en Chine, et quelquefois en Europe.

« Toutes les autres considérations me paraissent absolument secondaires. Car je pense qu'il est très indifférent au succès de l'expédition que le roi légitime soit païen, et l'usurpateur chrétien. Je ne vois aucune raison de croire quelque rivalité temporelle ni même spirituelle entre M. l'Evêque d'Adran et les autres évêques, ou simples missionnaires établis en Cochinchine. Tous appartiennent au corps respectable des Missions-Etrangères (non, pas tous, car il y avait des Portugais et des Espagnols) dont la piété et l'union parfaite pour la propagande de la foi n'a jamais été altérée. Il est cependant possible que les missionnaires

de toutes les nations répandus au Tonkin, à la Cochinchine, au
Cambodge et à Siam appréhendent plus de difficultés dans l'exercice futur de leur saint ministère, si l'expédition a lieu. Mais ces
craintes n'engageront jamais (au moins les missionnaires français) à contrarier même indirectement une entreprise ordonnée
par le souverain. D'ailleurs, comme il me paraît impossible que,
lorsque le Roi a bien voulu permettre à quelques-uns de ses
sujets d'aller porter la lumière de l'Evangile aux peuples éloignés
qui ont le malheur de ne le pas connaître, Sa Majesté n'ait pas
assujetti ces apôtres de la foi à quelques obligations politiques
déterminées, suivant l'exigence des cas, entre les supérieurs et
ses ministres, je dois croire que tous les missionnaires nationaux
s'efforceront de concourir au plus grand succès de l'expédition,
quand même elle devrait leur occasionner quelque désagrément
momentané (1). »

Le ministre, s'il ne se fût pas déjà abandonné à une autre politique, eût pu voir dans cette lettre une réfutation nette et complète des fausses assertions du général de Conway. Le subalterne,
ici, avait raison contre le supérieur.

D'après ce qui précède, il est aisé de comprendre que de Conway, par le fait qu'il en avait référé au ministre, n'était nullement
disposé à donner cours à l'expédition de Cochinchine, dans l'année
courante. Aux injonctions de l'Evêque d'Adran, il allait opposer
plus que jamais une force d'inertie invincible. L'Evêque, de son
côté, devenait plus pressant, à mesure que la saison déclinait.
« La mousson déjà avancée ne me permet plus de différer à vous
faire de nouvelles représentations. Peut-être ne seront-elles pas
plus utiles que les premières ; mais, quoi qu'il arrive, je ne puis
les omettre. La crainte d'être encore renvoyé à vos « instructions » ne pourrait me servir d'excuse, si je manquais à me conformer à celles qui m'ont été données.

« Nous voilà au 11 juillet ; les gabarres ne paraissent pas (les
commandants de ces gabarres chargées de vivres avaient reçu

<hr>

(1) De Moracin à Ministre ; Pondichéry, le 20 juillet 1788. (Archives coloniales, fonds : Cochinchine.)

l'ordre de ne pas se hâter) (1). Quand elles arriveraient d'ici au 15, en supposant que vous prendriez le parti de faire l'expédition, cette année, vous ne pourriez être prêt à partir avant la fin du mois. A cette époque, elle deviendrait trop incertaine pour oser vous engager à l'entreprendre. Je serais le premier à vous en détourner. Je pense que, dans les circonstances présentes, la prudence demande qu'elle soit remise à l'année prochaine, et que vous n'ayez plus qu'à vous occuper des moyens d'en assurer le succès. Vous ne pouvez, en aucune manière, compter sur M. de Richery. Sa conduite soutenue depuis deux ans doit être plus que suffisante pour vous ôter toute confiance. De mon côté, après un exemple de cette nature, je ne croirais plus pouvoir me justifier aux yeux de la Cour, si je laissais à d'autres le soin que je peux, seul, prendre avec sûreté. Je me croirais, d'ailleurs, indigne de la confiance dont le Roi a bien voulu m'honorer, si j'osais préférer ma tranquillité à un voyage pénible pour moi, à la vérité, mais devenu nécessaire pour le bien de son service.

« C'est pour cette raison que je renouvelle les demandes que j'ai déjà eu l'honneur de vous faire, et que j'ose vous prier de ne plus différer à vous décider. Si vous consentez à me laisser partir pour la Cochinchine avec les moyens et pour la fin que j'ai eu l'honneur de vous proposer, je vous ferai part alors des ressources que j'ai, seul, pour rendre ce voyage utile (3). »

De Conway répond à l'Evêque par les quatre lignes suivantes : « J'ai déjà eu l'honneur de vous mander que mes « instructions » régleraient invariablement ma conduite. Je vous prie d'être bien persuadé que le parti que je prendrai sera exactement conforme aux ordres du roi (1). »

Ce billet laconique acheva de convaincre l'Evêque d'Adran que le parti arrêté par de Conway était l'inertie absolue. Il résolut

---

(1) L'une d'elles, *le Dromadaire*, avait fait à Lisbonne une relâche de deux mois, qu'elle s'était imposée sans aucune nécessité de navigation.

(2) L'Evêque d'Adran au comte de Conway ; Pondichéry, le 11 juillet 1788. (Archives coloniales.)

(3) De Conway à l'Evêque d'Adran ; Pondichéry, le 14 juillet 1788. (Archives coloniales.)

alors de porter l'affaire devant le ministre, à qui il exposa ses griefs dans la remarquable lettre que voici : « Depuis un mois que j'ai eu l'honneur de vous rendre compte, j'en suis resté où j'en étais. L'expédition de Cochinchine est devenue impossible, cette année, par la mousson déjà trop avancée, et par le défaut des gabarres qui ne sont pas encore arrivées. Je viens de proposer à M. le comte de Conway de prendre à temps les moyens de l'assurer pour l'année prochaine. Je lui ai demandé la frégate qui m'a amené de France, afin d'aller moi-même reconnaître l'état actuel de la Cochinchine, et le mettre à même de commencer l'expédition avec sûreté au commencement de mai prochain. Sa réponse, comme si cette affaire dépassait les bornes de ma compétence, a été qu'il obéirait aux ordres du roi, et qu'il ne pouvait m'en dire davantage. J'ai insisté, en lui représentant verbalement que, s'il négligeait le moyen proposé, il allait rendre impossible l'exécution de ces mêmes ordres ; que les Portugais, qui déjà avaient fait des avances auprès du roi de la Cochinchine, pourraient nous prévenir, ainsi que les Anglais ; que le roi, qui depuis longtemps m'attendait, ne recevant aucune nouvelle, perdrait courage et se livrerait peut-être aux premiers venus ; qu'il paraissait convenable de faire savoir à ce prince où en étaient ses affaires avec la Cour de France, le retour de son fils en bonne santé... Sa réponse, aussi laconique que la première, a été qu'il suivrait ses « instructions. » Dans un mois, il ne sera plus temps d'exécuter ce que je propose. Quoique je n'ose assurer le parti que va prendre M. le comte de Conway, je le crois trop adroit pour avoir envie de faire une expédition, où il ne peut réussir sans moi, et avoir avec moi *les bordées* qu'il n'a cessé d'avoir depuis mon arrivée.

« Quoi qu'il en soit, j'ose vous supplier, monsieur le ministre, aussitôt cette nouvelle reçue, de vouloir bien faire expédier une corvette qui nous apporte les ordres du roi, et les vôtres. Si la Cour est toujours dans le dessein de donner des secours au prince de la Cochinchine, comme elle ne peut guère s'en dispenser après les engagements pris avec lui, et surtout après l'avoir empêché tout récemment d'accepter ceux qu'on lui offrait, il paraît nécessaire, pour que l'expédition réussisse, de désigner, pour la commander, un homme de meilleure volonté et mieux constitué, tant pour le physique que pour le moral. Il y a dans cette partie du globe M. le chevalier d'Entrecasteaux, gouverneur des îles de France et de Bourbon ; M. le chevalier de Fresne, colonel du régiment de l'île de Bourbon ; M. de Chermont, colonel du régiment de l'île de France.

« S'il arrivait que la Cour ne persistât pas dans les mêmes vues, j'oserais encore vous prier de vouloir bien user de la même célérité pour nous faire parvenir les ordres du roi pour le renvoi du prince et de sa suite, et pour moi qui, alors, ne pourrais plus retourner dans cette partie du monde, la permission et les moyens de repasser en France (1). »

« Je ne pourrais plus retourner dans cette partie du monde », c'est le second et dernier symptôme de découragement qu'on aperçoit dans la vie si résolue et si droite de l'Evêque d'Adran. L'humeur ne dura qu'un instant. L'homme vite se ressaisit et se remet en marche pour accomplir son orageuse destinée.

La même lettre fut adressée en même temps par l'Evêque d'Adran à de Loménie de Brienne, mais avec ce post-scriptum en plus : « Malgré l'extrême répugnance que j'ai de rester ici, je vais, en attendant vos ordres, me soumettre aux circonstances et témoigner au Roi par la patience, ne pouvant le faire autrement, l'attachement le plus respectueux et la fidélité la plus soumise à ses volontés (2). »

De Conway, de son côté, écrit au ministre des Affaires étrangères : « L'époque à laquelle il eût été praticable de faire partir une division pour la Cochinchine est passée. Les gabarres ne paraissent pas. Je vous ai soumis, ainsi que vous l'avez désiré, mes observations, et tous les renseignements que j'ai pu recueillir concernant cette expédition. C'est à vous de décider s'il convient de l'entreprendre. Les ordres du Roi seront exécutés implicite-

(1) L'Evêque d'Adran à Ministre : Pondichéry, le 16 juillet 1788. (Archives coloniales, fonds : Cochinchine [autographe].)

(2) L'Evêque d'Adran à de Loménie de Brienne : Pondichéry, le 16 juillet 1788. (Archives coloniales.)

ment. Si cette expédition doit avoir lieu, l'année prochaine, j'ai l'honneur de vous prévenir, Monseigneur, qu'il est absolument indispensable de faire parvenir ici, avant le mois de juin, quatre gabarres au lieu de deux que nous attendons, avec des vivres pour un an, et avec au moins un million cinq cent mille livres, uniquement destinés aux dépenses de l'expédition. Je me suis renfermé dans mes « instructions », et je suis persuadé que votre intention n'est point du tout que je fasse venir ici ce prétendu roi. Ce serait prendre, sans votre avis, des engagements téméraires, et probablement tout à fait contraires aux intérêts de Sa Majesté. »

Abordant un autre ordre d'idées non moins chères à de Montmorin, de Conway poursuit : « Nous attendons et désirons les gabarres pour des raisons beaucoup plus urgentes. Nous avons encore du riz, mais point de blé. L'expédition (l'expédition !) de Trinquemale, la nécessité de fermer cette place, l'augmentation de la station, l'arrivée de l'Evêque d'Adran, et les frais qu'il a occasionnés (1), ont quintuplé nos dépenses. M. de Moracin fait les plus grands efforts, mais tout a ses bornes. Nous n'aurons pas une piastre le mois prochain, et il est douteux que M. de Moracin puisse emprunter, même à des conditions onéreuses, de quoi faire la moitié du prêt au soldat. »

C'était habilement donner à entendre qu'on serait obligé de mettre la main sur les vivres et sur l'argent affectés à l'expédition de Cochinchine, que devaient apporter les gabarres. Aussi, de Conway jette-t-il à la fin de sa lettre ce cri désespéré : « Il est affreux, Monseigneur, qu'on ait constamment caché au ministre du Roi des vérités que personne ici n'ignore. Le Roi n'a, dans l'Inde, que des comptoirs. Les revenus territoriaux suffisent pour

---

(1) Les dépenses pour l'Evêque d'Adran et sa suite étaient bien peu de chose. On vivait dans les conditions les plus modestes à Virampatnam. On avait refusé à l'Evêque le palanquin traditionnel, et au prince de Cochinchine une voiture attelée d'un cheval. De Conway, au contraire, alors qu'il criait misère, faisait expédier à sa femme, restée à la Cour à Versailles, des traites pour de fortes sommes, comme en témoignent les comptes de la marine que nous avons compulsés. Ajoutons, enfin, qu'avant son départ pour l'Inde, de Conway avait touché une gratification de 30.000 livres.

couvrir les dépenses qu'il serait raisonnable de faire pour la protection du commerce et l'administration de la justice. Tout le reste est superflu, quoi qu'en disent les charlatans qui ont spéculé ici pour le Roi, et qui sont intéressés à le ruiner. M. de Moracin m'apprend que, depuis 1785, on a dépensé ici plus de 12 millions. Six au moins de ces millions ont été dépensés en pure perte, ou, ce qui est encore pis, au profit des Anglais. Si, pour des raisons que je ne puis concevoir, et sur lesquelles je ne me permets pas de prononcer, il plaît à Sa Majesté d'entretenir dans l'Inde un corps de troupe et une division navale, il est indispensable d'envoyer l'argent nécessaire pour leur subsistance. Car il est véritablement trop douloureux et trop humiliant d'aller tendre la main à Madras pour obtenir de quoi nourrir et payer les soldats et les matelots. Voilà cependant, Monseigneur, où nous en sommes (1). »

Enfler outre mesure le chiffre des dépenses, c'est la vieille tactique des ministres et des fonctionnaires qui tendent à ruiner la politique qui leur déplaît. De Montmorin et de Conway, en mettant en pratique ce malhonnête système, voulaient arriver à leurs fins, à savoir : l'abandon de l'expédition de la Cochinchine, l'évacuation militaire des Indes. Au rebours de la pensée exprimée plus haut par de Conway, c'était là travailler au profit des Anglais, et contre nos intérêts les plus certains.

L'Evêque d'Adran avait vu clair au fond de cette ténébreuse politique, car il écrit de nouveau au comte de Montmorin : « Peut-être M. de Conway cherchera-t-il à éloigner la Cour du projet de la Cochinchine, en l'effrayant par la demande de moyens plus grands et, surtout, d'une plus grande quantité d'argent que celle que le Roi a bien voulu désigner. J'ose vous prévenir, monsieur le comte, que cette conduite de sa part ne serait qu'un prétexte, et que tous ceux qui ont une connaissance exacte de cette partie de l'Inde, reconnaissent que les moyens accordés sont plus que suffisants pour faire réussir l'expédition. Il ne manque qu'une personne capable pour la commander, et qui aurait les qualités

_______________

(1) De Conway à Ministre : Pondichéry, le 20 juillet 1788.

de celles dont j'ai eu l'honneur de vous parler (d'Entrecasteaux, de Fresne, de Chermont). Quoique l'affaire soit assez majeure pour ne pas regarder à une dépense beaucoup plus considérable, si elle était nécessaire, il est dangereux d'employer des moyens inutiles. Il n'est pas rare de voir des hommes s'accommoder aux circonstances, et dépenser, non en raison des besoins, mais des moyens qu'ils ont dans les mains.

« J'ai l'honneur de vous renouveler mes demandes au sujet des nouveaux ordres du roi et des vôtres, soit pour continuer ce projet de l'expédition, soit, dans le cas où *la Cour aurait changé de système*, pour renvoyer le prince à son père, et me donner les moyens de repasser en France (1). »

Un mois se passe. L'Evêque d'Adran, enfermé dans sa résidence de Virampatnam, n'en bougeait plus. De Conway, magnifiquement installé dans le bel hôtel du gouvernement que Dupleix, quarante ans auparavant, avait fait construire et orner, était perplexe. Il reçut, tout à coup, la nouvelle qu'un certain général de la Luzerne, gouverneur général de Saint-Domingue, et alors sans notoriété, était nommé titulaire du département de la marine et des colonies. De la Luzerne avait deux frères, l'un était ambassadeur de France à Londres, et l'autre archevêque, celui-ci surtout fameux par les idées gallicanes dont il avait fait montre dans des controverses religieuses.

De Conway jugea habile de se mettre aussitôt en rapport avec le nouveau ministre de la marine et des colonies, par crainte d'un changement politique qui eût renversé ses combinaisons avec sa personne. Après lui avoir annoncé que la gabarre *le Chameau* est arrivée le 10 août, et que l'autre gabarre *le Dromadaire*, à cause d'une relâche à Lisbonne qu'on lui avait imposée sans motif, n'arrivera pas de sitôt, il ajoute : « Plus je réfléchis sur le projet de l'Evêque d'Adran, plus je suis convaincu que l'entreprise occasionnera six fois plus de dépenses que celles annoncées par cet évêque, et qu'elle ne présente pas la moindre apparence d'un avantage réel pour les intérêts de Sa Majesté.

_______

(1) L'Evêque d'Adran à de Montmorin ; Pondichéry, le 30 juillet 1788. Archives coloniales [autographe].)

J'ai eu l'honneur de soumettre déjà mes observations à votre prédécesseur ; j'attendrai votre réponse avant de rien entreprendre. Mais, quels que soient les ordres que vous me ferez parvenir, je les exécuterai sans me permettre aucune réflexion ultérieure. »

De Conway se met ensuite à égrener une série d'erreurs voulues : « J'ai cherché à me mettre en état d'exécuter tout ce que le Roi pourrait ordonner par la suite. Les vaisseaux du Roi ne coûtent pas plus à la mer que dans un port, ou une rade. Trinquemale, qui avait été désigné pour station de nos vaisseaux d'octobre à décembre, est un lieu malsain. L'hiver dernier, presque tout l'équipage de l'*Astrée* a passé par l'hôpital, et plusieurs hommes y sont morts. Il faut, d'ailleurs, que les vaisseaux qui sont à Trinquemale tirent leurs vivres de Pondichéry. C'est pour cette raison, et pour me procurer des renseignements, que je me suis déterminé à expédier pour les mers de Cochinchine la frégate *la Dryade* et le brick *le Pandour*. J'ai fait embarquer quatre missionnaires *qui n'ont jamais été en Cochinchine*, et le père Paul Nghi, cochinchinois, ainsi que dix hommes de la même nation. J'ai prescrit aussi aux commandants de ces bâtiments de prendre des interprètes dans le pays même, car *il faut se défier du Père Paul Nghi,* qui est absolument dévoué à l'Evêque d'Adran.

« L'Evêque désirait s'embarquer lui-même sur la *Dryade* pour diriger le voyage et amener le roi de la Cochinchine. J'ai représenté à cet évêque que sa présence ici *était trop essentielle pour l'expédition majeure,* et que je ne pouvais prendre sur moi d'acquiescer à sa demande. Nous avons, d'ailleurs, enjoint à M. de Kersaint (commandant de la *Dryade*) de ne pas conduire ici le roi de la Cochinchine, sous aucun prétexte. Je crois que l'Evêque d'Adran a du zèle, de la bonne volonté ; « l'indiscrétion » qu'il a affichée, dès son arrivée ici, ne peut être attribuée qu'à une tête *exaltée.* Mais j'avoue que sa manière de raisonner me paraît tout à fait romanesque (1) »

Quelle est cette *indiscrétion* qui aurait été commise par l'Evê-

(1) De Conway à Ministre de la marine et des colonies ; Pondichéry, le 28 août 1788. (Archives coloniales, fonds : Cochinchine.)

que d'Adran « dès son arrivée à Pondichéry », c'est ce que nous avons voulu rechercher. On a vu que le général de Conway, sur la demande de l'Evêque d'Adran, avait obtenu simultanément son élévation au grade de brigadier et la décoration du cordon rouge, deux faveurs qui d'ordinaire ne s'accordaient pas en même temps, à moins qu'il ne s'agît de récompenser des services éclatants. Il se peut qu'en présence de l'attitude non moins violente qu'injuste prise par de Conway à son égard, l'Evêque n'ait pu s'empêcher de lui rappeler qu'il lui devait ces récompenses, et qu'il en était mal remercié. Ce langage, s'il fut tenu, avait dû offusquer et froisser l'irascible général.

Les Anglais, ignorant ce détail, pour expliquer les relations tendues de l'Evêque d'Adran et du général de Conway, ont édité une autre version, une sorte de roman, où une femme nommée de Vienne aurait joué un certain rôle. Ils ont dit que de Conway aurait voulu obliger l'Evêque à faire une visite officielle à cette femme, qui passait, quoiqu'épouse légitime de son aide de camp, pour être la maîtresse du général, mais que le prélat s'y serait refusé. De Conway était, à n'en pas douter, un homme ayant notoirement des mœurs abominables. Il n'est pas invraisemblable qu'il ait commis l'indignité dont on l'accuse. Mais si l'Evêque d'Adran avait jugé qu'une visite de politesse, même à une prétendue courtisane, quelque insolite qu'elle eût été de sa part, eût été susceptible de contribuer au succès de l'entreprise qu'il poursuivait, il ne saurait y avoir de doute qu'il n'eût pas hésité à faire ce pas ; et son honneur n'en eût certes pas été terni. Pour atteindre son but, il eût plutôt franchi un ruisseau de boue. La vérité historique n'est pas là. Il se peut, cependant, que la de Vienne ait joué un certain rôle, et voici peut-être comment on pourrait se l'expliquer.

On a vu par une lettre de d'Entrecasteaux que la nouvelle de l'expédition de Cochinchine fut connue à l'île de France dès l'arrivée de l'Evêque, et peut-être même avant. Cette nouvelle fut ensuite répandue à Madras, où on connaissait déjà, d'ailleurs, l'acte signé à Versailles, le 27 octobre 1787 ; et on en faisait naturellement découler la conséquence que cette expédition serait contremandée, ou empêchée. Or, dans la supposition que la France renoncerait à l'expédition, l'Angleterre espérait pouvoir la reprendre en sous-œuvre, pour son propre compte ; mais, pour cela, il fallait gagner l'Evêque d'Adran, dont le concours paraissait avec raison indispensable. Il est donc bien possible que les Anglais, qui n'ont pas de scrupules en politique, aient songé à sonder l'Evêque par l'entremise de la dame en question. En tout cas, ce qui est absolument certain, c'est que des propositions furent faites à l'Evêque d'Adran au nom de l'Angleterre. Car, à la date du 8 juin 1789, c'est-à-dire quelques jours seulement avant son départ de Pondichéry, le prélat écrivait au directeur des Missions-Etrangères, à Paris : « Si j'avais été assez peu patriote pour me laisser guider par l'humeur, il n'y a pas encore quinze jours que j'aurais pu profiter des offres qu'ils (les Anglais) me faisaient. Je suis bien éloigné de tenir une pareille conduite. » Et le missionnaire Tarin (1), secrétaire et confident de l'Evêque, écrit, de son côté, le lendemain (9 juin) : « Les offres dont l'Evêque d'Adran ne parle qu'en général, je puis les préciser. Les Anglais lui ont fait offrir secrètement leurs services avec tous les avantages personnels qu'il voudrait. Ils lui offrirent, en effet,… et, pour lui-même, cent mille pièces d'or (pagodes) qui valent chacune environ neuf livres de notre monnaie. Il répondit qu'il ne pouvait, au préjudice de sa nation, accepter leurs services (2). »

Voilà la vérité historique, je crois, touchant ce fait particulier.

----

(1) Le missionnaire Jean-François Tarin, natif de Paris, accompagna l'Evêque d'Adran en 1787-1788. Quelque temps après son arrivée à Saïgon, il y mourut (1791).

(2) Ces extraits des lettres de Mgr Pigneau de Behaine et de M. Tarin sont reproduits dans une pétition adressée à l'Assemblée nationale, en 1792, par les prêtres des Missions-Etrangères de Paris, qui revendiquaient les biens meubles et immeubles de leur communauté comme étant propriété privée. Les originaux de ces lettres sans nul doute doivent se trouver dans les archives des Missions, rue du Bac. L'authenticité du document que nous citons n'en est pas moins certaine. Le mémoire dont il s'agit porte pour titre : *Observations sur l'établissement des Missions-Etrangères, adressées à l'Assemblée nationale.* Chez Chapart, libraire-imprimeur ; place Saint-Michel, 129, à Paris, 1791. (Archives coloniales, fonds : Missions.) (Voir *Pièces justificatives.*)

# CHAPITRE QUINZIÈME

Lettre de La Luzerne, ministre de la marine et des colonies, à l'Evéque
d'Adran. Cette dépéche n'est pas de nature à lui ôter tout espoir. Nouvelle lettre de de Conway pour combattre l'expédition de Cochinchine ;
il continue à attaquer l'Evêque, violemment. Double lettre de l'Evêque
d'Adran au comte de Conway et à de la Luzerne, contenant de nouvelles
propositions dont le rejet sera l'abandon de l'expédition. Le débat épis-
tolaire est clos.

L'Evêque d'Adran et le général de Conway avaient, on l'a vu,
demandé simultanément au ministre de la marine et à celui des
affaires étrangères des ordres itératifs pour savoir si l'expédition
de Cochinchine devait être poursuivie, ou abandonnée. Mais, à
cette époque, la distance à parcourir entre l'Inde et la France
était longue à franchir, et les ministres, d'ailleurs, n'étaient pas
pressés de répondre, considérant sans doute que les « instructions » données étaient suffisamment explicites. Le ministre des
affaires étrangères, quoiqu'il fût l'auteur de l'imbroglio qui avait
éclaté à Pondichéry, ne jugea pas à propos de s'expliquer davantage. Le traité, selon lui, était mort-né ; l'expédition, même commencée, devait être arrêtée net, à la veille d'atteindre le but,
alors que les principales dépenses étaient engagées.

De la Luzerne, en arrivant de Saint-Domingue, eut, de prime-
abord, quelque peine à comprendre cette bizarre politique. Lui,
du moins, répondit à la lettre que l'Evêque d'Adran avait adressée
à son département ministériel le 22 avril précédent. Voici sa réponse : « J'ai reçu, monsieur, la lettre que vous m'avez fait l'honneur de m'écrire, le 22 avril dernier, de l'île de France, où vous
étiez heureusement arrivé. On ne peut tirer que des conjectures

sur les détails que les missionnaires de la Cochinchine vous ont adressés à l'île de France. Il paraît, d'un côté, que les Cochinchinois révoltés ont achevé, en 1786, de se rendre maîtres absolus de tout le royaume, au lieu qu'on s'attendait à en trouver une partie en possession des partisans du roi, qui auraient facilité les premières opérations. On nous assure, d'un autre côté, que les trois chefs des révoltés, après avoir fait une invasion heureuse dans le Tonkin, où ils ont laissé de fortes garnisons, se sont brouillés à leur retour, et que les combats ont été entre eux si meurtriers, dans le courant de 1787, qu'on ne voyait presque plus d'hommes dans la Cochinchine, et qu'il ne restait qu'un peuple de femmes éplorées. Ces événements diminuent sans doute la résistance des rebelles, mais le roi dont vous n'avez pas de nouvelles sera moins en état, après avoir été rétabli sur son trône, de soutenir ses défenseurs. Vous avez trouvé, au surplus, en arrivant à Pondichéry, des nouvelles plus fraîches et plus certaines ; et j'espère que, dans quelques mois, j'aurai à rendre compte à Sa Majesté du départ de l'expédition sous des auspices heureux (1). »

Cette dépêche, quoique tardive et dilatoire encore, n'était cependant pas de nature à enlever à l'Evêque d'Adran toute espérance. Le changement ministériel survenu en France pouvait lui être favorable ; cette dépêche qu'il dut recevoir en janvier ou février 1789, il ne manqua sûrement pas de la communiquer au comte de Conway, car celui-ci, dès le 15 mars, écrit au ministre de la marine et des colonies dans des termes à ébranler sa confiance : « On pourrait pardonner à M. l'Evêque d'Adran les rêves d'une tête exaltée. Il y a environ douze ou quinze ans qu'il avait manifesté plus d'une fois, ici, l'inquiétude de son caractère. Mais il est difficile de le justifier de son peu de sincérité, en traitant avec les ministres de Sa Majesté. (Il revient intentionnellement sur la non-valeur des îles de Hoïnan et de Poulo-Condor.) Car il connaissait parfaitement ces îles, et il a évidemment surpris la religion du ministre en les représentant comme des possessions

(1) Ministre de la marine et des colonies à l'Evêque d'Adran ; Versailles, le... octobre 1788. (Archives coloniales.)

précieuses beaucoup plus qu'équivalentes aux sacrifices que le
roi se proposait de faire. Par conséquent, ce traité est illusoire
et sans valeur.

« Ses calculs ne sont pas plus exacts que ses assertions. Il a
évalué la dépense totale de l'expédition à cinq ou six cent mille
francs. Les dépenses préliminaires s'élèvent déjà à un million.
L'expédition les triplera au moins, et il ne serait pas possible
d'évaluer à quelles sommes annuelles se monteraient les dépenses
de protection et d'entretien. Rien de plus facile que de s'emparer,
en Cochinchine ou ailleurs, d'un bon poste ou d'un port, mais les
frais d'entreprise et d'établissement seront-ils couverts par les
profits incertains qu'on promet pour un avenir très éloigné ? Vos
instructions avertissaient assez que ce n'est pas le moment de
faire de pareilles dépenses, d'autant plus que les administrateurs
de l'île de France nous annoncent que le défaut absolu de moyens
les a obligés de réserver les 94.000 piastres faisant partie des
200.000 destinées pour une expédition particulière.

« La sagesse de vos instructions (c'étaient celles du comte de
Montmorin, et de Conway persiste dans cette confusion) dont j'ai
été de jour en jour plus convaincu m'a garanti des démarches in-
considérées vers lesquelles M. l'Evêque d'Adran voulait me précipiter. Mais elle ne m'a pas garanti de ses violences, de ses
menaces et de ses cabales. Je ne doute pas qu'il ne m'ait déchiré
et fait déchirer dans ses volumes de lettres. J'aurais désiré être
agréable à M. l'Evêque d'Adran, mais j'aime mieux encourir
l'effet de son ressentiment, que de lui sacrifier les intérêts du
roi, en trahissant la confiance infiniment flatteuse dont j'ai été
honoré (1). »

Dans l'état d'esprit où il se trouvait d'après cette lettre, il est
évident que de Conway n'était nullement disposé à une action
quelconque, à moins qu'il ne reçût des ordres formels du ministre. L'Evêque d'Adran, pour sortir de l'impasse où, malgré lui, on
l'avait engagé, adressa à de Conway la lettre suivante, dont il
envoya une copie au ministre par intérim de la marine et des

_________

(1) De Conway à ministre de la marine et des colonies ; Pondichéry, le
15 mars, 1789. (Archives coloniales.)

colonies : « Monsieur le comte, d'après les nouvelles que nous venons de recevoir de la Cochinchine, il n'y a plus à douter que le roi ne soit rentré dans ses états. Il en possède actuellement cinq provinces méridionales, à savoir : Saïgon, Dougnaï, Mitho, Longho et la cinquième qui a toujours obéi à ce prince. Il est en état de lever une armée de 50 à 60.000 hommes ; et, selon les nouvelles, il aura, au mois de mai prochain, 50 galères, 2 vaisseaux, et 4 à 500 bateaux de guerre.

« Malgré tous ces avantages, ce prince n'est pas sans inquiétudes, parce que ses troupes ne sont pas encore bien rassurées, et qu'avec une armée bien plus considérable il a déjà été obligé, comme j'en ai été témoin, d'abandonner ces mêmes provinces. Il a les vivres du pays en abondance, et c'est de cette même partie de son royaume que les Chinois, au mois d'août dernier, tirèrent une très grande quantité de riz.

« Par un malentendu sur le lieu du rendez-vous, le Père Paul (Nghi), missionnaire cochinchinois, n'a pu remettre à M. le chevalier de Kersaint, capitaine de la frégate *la Dryade*, les paquets dont le roi l'avait chargé pour moi. Ils contenaient : une lettre de remerciements de la part de ce prince au roi de France ; une autre pour le prince son fils qui est ici ; une ratification générale et sans restriction de tout ce que j'aurai pu traiter en son nom. Un quatrième paquet contenait les plus grands détails sur sa position, ses ressources, et, enfin, me faisait connaître ses volontés. Ce missionnaire ne pouvant confier des paquets de cette importance à un étranger, et n'ayant absolument aucun autre moyen de m'en donner connaissance, prit le parti sage de m'en donner la substance dans une lettre particulière. Cette lettre a été remise, à Malaque (Malacca), à M. de Kersaint par Antoine Vincent de Rosa, capitaine de vaisseau portugais, qui venait d'une des provinces, où est le roi. Le désir de ce prince serait qu'on lui envoyât au plus tôt un détachement quelconque qui, par sa présence, rendît la confiance à son peuple et, en conservant la grande étendue du pays qu'il a déjà, le mît à même d'attendre avec sûreté le moment de l'expédition, si elle a lieu. Il désirerait qu'on partît d'ici dans les premiers jours d'avril, pour n'être pas exposé aux événements qui pourraient arriver si l'on attendait le mois de juin, ou de juillet.

« Par la connaissance que j'ai des forces actuelles de ce prince, de celles de ses ennemis et de la position de son pays, je crois pouvoir assurer qu'il suffirait de lui envoyer une frégate, une corvette, avec les bâtiments nécessaires pour porter 300 hommes de troupe, 50 hommes d'artillerie, 50 cafres et 6 pièces de canon de campagne avec les munitions convenables. Ce prince me fait savoir qu'il désirerait beaucoup qu'on lui procurât des fusils, des sabres et du soufre ; il ne manque pas de salpêtre. Dans le cas où cet envoi aurait lieu, ce prince se chargerait de la nourriture de toutes ces troupes, tant de terre que de mer, de fournir tous les bois nécessaires à la main-d'œuvre pour radouber les vaisseaux qui pourraient en avoir besoin, et, si la Cour venait à abandonner l'expédition, il dédommagerait le Roi de toutes les dépenses que ce petit armement aurait pu occasionner.

« Les bâtiments ci-dessus iraient en droiture à l'embouchure de la rivière Saint-Jacques, et pourraient aller mouiller à côté du camp où est actuellement le Roi. Cette rivière a assez de fond pour recevoir les plus grands vaisseaux jusqu'à dix et douze lieues dans l'intérieur du pays.

« On a débité que plusieurs personnes trouvaient les conditions du traité passé avec ce prince peu avantageuses à la France, et qu'on aurait désiré que les Français pussent être dans son pays comme les Anglais dans le Bengale. A cela, je réponds : 1º Que le projet est absolument contraire aux vues de la Cour de France, qui ne veut point de nouvelles conquêtes sur le plan de l'île de Tourane donné à la Cour par M. de la Carrière (1). Le ministre n'avait pas déjà paru trop content que cette île fût si grande. On peut voir par les « instructions » que l'intention du Roi est d'avoir seulement dans cette partie un fort qui puisse contenir 500 hom-

---

(1) Officier du corps royal (Génie) chargé par le ministre de la marine et des colonies (maréchal de Castries) de dresser le devis de l'établissement projeté dans l'île de Hoïnan, en avant de Tourane. J'ai cherché ces travaux graphiques dans les archives de la marine ; je n'ai pu les trouver ; il ne semble pas qu'ils y aient été déposés, étant restés à l'état de projets.

mes. 2° Qu'avec la connaissance que j'ai du caractère cochinchinois, j'assure que la France ne réussirait jamais à exécuter ce
projet, quand elle entretiendrait à la Cochinchine 15 à 20.000 hommes. Ces peuples sont bien différents des Bengalis et des Mala-
bares. 3° J'ajoute que si, après le rapport des ingénieurs, la nation
venait à avoir besoin de faire l'établissement sur le continent, je
répondrais d'amener ce prince à accorder tout ce qui serait
nécessaire pour le faire d'une manière convenable. Je suppose
que le commandant de l'expédition ne demanderait rien de contraire aux lois d'équité et aux vues de la Cour de France, dont je
suis parfaitement instruit. Le moyen proposé ci-dessus remplirait
tout de suite un engagement dont la Cour de France ne peut, dans
aucun événement, se dispenser, je veux dire le renvoi du prince
au roi son père. Dans le cas où la Cour persisterait à ordonner
l'expédition, notre bonne volonté mériterait la confiance du prince,
et tout serait préparé pour l'exécuter. Si, au contraire, elle venait
à la contremander, en envoyant les ordres du Roi à la Cochinchine au mois d'août prochain, tout serait de retour ici au mois
de janvier suivant.

« Je viens, Monsieur le Comte, de remplir mes engagements,
tant avec la Cour de France qu'avec le Roi de Cochinchine. Je
vous conjure pour la gloire et les intérêts du Roi, et surtout *pour
ne pas laisser à la nation la honte d'avoir manqué de parole à
un prince étranger* qui a mis la plus entière confiance dans des
promesses qui lui ont été faites au nom du Roi, je vous prie de
ne pas vous refuser aux demandes que je vous fais en son nom.
Il est d'autant plus aisé de vous y rendre, que vous ne courriez
aucun risque de compromettre le nom et les troupes de Sa Majesté,
et que, pour cela, vous n'avez aucune dépense à faire.

« Aucun motif au monde ne m'empêcherait d'aller vous présenter moi-même les demandes ci-dessus, si je croyais que cette
démarche pût être de quelque utilité, et si je ne craignais que, dans
le moment du retour de la frégate (la *Dryade* qu'on avait envoyée
sur les côtes de Cochinchine), une visite si empressée n'augmen-
tât encore les propos qu'on ne manque pas de tenir dans cette
colonie. Pour y suppléer, je vous envoie un de mes missionnaires

(c'était M. Tarin) qui pourra recevoir vos ordres, si vous avez à lui en donner. Je le crois en état de répondre aux observations que vous pourriez lui faire.

« Je ne puis m'empêcher de vous observer, en finissant, que, dès le moment où vous croirez pouvoir vous occuper de l'expédition, tout ce qui s'est passé depuis mon arrivée à Pondichéry entrera dans l'oubli. On en conclura, à la Cour et ailleurs, que, comme il arrive souvent dans les plus grandes affaires, nous avons eu d'abord quelque sujet d'altercation, mais que, dès que vous avez cru apercevoir la gloire du Roi et l'intérêt de la nation, vous avez eu le courage de mettre à part tout ressentiment pour vous en occuper. Pour moi, je ne pourrai jamais en espérer beaucoup de gloire, puisque, outre les raisons que vous pouvez avoir de votre côté, j'ai, de plus, les motifs d'un état qui m'interdit tout sentiment d'aigreur (1). »

Le débat entre le général de Conway et l'Evêque d'Adran ne pouvait pas être mieux clos que par cette belle lettre, où resplendissent la pensée politique et la grande âme évangélique de Mgr Pigneau de Behaine.

(1) L'Evêque d'Adran au comte de Conway ; Virampatnam, le 18 mars 1789. (Archives coloniales, fonds : Cochinchine ; autographe.) La copie pour le ministre est également de la main de l'Evêque.

# CHAPITRE SEIZIÈME

------

Le gouvernement de Louis XVI approuve, en conseil, la conduite tenue par de Conway à Pondichéry (4 octobre 1788). — Abandon définitif de l'expédition de Cochinchine. — Mémoire soumis au Roi à cet effet et approuvé par lui le 16 novembre 1788. — Ordres donnés à de Conway. — Ces ordres ne sont pas communiqués à l'Evêque d'Adran, qui fut jusqu'à la fin indignement trompé. — Abandon de l'expédition de Cochinchine, évacuation de l'Inde. — L'Evêque d'Adran part sur la *Méduse* (15 juin 1789). — Mission de Lescallier et de Dumorier à l'île de France. — Le Directoire ajourne leurs propositions.

Que se passait-il à Versailles pendant que l'Evêque d'Adran et le général de Conway étaient aux prises à Pondichéry ? Comme on avait reçu leurs lettres respectives, des deux côtés fort pressantes, une résolution s'imposait ; on la prit, mais on ne voulut pas la divulguer. Les documents que nous allons produire ont été tenus secrets depuis cette époque.

Le 4 octobre 1788, dans une séance du conseil d'Etat présidée par le Roi, de la Luzerne, qui était depuis peu entré en fonctions, donna lecture de la correspondance du général de Conway. Une note du ministre, écrite en marge de la correspondance dont il s'agit, indique ce qui se passa à ce conseil. La voici textuellement : « Le Roi a trouvé la conduite de Conway très conforme aux ordres qu'il a reçus, et à ceux qui lui ont été envoyés (1). » Ainsi, d'après cette note laconique, le général de Conway, qui a passé jusqu'à présent pour être l'auteur responsable de la déconfiture de l'expédition de la Cochinchine et pour l'adversaire acharné et aveugle de l'Evêque d'Adran, ne fit, en réalité, que se conformer,

(1) Note manuscrite en marge de la dépêche du 18 juin 1788 précitée. (**Arch.** coloniales, fonds : Cochinchine.)

dans ces circonstances, à la ligne de conduite qui lui fut tracée, et au mandat impératif qu'il reçut. Le gouvernement de Louis XVI avait donc signé le traité du 28 novembre 1787 avec la ferme volonté de ne l'exécuter point, ce qui est un rare exemple d'hypocrisie, de duplicité, de déloyauté.

Ce n'est pas tout. Il y a un document encore plus probant que la note ministérielle en question. Le même de la Luzerne soumit au Roi, qui l'approuva le 16 novembre 1788, le mémoire suivant, entièrement écrit de la main du traducteur de Xénophon (1).

« Mémoire au Roi.

« J'ai rendu au Conseil d'Etat de Votre Majesté un compte très sommaire de beaucoup de lettres qui étaient arrivées le matin même (c'est-à-dire le 4 octobre ; parties en juin de Pondichéry, les lettres du comte de Conway n'avaient, par conséquent, pas été retardées en route), de nos possessions d'au delà du cap de Bonne-Espérance.

« La *Dryade,* qui portait le prince de la Cochinchine et l'Evêque d'Adran, ainsi que la *Méduse,* étant arrivées à Pondichéry, M. le comte de Conway, autorisé par Votre Majesté à n'entreprendre l'expédition pour remettre l'*Empereur* de Cochinchine sur le trône que s'il la croit avantageuse, et à se désister s'il pense autrement ou doute du succès, a répondu froidement aux instances de l'Evêque d'Adran, et s'est conduit avec la plus grande sagesse.

« Au reste, l'entreprise ne peut avoir lieu, cette année, et il paraît, par les dépêches de M. de Conway, que son opinion personnelle est de renoncer à ce projet très dispendieux, et dont la réussite est fort incertaine.

« M. de Conway n'avait pu communiquer sa manière de voir à M. d'Entrecasteaux qui m'écrit, en date du 20 juillet (2), une lettre

---

(1) Le général de la Luzerne a laissé une traduction *de la Retraite des Dix mille,* par Xénophon. Cette traduction n'est pas sans valeur.

(2) Je n'ai pu, malgré les plus minutieuses recherches, parvenir à découvrir cette lettre de d'Entrecasteaux du 20 juillet 1788, laquelle, d'après le ministre, ne serait pas favorable à l'expédition de Cochinchine. Mais on a lu celle du 18 avril précédent, dans laquelle d'Entrecasteaux n'élève que l'objection fondée uniquement sur la supposition de la fermeture, qu'il

confirmative d'autres dépêches que j'ai déjà reçues de lui. Ce chef
de division dont le témoignage doit être du plus grand poids, parce
qu'il a commandé la station de l'Inde, et parcouru lui-même
toutes les côtes de l'Asie depuis l'entrée du détroit de Malac
(Malacca) jusques à la Chine, ce chef de division, dis-je, insiste
sur les difficultés, sur les dangers de former un établissement
aussi éloigné, et sur les inconvénients qui pourront en résulter.

« Il est très important d'observer que ces deux chefs, fort
éloignés l'un de l'autre, conseillent tous deux les mesures que
Votre Majesté *a déjà adoptées :* l'évacuation de l'Inde et la défense de l'Ile de France. Le résumé qui termine la dépêche de
M. de Conway du 4 juin (c'est encore une erreur de date, la
dépêche que nous avons citée est du 18 juin 1788 et non du 4 juin),
indique même une réforme presque entièrement parcille à celle
que j'ai proposée dans un mémoire que j'ai annoncé à Votre
Majesté, et qui est maintenant entre les mains de M. Necker, à
qui j'ai cru convenable de le communiquer, pour être parfaitement d'accord avec lui sur les fonds à demander pour le département dans le cours de l'année prochaine.

« De Conway, pour des raisons d'économie, conformément à
ses « instructions verbales », y concluait à l'évacuation militaire
de l'Inde, et à la concentration de nos forces autour de Madagascar.

« Il est urgent de faire passer des ordres quelconques à M. de
Conway, qui hésite (nullement, on a vu qu'il n'hésitait point), n'en
ayant pas reçu de positifs (et les « instructions verbales? »), et
que ces ordres lui parviennent avant le mois de mai prochain
(1789). Des dépenses immenses peuvent être occasionnées par
un retard, s'il (de Conway) cède, contre sa propre opinion, aux
instances de l'Evêque d'Adran.

« L'intention de Votre Majesté, dans son conseil, a paru être
d'expédier un aviso, de prescrire à M. de Conway de renoncer à
l'entreprise projetée sur la Cochinchine, de renvoyer le prince

croit possible, des détroits de Malacca et de la Sonde, opinion contre laquelle
s'élevèrent de Fleurieu, et l'ingénieur de Solminihac de Lamothe, n'admet-
tant pas que ces détroits pussent nous être absolument fermés ; de la
Luzerne réédite cet argument, qui pourtant était déjà ruiné.

avec sa suite dans le lieu où il désirera se retirer, et de procurer un passage en France à l'Evêque d'Adran qui l'a demandé, au cas où l'expédition qu'il a sollicitée n'aurait pas lieu.

« Après de plus mûres réflexions, je La supplie de faire passer ces ordres par duplicata par voie de terre, et d'en charger aussi les bâtiments marchands qui vont partir pour l'Inde. Ils seront conçus en peu de mots, *ne contenant que des vues pacifiques*. Il y aura peu de danger qu'ils soient interceptés. Il suffira qu'il en parvienne un à Pondichéry avant la saison où il serait possible de mettre à la voile pour la Cochinchine. Des frais énormes seront épargnés à Votre Majesté, et l'on réservera l'envoi de l'aviso pour porter l'ordre de l'évacuation de l'Inde, et le détail des réformes à exécuter, lorsque ces objets seront arrêtés (1). »

Il est écrit, dans toutes les histoires sans exception, que l'expédition de Cochinchine fut empêchée et arrêtée par la Révolution française. Cette assertion est donc absolument fausse. La Révolution n'encourt aucune responsabilité à cet égard. La « honte », selon l'énergique expression de l'Evêque d'Adran, retombe entièrement sur le gouvernement de Louis XVI, puisque les actes que nous venons de rapporter scrupuleusement sont antérieurs de quelques mois à l'avènement de la souveraineté de la nation. Il faudra, quelque jour, refondre notre histoire nationale sur ce point, comme sur bien d'autres, du reste, à mesure que nos écrivains dépouilleront patiemment les manuscrits de nos archives.

De la Luzerne fut plus pressé d'expédier « par terre et par mer » des courriers au général de Conway, qu'il croyait, à tort, hésitant, que de répondre à l'Evêque d'Adran. On ne peut suivre la trace de ses dépêches par la voie de mer, mais on connaît la route, par Constantinople, l'Egypte et Bassora, que suivit un malheureux courrier de cabinet nommé Martin de Moncamp. Ce Martin de Moncamp partit de Paris, en décembre 1788, porteur d'ordres qui prescrivaient à de Conway, d'une part, d'arrêter immédiatement

_________

(1) Mémoire au roi; Versailles, le 16 novembre 1788. (Archives coloniales; fonds : Cochinchine; de la main de la Luzerne, signature de Louis XVI, précédée du mot : *approuvé*, également de sa main.

et définitivement les préparatifs de l'expédition de Cochinchine ;
d'autre part, de prendre les dernières dispositions pour procéder,
sur premier avis, à l'évacuation militaire de nos établissements
de l'Inde. De Moncamp, quelque diligence qu'il prétendit avoir
mise dans l'exécution de la mission dont il était chargé, n'arriva
à Pondichéry qu'en octobre 1789. Le récit qu'il a fait de son long
et périlleux voyage ne laisse pas que d'être curieux : « Je me
rendis à Pondichéry par terre, écrit-il à notre ministre des
affaires étrangères, et remis à M. de Conway la dépêche dont
vous m'aviez chargé. Il me fit d'abord quelques questions sur
mon voyage, me maltraita beaucoup, et finit, en entrant dans son
appartement, par me dire : « Retirez-vous, vous êtes un mauvais
sujet. Je ne veux plus vous voir. »

Et ce malencontreux courrier ajoute : « Il ne fallait plus que
cela, Monseigneur, pour mettre au désespoir un homme qui n'a
pas craint de braver tous les dangers dans deux naufrages
essuyés dans la mer Rouge, et qui n'avait rien si à cœur que de
se rendre digne de la confiance dont vous aviez bien voulu
m'honorer. Oui, il me semble que je ne méritais pas un sembla-
ble traitement (1). »

De la Luzerne finit par comprendre qu'il devait, pour le moins,
une réponse aux lettres si pressantes écrites par l'Evêque
d'Adran dans le courant de l'année 1788, et au commencement
de 1789. Le traducteur de Xénophon s'acquitta tardivement de
ce devoir et en des termes d'un laconisme digne des temps
antiques. « J'ai reçu, Monsieur, la lettre que vous m'avez fait
l'honneur de m'écrire, le 28 août dernier, relativement à la lenteur
des mesures prises pour l'expédition de la Cochinchine. Je ne puis
que me référer à la lettre par laquelle je vous ai marqué que
cette expédition ne pouvait avoir lieu, et que j'autorisais M. de
Conway à vous fournir les moyens de revenir en France, si vous
préfériez ce parti (2). »

(1) Martin de Moncamp à ministre des affaires étrangères à Versailles ;
Pondichéry, le 20 octobre 1789 ; fonds : Angleterre.
(2) Ministre à Evêque d'Adran, Versailles, le 22 novembre 1789. (Archives
coloniales.)

Cette lettre sus-visée, dont le ministre n'indique pas la date à laquellle elle aurait été écrite, n'existe pas, d'ailleurs, en minute dans les archives coloniales. Cela prouve, si elle fut véritablement écrite, ou qu'elle ne fut pas expédiée au destinataire, ou qu'elle a été détruite. En tous cas, l'Evêque d'Adran ne la reçut jamais, non plus qu'une seconde lettre du même de la Luzerne, ainsi conçue : « J'ai reçu, Monsieur, les lettres que vous m'avez fait l'honneur de m'adresser. J'ai appris, avec plaisir, la révolution avantageuse qui s'est opérée en faveur du roi, et je désire qu'il se trouve actuellement en paisible possession de tous ses Etats. Mais, dans les circonstances où M. de Conway s'est trouvé, il n'a pu ni dû, d'après ses « instructions », tenir une autre conduite (1). »

Et ce qui prouverait que ni l'une ni l'autre de ces deux lettres ne furent reçues par l'Evêque d'Adran, c'est précisément la dépêche officielle par laquelle le roi de Cochinchine remercie le roi de France de son bon vouloir à son égard. Elle est contresignée et traduite par son premier ministre, l'Evêque d'Adran, et datée de Saïgon le 5 février 1790. Elle se termine ainsi : « Quant aux secours demandés à Votre Majesté, quoique je ne les aie pas reçus, j'en suis entièrement consolé, quand je pense que *Votre Majesté n'y a eu aucune part, et que ce n'a été la faute que de son commandant dans l'Inde* (2). »

Quoi qu'il en soit, les ordres expédiés au général de Conway par voie de mer, contrairement à l'attente du gouvernement, arrivèrent avant ceux qu'apportait Martin de Moncamp. Et la preuve en est dans cette lettre écrite de Pondichéry le 15 juin 1789 et qui fut insérée dans « la Gazette nationale (3) » : « La ville est dans l'abattement à cause de l'évacuation qu'elle doit subir incessamment. M. de Conway, par haine pour notre cité, l'a sollicitée à la Cour et l'a obtenue. Ce projet est aussi nuisible à la nation qu'à la gloire du roi. Il n'est pas convenable qu'on ait vu aussi mal un événement qui va à jamais consolider l'empire anglais en

---

(1) Ministre de la marine et des colonies à l'Evêque d'Adran ; Versailles, le 16 août 1789. (Archives coloniales ; fonds : Cochinchine.)

(2) Archives des affaires étrangères, fonds : Indes orientales.

(3) *Gazette nationale*, numéro du mercredi 30 décembre 1789.

Asie. On n'y croit pas à Madras, et on s'imagine que c'est une ruse inventée pour les persuader que nous avons renoncé à toute alliance avec Tippoo Saïb. On ne sait si notre général a eu pour but d'en dissuader nos rivaux, mais il a reçu les ambassadeurs de ce nabab d'une façon si étrange, si dure et incompréhensible, que nous en sommes autant étonnés que l'ont été les trois pauvres musulmans eux-mêmes. Ils ont demandé à attendre, ici, les ordres de leur maître. M. de Conway a refusé. Il a refusé, en leur signifiant qu'il commandait et qu'ils eussent à obéir. Ils sont donc partis le 28 mai dernier. Nous ne sommes pas ici sans inquiétudes sur un traitement aussi bizarre envers ces ambassadeurs de la seule puissance de l'Inde qui puisse être notre alliée dans l'éventualité d'une guerre avec l'Angleterre.

« La Cour a absolument renoncé au projet de la Cochinchine et défendu à M. de Conway de l'entreprendre. Cependant, jamais les circonstances n'ont été si favorables pour le succès complet du rétablissement du roi détrôné, déjà en possession de cinq provinces méridionales de ses Etats, et nous manquons, par cette circonstance, de former un établissement solide et précieux dans un royaume qui, avant quatre ou cinq ans, offrirait à la nation un commerce exclusif de plus de 20 millions, et particulièrement les moyens d'exercer celui de la Chine sans aller à Canton y éprouver des avanies. Mgr l'Evêque d'Adran s'est embarqué avec son pupille sur la frégate « la Méduse » qui a appareillé ce matin (15 juin 1789), pour aller les déposer à la Cochinchine, dans la partie où le prince est établi. C'est un événement bien fatal, et M. de Conway s'applaudit beaucoup d'avoir réussi à empêcher cette belle entreprise, comme aussi à réduire cette ville à n'être plus qu'un comptoir. Son animosité contre l'Evêque d'Adran et contre les concitoyens de cette cité sont les motifs qui ont guidé sa méchanceté dans cette occasion. Il en trouvera tôt ou tard la récompense, mais le mal qui en résultera pour la nation sera irréparable (1). »

Lorsque l'Assemblée nationale se réunit à Versailles, la monar-

(1) Poudichéry, 14 juin 1789 (*Gazette nationale*).

chie avait commis la double faute de renoncer à l'expédition de
Cochinchine, et d'évacuer militairement les Indes. Il n'était plus
en son pouvoir de la réparer. Elle s'occupa, cependant, de l'une
et de l'autre question. Elle envoya à l'île de France deux commissaires civils, Lescallier et Dumorier. Ceux-ci adressèrent au
ministre des relations extérieures leur rapport (1), dans lequel il
est dit notamment : « La Cochinchine, pays vaste, peuplé, fertile
et abondant en riches productions et en objets d'un commerce
utile, nous appelle et soupire depuis nombre d'années pour la
délivrer d'un usurpateur, qu'ils ont déjà en partie repoussé sans
notre assistance qu'on leur avait en vain promise. Un français,
sous le titre d'évêque d'Adran, y jouit de la confiance du prince,
et un autre français y est employé comme chef de l'artillerie et
des arsenaux. » Les commissaires demandèrent au général Ma-
lartic, gouverneur de l'île de France, une frégate pour aller à la
Cochinchine, mais, dans le temps où l'on attendait des ordres du
pouvoir central, ils furent eux-mêmes rappelés en France.

On délibéra, cependant, sur cette grave affaire dans les conseils
de la République une et indivisible. Un rapport fut soumis au
comité compétent par les ministres des affaires extérieures et de
la marine et des colonies. Voici les conclusions de ce rapport,
lesquelles furent adoptées : « La suspension des négociations de
paix empêche qu'on ne puisse, dans ce moment, faire un emploi
utile des vues importantes que le citoyen Lescallier a présentées
pour l'existence politique de la République dans les Indes orientales. D'un autre côté, la situation actuelle, la destination des
forces navales et les projets de guerre maintenant arrêtés par le
Directoire ne permettent pas de donner actuellement essor aux
moyens hostiles que ces mêmes alliances politiques pourraient
nous donner. Il sera fait usage de ces vues lorsque les circonstances politiques, ou des projets ultérieurs de guerre maritime
auront ramené la possibilité de s'en occuper (2). »

(1) Rapport au ministre des relations extérieures; Ile de France, le
24 vendémiaire an III de la République une et indivisible. (Arch. des
affaires étrangères, fonds : Indes orientales.)
(2) Rapport du ministre du 30 vendémiaire an VI. (Arch. des affaires
étrangères, fonds : Indes orientales.)

L'Evêque d'Adran étant parti (15 juin 1789) sur la frégate *la Méduse*, que suivaient deux navires de commerce nolisés pour le compte du Roi de Cochinchine, le général de Conway respira. Il procéda alors à l'autre partie de l'œuvre, à laquelle son nom doit également demeurer attaché, à l'évacuation militaire de l'Inde. Cette besogne fut terminée en octobre. A ce moment, il se replia sur l'île de France, et y succéda à d'Entrecasteaux qui était déjà rentré en France. Il n'y fit pas un long séjour. Au commencement de 1791, les citoyens de l'île de France, indignés de sa conduite, le chassèrent honteusement. Il se jeta sur un navire anglais, et disparut. Rejeté de la terre de France, on croit qu'il alla terminer ses jours en Angleterre.

Quant au ministre la Luzerne, il fut exécuté par Barnave et par Mirabeau, dans la séance de l'Assemblée nationale du 21 octobre 1790. « Il n'est pas, s'écria Barnave, une colonie d'où l'on n'ait reçu des plaintes contre le ministre actuel de la marine. Les colonies nous présentent, toutes, les plus grandes méfiances pour ce ministre. Des ministres incapables pourront à loisir semer les abus et miner le gouvernement, tant que l'on n'aura pas déclaré que, dans ceux qui se sont chargés des places publiques au-dessus de leurs forces, la faiblesse et l'impéritie seront dorénavant des crimes de lèse-nation. » Et Mirabeau, sentant que, dans le cas de la Luzerne, il n'y avait pas que de l'incapacité, mais de la trahison et de la réaction, pour y couper court, proposa et fit adopter le décret suivant : « Le pavillon blanc qui, jusqu'à présent, a été le pavillon de la France, sera changé en un pavillon aux couleurs nationales et arboré après que les équipages seront rentrés dans la plus parfaite obéissance. » Le grand orateur salua le nouveau drapeau de ces paroles éloquentes : « Elles vogueront sur les mers, les couleurs nationales ; elles obtiendront le respect de toutes les contrées, non comme le signe des combats et de la gloire, mais comme celui de la sainte confraternité des amis de la liberté sur toute la terre, et comme la terreur des conspirateurs et des tyrans (1). »

(1) Assemblée nationale, séance du 21 octobre 1790, discours prononcés par Barnave et Mirabeau, à l'occasion du rapport de Menou sur les causes

Le général comte de la Luzerne, du coup, fut renversé du ministère. Il alla bientôt grossir le nombre des émigrés. Il mourut à Wells, en Autriche, le 24 mars 1799. Le comte de Montmorin fut plus ferme. Il crut pouvoir tenir tête à l'orage. Il se trompa. Il porta sa tête sur l'échafaud en 1793.

L'Evêque d'Adran avait dit au général de Conway et au capitaine de vaisseau de Saint-Riveul, qu'au besoin il ferait, *seul*, la Révolution de Cochinchine. Il tint parole.

de l'insubordination de l'escadre de Brest et des troubles qui avaient régné dans ce port. 800 officiers de marine désertèrent, et passèrent le Rhin ou la Manche.

# CHAPITRE DIX-SEPTIÈME

Comment, abandonné du gouvernement français, l'Evêque d'Adran parvient, néanmoins, à ses fins. — Les *dessous* de sa politique. — Missions de la *Dryade* et du *Pandour* à la Cochinchine. — Nombreuses désertions des marins français. — Olivier de Puymanel, volontaire à bord de la *Dryade*, déclaré déserteur à Poulo-Condor. — Dayot, lieutenant de vaisseau du cadre colonial, prend le commandement du « Saint-Esprit », navire acheté par l'Evêque d'Adran. — L'Evêque d'Adran quitte Pondichéry sur la *Méduse* (15 juin 1789). — Escale à Malacca ; comment échouent les propositions anglaises, qui tendaient à s'y renouveler. — Escale à Poulo-Condor. — L'Evêque d'Adran et sa suite débarquent à la baie de Saint-Jacques (14 juillet) : le roi de Cochinchine à bord de la *Méduse*. — Long séjour de la *Méduse* à Cavite (4 septembre-13 décembre) ; escale à Macao (4-15 janvier 1790). — Retour de la *Méduse* à la baie de Saint-Jacques (27 janvier-17 février). — Rentrée de la *Méduse* à Pondichéry (15 mars 1790) — Etat de la Cochinchine. Lettre du roi à Louis XVI.


L'Evêque d'Adran fut-il le jouet de cette politique machiavélique ? ou bien en prévint-il les malheureux effets ? et alors, comment et par quels moyens ? Voilà ce que je voudrais examiner maintenant, non pas à l'aide de vaines conjectures que l'histoire justement réprouve, mais bien en m'appuyant sur des documents non moins certains qu'inédits. L'histoire, on le sait de reste, a des *dessous* qu'il faut éclairer, quand on veut se rendre un compte exact des faits, de leur marche, et de leur enchaînement.

Il n'en faut pas beaucoup, quelquefois, pour faire apercevoir à un homme intelligent les dangers dont il est menacé. Il avait été dit à l'Evêque d'Adran, au moment où il quittait Versailles pour aller s'embarquer à Lorient, « que l'expédition de la Cochinchine, approuvée en principe, serait cependant subordonnée aux événements dont l'Inde serait le théâtre. » Le prélat, durant la traversée, ne put que réfléchir, et beaucoup, sur cette éventualité, pour lui pleine d'obscurités. Il en fit nécessairement l'objet de ses fréquents entretiens avec les officiers de la *Dryade;* et, étant donnés sa grande prudence et son esprit délié, il dut envisager le cas où, l'expédition étant purement et simplement abandonnée, il se verrait réduit à la poursuivre, non pas seul, mais à ses risques et périls. Pour éclaircir ses doutes à cet égard, il comptait, à défaut des officiers de la *Dryade,* muets comme des sphinx, un peu sur d'Entrecasteaux, gouverneur général des îles de France et de Bourbon, qu'il savait être ouvertement favorable à l'expédition. Quoiqu'il fût tenu au secret par ses *instructions,* l'honnête d'Entrecasteaux, en effet, ne laissa pas partir l'Evêque sans lui témoigner quelques appréhensions, certaines craintes vagues, pourtant significatives encore. Si bien que l'Evêque d'Adran, afin de ne pas être pris au dépourvu, dut prendre et prit effectivement à Port-Louis des dispositions analogues aux circonstances. Non seulement il se concerta avec d'Entrecasteaux relativement à l'état militaire, mais, de plus, il s'aboucha avec les négociants et armateurs auxquels il demanda leur concours, non pas éventuel, mais immédiat, ce qui lui fut accordé. Car les citoyens des îles de France et de Bourbon, de tout temps, furent d'un patriotisme aussi ardent qu'éclairé.

Il y a, d'ailleurs, de ce concours apporté à l'entreprise de la Cochinchine par les négociants et armateurs des îles de France et de Bourbon des preuves certaines, irrécusables. Le 20 décembre 1788, notre consul à Canton, M. de Guignes, dont le zèle fut louable dans tous ces événements, mandait à notre ministre des affaires étrangères :

« Les nouvelles particulières de la Cochinchine annoncent que le roi légitime a recouvré une partie des provinces du Sud, grâce à plusieurs bâtiments qu'il a fait acheter. L'arrivée *prochaine* de navires seulement marchands intimide et retient les rebelles (1). »

(1) De Guignes à ministre des affaires étrangères : Canton, le 20 décembre 1788. (Arch. des aff. étr., fonds : Indes orientales.)

Le même consul écrit l'année suivante : « Les Portugais de Macao expédient par cette mousson huit navires de différentes grandeurs nolisés ou achetés pour le compte du roi de la Cochinchine ; ils portent des marchandises et aussi des munitions de guerre. Deux vaisseaux (1) de l'île de France chargés de fusils et autres objets utiles au roi sont déjà arrivés (2). » Pendant que les citoyens isolément agissaient, le *conseil* colonial, seul corps alors constitué aux îles de France et de Bourbon, en présence des tergiversations du pouvoir central, qui paraissaient déjà évidentes, se réunissait extraordinairement pour en délibérer, et exprimait le vœu caractéristique suivant : « Sa Majesté sera suppliée d'accorder à tous ses sujets la liberté du commerce avec la Cochinchine, l'un des royaumes de l'Asie qui fournit le plus de denrées commerçables propres à l'Europe, de manière qu'elles fourniraient, seules, à l'emploi d'un capital de plus de 40 millions de francs (3). » La *Garonne*, dès le mois d'avril 1789, était de retour à Port-Louis de son voyage à la Cochinchine, et son capitaine, dans une lettre rendue publique, déclarait avoir cédé au roi de ce pays deux canons. Quant au *Robuste*, il était resté dans la baie de Saint-Jacques. En juin et juillet 1789, les navires particuliers *le Capitaine Cook* et *le Moyse*, avec des munitions de guerre et de bouche, rallièrent aussi la baie de Saint-Jacques. L'action de l'Evêque d'Adran se faisait donc simultanément sentir, tant à Macao qu'aux îles de France et de Bourbon, ce qui indique,

(1) Les navires en question étaient « la Garonne » et « le Robuste. » Leurs équipages, en majeure partie, avaient été composés avec des marins déserteurs des bâtiments de l'Etat. On verra plus loin (*Pièces justificatives*) que le nombre des marins de tous grades et professions qui abandonnèrent le bord est extraordinaire, et tout à fait inusité dans les annales de la marine française. En passant pour la plupart au service du roi de Cochinchine, ces braves gens crurent encore servir la France à la suite de l'Evêque d'Adran ; et ils ne se trompèrent point.

(2) De Guignes à ministre des affaires étrangères ; Canton, le 16 décembre 1789. (Mêmes archives.)

(3) Seconde délibération de l'Assemblée tenue au Port-Louis, le 3 septembre 1788, avec la permission de MM. les Administrateurs en chef (île de France, imprimerie royale, 1788).

qu'on nous passe l'expression, qu'il ne s'était pas laissé tout à fait prendre au vert.

Aussi, quand, au mois de juin 1788, il se trouva, à Pondichéry, en face du général de Conway, la conduite de ce représentant de la France l'étonna sans doute, mais ne dut guère le surprendre. C'est pourquoi le voit-on insister surtout pour avoir une solution définitive, et savoir si, oui ou non, le traité du 28 novembre doit être exécuté. Car, autrement, comme il le déclarait formellement, il se faisait fort d'accomplir, seul, la révolution de la Cochinchine, propos qui excitait les railleries du général de Conway et du capitaine de vaisseau de Saint-Riveul qui considéraient, au contraire, l'expédition comme une entreprise hérissée de difficultés. Mais de Conway, pour cause, ne se décidait à rien. Pourtant, un jour, acculé dans ses derniers retranchements, il consentit à laisser partir la *Dryade* et le *Pandour* pour la Cochinchine, en mission privée autant que secrète, bien entendu, enjoignant aux commandants de ces bâtiments (les chevaliers de Kersaint et de Préville), dans de mystérieuses instructions, de garder constamment la mer, de se borner à observer les côtes et de n'accueillir à bord, sous aucun prétexte, le roi de Cochinchine, si d'aventure ils le rencontraient. » L'évêque avait demandé à être du voyage ; de Conway, on le sait, ne lui en accorda pas la permission, alléguant hypocritement qu'il le réservait « pour l'expédition majeure », alors qu'il était arrêté dans sa pensée que cette expédition n'aurait pas lieu.

Cependant il advint, à l'insu du général de Conway, mais point à l'insu de l'Evêque d'Adran, j'en réponds, des faits étranges au cours de la mission de la *Dryade* et du *Pandour ;* desquels faits il n'est pas question dans les rapports des commandants, et que nous rencontrons, congrûment consignés dans un autre document officiel, celui-ci réputé impeccable, je veux dire *les rôles d'équipage* des bâtiments, où figurent, simplement au point de vue de la dépense, les mutations de personnel constatées en cours de campagne.

Le comte de Kersaint (c'est le commandant de la *Dryade*), dans le rapport qui fut adressé au ministre, s'exprimait ainsi : « Je suis arrivé à Pondichéry le 13 mars (1789), venant de reconnaître la côte de Cochinchine. J'aurai l'honneur de vous envoyer, aussitôt qu'il me sera possible, l'*extrait* de mon journal et les cartes que j'ai faites de la côte depuis 17º 13' de latitude jusqu'à 11º 30'. Je me suis mis en état de conduire avec sûreté les bâtiments de la station, si l'expédition a lieu. La baie de Tourane où j'ai mouillé, est superbe, et, dans toutes les saisons, on y est à l'abri. Les environs sont très susceptibles de culture ; mais l'île d'Hoïnan n'est propre à rien ; à peine pourrait-elle nourrir 200 individus, n'y ayant qu'une très petite plaine cultivée en riz. La baie de *Chinchin* (1), où j'ai aussi mouillé et qui est par les 13º 42', offre, dans l'enfoncement, une rade et un port magnifiques, si, comme on me l'assure, on peut remonter haut dans la rivière. Le pays m'a paru être le mieux cultivé de la Cochinchine. J'ai sondé les rades ; mais je n'ai pu m'assurer du fond qu'il peut y avoir dans les rivières. Les deux baies où j'ai mouillé étant les lieux que j'avais ordre de reconnaître plus particulièrement, je me flatte d'avoir rempli ma mission (2). »

Le commandant en chef de la station navale de l'Inde (le vicomte de Saint-Riveul), en transmettant ce sommaire compte rendu au ministre, l'accompagna de la lettre suivante : « Il paraît que, malgré les *contradictions* que M. de Kersaint a éprouvées, il a pris suffisamment connaissance sur les différents sujets relatifs à la Cochinchine pour éclairer sur le projet d'un établissement dans ce royaume qui, dévasté par la guerre, n'offre quelques avantages pour le commerce que dans un avenir très éloigné ; encore ne pourrait-on se flatter d'en jouir avec un peuple regardé par tous les autres comme le plus perfide de l'univers. M. le comte de Conway a l'honneur de vous rendre à cet égard un compte détaillé, et de mettre sous vos yeux le tableau des erreurs qu'on a présenté au gouvernement, et dont l'auteur (l'Evêque d'Adran) a donné lui-même les preuves par les contra-

_______

(1) Il s'agit de la baie de Saint-Jacques ou des *Cocotiers*, située presque à l'embouchure du fleuve Donnaï.

(2) **De Kersaint à ministre de la marine** ; Pondichéry, le 14 mars 1789. (Arch. coloniales, fonds : Cochinchine.)

dictions dont ses lettres sont remplies. M. le chevalier de Kersaint a constaté, autant qu'il lui a été possible, les différents points dangereux des côtes et des mouillages pendant sa campagne. Il n'a mis dans son travail que l'amour du bien, de la vérité et de la sûreté des navigateurs. Il engage lui-même à bien vérifier ces dispositions et, moins occupé de son amour-propre que du bien général, il invite à la défiance. Cette noble délicatesse est bien digne d'éloges. J'ai l'honneur de vous en rendre compte avec tout l'intérêt que doit inspirer ce sentiment précieux (1). »

Inutile, n'est-ce pas, de faire ressortir longuement la divergence d'appréciations qui ressort de ces deux rapports. Tandis que de Kersaint affirme avoir vu une baie superbe (Tourane), une autre baie magnifique (celle de Saint-Jacques), des pays cultivés, de belles rivières navigables ; de Saint-Riveul, qui n'a pas quitté la rade de Pondichéry, au contraire, parle de *défiance*, et en vient à incriminer encore l'Evêque d'Adran, à qui pourtant de Kersaint donne implicitement raison, en disant tout naïvement la vérité sur ce qu'il a vu.

Voilà pour la *Dryade*.

Le rapport du commandant du *Pandour* (Gras de Préville) n'est pas moins curieux ni moins utile à connaître que l'autre. « En jetant un œil politique, c'est le commandant de Préville qui écrit, sur les divers établissements européens dans ces mers, l'on s'aperçoit que la part de la France ne correspond pas à sa force ni à sa grandeur. Une colonie nouvelle peut, seule, suppléer à ce qui lui manque. Alors sans doute, on ne verrait plus les individus de notre nation industrieuse courir le monde, déserter leur patrie pour aller chercher ailleurs une mesquine subsistance. La quantité de nos matelots employés sur les vaisseaux étrangers annonce manifestement la nécessité de leur donner les moyens d'existence, si l'on veut les conserver sous le gouvernement *qui leur a donné le jour*, gouvernement qu'ils chérissent et auquel ils consacreraient avec plaisir leurs industries. L'on ne les verrait

_________________

(1) De Saint-Riveul à ministre de la marine, à bord de l'*Astrée* (en rade de Pondichéry (même fonds), le 22 avril 1789.

plus aller enrichir *une nation rivale* dont la fortune ne tend qu'à nous préparer de nouvelles humiliations. Alors, les talents auraient leur emploi chez nous et y seraient récompensés. »

Passons sur les symptômes trop alarmants de désorganisation de notre marine signalés dans ce rapport. Tout à l'heure, nous en indiquerons les causes qui ne sont pas tout à fait celles que met en avant le commandant du *Pandour*.

« L'expédition de Cochinchine, déclare de Préville comme conclusion de son rapport, n'est pas sans difficulté. Le Tayson est puissant ; ses armées sont nombreuses, sinon aguerries. Il a des éléphants pour traîner son artillerie et, de plus, un grand nombre de demi-galères et de barques pour transporter son armée. Il a de l'énergie, des talents ; voilà du moins son portrait tracé d'après l'opinion publique. Jadis Cortez, méditant la conquête d'un monde, brûla ses vaisseaux ; cette témérité lui valut l'immortalité (1). »

Ces deux rapports ne donnent sur la situation que des renseignements insuffisants. La vérité sans réticence est ailleurs. Elle se trouve précisément exprimée dans les propres « rôles d'équipage » de la *Dryade* et du *Pandour*, desquels nous allons donner des extraits.

La *Dryade* toucha terre à Poulo-Condor le 15 septembre 1788. Elle y laissa le P. Paul Nghi, le confident de l'Evêque d'Adran et dix marins cochinchinois qu'on rapatriait. Elle s'y allégea de mille fusils qui avaient été achetés en France pour le compte du roi de Cochinchine. Elle y perdit, *par désertion*, un volontaire de 2ᵉ classe (2), M. Olivier de Puymanel, ainsi que quelques matelots

_____

(1) Rapport de Préville au ministre ; Pondichéry, 1789.

(2) Les *volontaires*, dans la marine de l'ancien temps, étaient des jeunes gens issus de familles aisées, ayant reçu une instruction libérale, et qui, attirés par le charme de l'inconnu et des aventures lointaines, embarquaient *comme pensionnaires* sur les bâtiments de l'État. On leur allouait un franc par jour pour frais de table. Ces volontaires, après un certain temps de navigation, par des degrés successifs, parvenaient au grade d'*élève* ou *aspirant de marine*, qui leur conférait la qualité d'officier. Le *rôle d'équipage* de la *Dryade* qualifie Olivier de Puymanel de *déserteur* ; c'est à tort, car le *volontaire*, en ce temps-là, n'était pas lié au service par un engagement d'une durée déterminée ; partant, le contrat était révocable au gré du volon-

canonniers. Ce volontaire qui s'évada (19 septembre 1788) à Poulo-Condor, bientôt s'illustrera en Cochinchine ; il s'appellera « le colonel Olivier.

Olivier de Puymanel (Victor-Joseph-Cyriaque-Alexis) avait alors vingt ans, étant né à Carpentras en avril 1768. Il était fils d'Augustin Raymond et de Françoise-Louise Vitalis. On ne possède point d'autres renseignements sur son état civil, non plus que sur la position de sa famille. Ce qui est sûr, c'est que l'Evêque d'Adran l'avait immanquablement remarqué et apprécié durant la traversée de la *Dryade,* puisqu'il n'hésita pas à lui confier, malgré sa jeunesse, les importantes fonctions de chef d'état-major de l'armée cochinchinoise, qu'il remplit, du reste, avec distinction jusqu'à sa mort survenue à Malacca où il était en mission (23 mars 1799). De sa fin, qui fut prématurée, l'histoire n'a gardé le souvenir que des détails ci-après consignés dans une lettre écrite par deux de ses amis à l'Evêque d'Adran : « Je vous prie, dit le colonel Olivier à P. Jean Daniel et Antoine Neubrone, de prendre tous les soins pour que le bâtiment (le colonel Olivier était venu à Malacca pour y faire radouber un navire de la flotte cochinchinoise) soit bien travaillé et réparé, suivant le contrat fait avec le charpentier ; ne discontinuez pas les travaux, même après ma mort ; et, le bâtiment étant réparé, ne le vendez pas, avant que vous n'en ayez fait part à Mgr d'Adran, qui peut-être en disposera autrement. Employez, en ce cas, mon équipage pour garder le bâtiment, en attendant (1). » Bientôt après, est-il ajouté dans cette lettre, le colonel Olivier « acheva sa carrière sans qu'on s'en aperçût, car il était tombé dans un état de faiblesse extrême, sans perdre, toutefois, un instant sa lucidité d'esprit ni sa tranquillité d'âme. » Par dispositions testamentaires, le colonel Olivier légua son avoir à l'Evêque d'Adran en souvenir des bienfaits qu'il en avait reçus. Cet officier, mort à 31 ans, avait accompli

taire, s'il n'était pas constitué en débet envers l'Etat. On verra plus tard le volontaire Le Brun abandonner, à Macao, le service français dans les mêmes conditions, sans qu'il soit qualifié de déserteur sur le rôle d'équipage.

(1) Lettre de Jean Daniel et Antoine Neubrone à l'Evêque d'Adran ; Malacca, le 18 mai 1799. (Louvet, Cochinchine religieuse.)

en Cochinchine une œuvre considérable, que ceux qui connaissent les nombreuses fortifications à la Vauban qu'il y éleva dans une période de dix années, ont pu apprécier et admirer.

La *Dryade,* poursuivant sa tournée, alla mouiller l'ancre à Cavite, port de l'île de Luxon (Luçon), l'une des Philippines. Trois missionnaires français, partis de Paris avec l'Evêque d'Adran, y débarquèrent, savoir : MM. Lelabousse, Pocard et Lavoué ; ils avaient, apparemment, reçu quelque mission auprès du gouvernement espagnol de Manille ; ils furent les *alter ego* de leur Supérieur, retenu malgré lui à Pondichéry. Est signalée dans le rôle d'équipage la désertion à Cavite de sept marins canonniers français, lesquels, paraît-il, ne tardèrent pas à renforcer l'équipage du « Saint-Esprit », navire particulier, que commandait un autre transfuge de notre flotte, M. Dayot (Jean-Marie), lieutenant de vaisseau du cadre colonial. Dayot (1), que nous verrons tout à l'heure à la tête de la flotte du Roi de Cochinchine, avait en attendant reçu mandat de l'Evêque d'Adran d'aller à Manille s'approvisionner de munitions de guerre et de bouche et ensuite à Macao procéder à l'achat de deux navires portugais, pour les conduire à la baie de Saint-Jacques, rendez-vous général des renforts appelés à suppléer les secours officiels, en cas d'insuccès.

A Cavite (c'est toujours le rôle d'équipage que je cite), le commandant de la *Dryade* eut la complaisance d'embarquer, comme passagers, les interprètes cochinchinois Laurentius Hoc et Melau, qui allaient remplir une mission à Macao, où la *Dryade* arriva le 13 décembre. Elle en partit le 29 seulement, après y avoir pris les missionnaires français Cave et Lelabousse. Le 8 janvier 1789,

_______________

(1) M. Dayot, neveu de M. Charpentier de Cossigny, ex-gouverneur de l'Inde, appartenait à la station locale de l'Inde, en qualité de lieutenant de vaisseau auxiliaire. Il avait eu des malheurs dans sa carrière. Alors qu'il faisait le service de caboteur, il fut pris par des pirates du port de Vizandrut, entre Goa et Bombay, dans le golfe de Cambaye, et fort maltraité. Il s'était échappé de leurs mains, mais le navire avait été capturé. Dayot n'eut généralement pas de chance dans sa vie aventureuse. Elle se termina tristement. Il se noya dans le golfe du Tonkin en 1809, alors qu'il était encore attaché au service du roi de la Cochinchine,

elle arrivait à la baie de Tourane et donnait l'hospitalité à son bord à sept Tonkinois ou Cochinchinois, qu'elle s'empressa d'aller déposer dans l'île de Phuquoc, en compagnie des interprètes Hoc, Apollonius et Pétro. Elle était de retour le 10 février à Poulo-Condor et y débarquait les missionnaires Cave et Lelabousse. Elle rentrait à Pondichéry le 13 mars, et son commandant remettait au général de Conway son rapport de mer, où l'on ne voit pas trace du mouvement de personnel que nous venons d'indiquer ; *son rôle d'équipage* est moins discret, comme on vient de le voir.

Quant au *Pandour*, il perdit en cours de campagne, par congédiement ou désertion, quatre officiers (Magon de Médine, lieutenant de vaisseau, Desperles, chirurgien major, Tardivet et Malespine, volontaires de 1$^{re}$ et de 3$^e$ classe, appartenant tous quatre au cadre colonial, ainsi que 32 hommes de son équipage (quartiers-maîtres, pilotes, canonniers, mousses, cuisiniers, etc.) (1). On comprend, maintenant, pourquoi le commandant Gras de Préville dans son rapport se plaint amèrement des désertions dont son bâtiment fut victime. Mais la cause de ces désertions extraordinaires n'est assurément pas celle qu'indique le brave commandant. Ces déserteurs, certes, n'allèrent pas, ainsi qu'il l'écrit, porter leurs industries et leurs bras à « la nation rivale. » Au contraire (et le lecteur l'aura pressenti), dans ce va-et-vient de missionnaires, d'interprètes, de marins qui désertent ou qui se font congédier ici et là, à l'île de France, à Pondichéry, à Poulo-Condor, à Cavite, à Macao, il faut voir la main de l'Evêque d'Adran disposant les hommes et les choses en vue d'assurer l'entreprise de Cochinchine, dans le cas où le gouvernement français serait infidèle à ses promesses et violerait **ses engagements**. On pensait alors généralement sur nos bâtiments de guerre dispersés dans les mers de l'Inde et de la Chine, qu'en suivant l'Evêque d'Adran en Cochinchine on servait encore la France, en dépit du gouvernement central.

Les choses ayant été disposées en temps utile de la manière que nous venons de dire, Mgr Pigneau de Behaine ne songea plus qu'à rallier la Cochinchine où le Roi l'avait devancé, afin de

(1) Voir aux *Pièces justificatives* l'extrait du rôle d'équipage du *Pandour*.

continuer ensemble leur œuvre depuis près de quatre ans interrompue. Le 15 juin 1789, le prélat s'embarqua à Pondichéry sur la frégate *la Méduse*, commandée par le capitaine de vaisseau de Rosilly. Avec lui prirent également passage sur la *Méduse*, d'après le rôle d'équipage : « le prince de la Cochinchine, le cousin du prince qui l'avait accompagné en France, Paul, Gilles, Barthélemy et Nam, pages du prince, MM. Boisserand, Pilon, Tarin et Leblanc, missionnaires ; enfin, les nommés Gérard, Le Tousse, cuisiniers, Fransique, Bonnaventure et Isidore, domestiques de Monseigneur (1). La mousson n'étant pas très favorable, on n'atteignit le détroit de Malacca que le 11 juillet.

« Mgr l'Evêque de Dolicha, vicaire apostolique à Pondichéry, mande de Fresne à de Conway, a reçu une lettre de M. Leblanc, un des missionnaires de l'Evêque d'Adran, laquelle lui apprend que la *Méduse* n'a mouillé que le 11 juillet à Malacca et qu'elle en partira vraisemblablement le 20, lorsque *ce qu'on doit y prendre* aura été embarqué. L'Evêque d'Adran n'a écrit à personne ici (2). » L'arrêt fut de courte durée à Malacca, contrairement aux prévisions du missionnaire Leblanc, car la frégate en partit le 12 juillet sans avoir communiqué avec quiconque à terre. Pourquoi ?

La lettre suivante de M. de Guignes marque suffisamment le motif qui détermina la *Méduse* à brusquer son départ de Malacca. « Un Anglais du nom de Cox, écrit-il à notre ministre des Affaires étrangères, ci-devant marchand de pendules à Canton, est armateur d'un petit vaisseau à deux mâts, parti de Londres au commencement de 1789 et arrivé à Macao la présente année, après avoir fait escale à Malacca tout le mois de juillet. On ignore pour le moment ce qu'il doit faire, mais il prend tous ses renseignements pour la Cochinchine. J'avais appris que les Hollandais et Cox avaient cherché à se procurer des plans des rivières de Cochinchine et que, pour cela, ils s'étaient adressés à M. Bourgogne,

---

(1) Voir également, aux *Pièces justificatives*, l'extrait du rôle d'équipage de la *Méduse*.

(2) De Fresne, second commandant à Pondichéry, à général de Conway, gouverneur général des îles de France et de Bourbon ; Pondichéry, le 19 octobre 1789. (Arch. coloniales, fonds : Cochinchine.)

ancien supercargue (subrécargue) de la Compagnie impériale.
J'envoyai sur-le-champ à Macao pour inviter M. Bourgogne à
s'abstenir de livrer carte ou notes quelconques aux Hollandais
et à Cox, et à les remettre, au contraire, au porteur. Malgré toute
la diligence que j'ai pu y mettre, l'homme arriva trop tard. J'ai
donc employé la dernière ressource, celle de prévenir M. l'Evêque
d'Adran et de l'instruire des projets des Hollandais et de M. Cox.
Il me paraît que la Compagnie anglaise des Indes s'en mêle. Mais
je crois à M. l'Evêque d'Adran trop de patriotisme pour ne pas
faire ses efforts afin d'empêcher l'agrandissement de ces deux
nations. Je pars, d'ailleurs, moi-même pour Macao, voulant prévenir l'arrivée des Hollandais et de M. Cox en Cochinchine. Je
ne crains pourtant pas l'établissement ni des uns ni des autres
en Cochinchine. Si le roi de ce pays a remporté quelques avantages sur les rebelles, il rejettera les offres des Hollandais et de
M. Cox. Il n'y aurait donc que dans le cas contraire. Mais les
Hollandais n'ont point d'argent, y ayant régné à Batavia beaucoup
de maladies. Reste M. Cox qui peut avoir de l'argent, mais
comme il ne monte qu'un petit bâtiment sa présence fera peu
d'effet sur le roi qui dédaigne les faibles vaisseaux. Je sais, du
reste, que le roi a fait acheter un vaisseau de l'île de France,
lequel sera envoyé prochainement à Macao, et, de là, aux Manilles.
S'il en rapporte quelques piastres, les tentatives combinées des
Anglais et des Hollandais ne réussiront point (1). »

Nous savons déjà, par l'Evêque d'Adran lui-même, les tentatives dont il fut l'objet de la part de gens dont il ne dit pas le
nom et qui prétendaient confisquer l'expédition au profit de
l'Angleterre. On sait aussi comment la femme de l'aide de camp
du général de Conway, M^{me} de Vienne, fut entremetteuse de
cette intrigue étrange. On sait, enfin, le refus catégorique que
l'Evêque opposa à cette combinaison antipatriotique. Ce Cox,
qui « avait de l'argent, un navire, l'appui de la Compagnie des
Indes, qui était parti de Londres au commencement de 1789 »,
était, à n'en plus douter maintenant, l'agent à qui le gouverne-

(1) De Guignes à ministre des affaires étrangères ; Canton, le 1^er décembre 1789. (Arch. des aff. étr., fonds : Indes orientales.)

ment britannique avait donné mandat de suborner l'Evêque français. Ayant échoué à Pondichéry, Cox voulait renouveler ses tentatives à Malacca. Il en fut empêché par le départ précipité et significatif de la *Méduse*.

Quoi qu'il en soit, la *Méduse* ayant touché à Poulo-Condor (19-23 juillet), y déposa des canons pour la défense du port, que M. Olivier de Puymanel et les quelques matelots canonniers échappés, l'année précédente, de la *Dryade* mirent immédiatement en position. Le 24 juillet, elle mouillait dans la « magnifique » baie de Saint-Jacques. Elle y stationna onze jours (24 juillet-4 août). Le prince royal, l'Evêque d'Adran et le personnel indiqué plus haut mirent pied à terre et se rendirent immédiatement auprès du roi qui se trouvait dans un camp situé proche de la baie de Saint-Jacques et qui était occupé à reformer son armée. Négligeons les épanchements intimes, la douce joie naturelle au père qui revoit, après une longue et anxieuse absence, son jeune enfant grandi et heureux, et arrivons au fait capital. Le roi, l'Evêque et un fort groupe de mandarins se rendirent en cérémonie à bord de la *Méduse*, et la *Méduse* de son retentissant canon salua longuement Sa Majesté cochinchinoise. L'effet moral de cette démonstration française fut considérable, énorme.

Après cette éclatante preuve de sympathie, la *Méduse* fila droit sur Cavite, où elle stationna plus de trois mois (4 septembre-13 décembre). Un aussi long séjour dans ce port espagnol, en de telles circonstances, était aussi d'une grande importance. Il impliquait, il marquait du moins la solidarité de l'Espagne avec la France. Il favorisait aussi le départ de matériel, de vivres, etc., qui se faisait clandestinement sur des navires particuliers à destination de la Cochinchine. La *Méduse* alla ensuite montrer notre pavillon à Macao. Le consul de Guignes en rend compte dans les termes suivants : « La *Méduse*, écrit-il à notre ministre des Affaires étrangères, est arrivée à Macao avant-hier (4 janvier 1790), pour prendre *les provisions* que je lui tenais prêtes. Elle compte partir le 14 janvier (1). » Le rôle d'équipage porte cette mention : « Le

_________

(1) De Guignes à ministre des affaires étrangères ; Macao, le 8 janvier 1790. (Arch. des aff. étr., fonds : Indes orientales.)

Brun (Théodore), volontaire de 1re classe de la marine (rang du 1er janvier 1789), débarque à Macao le 13 janvier, et y reste (1). » Le volontaire Le Brun alla bientôt rejoindre en Cochinchine son camarade Olivier de Puymanel. La *Méduse,* munie *des provisions* dont il est question dans la lettre de M. de Guignes, au lieu d'opérer son retour en droiture à Pondichéry, s'empressa, au contraire, de faire une seconde tournée à la baie de Saint-Jacques où elle fit un nouveau séjour assez long (27 janvier-17 février 1790). Elle était de retour à Pondichéry le 15 mars suivant.

L'évacuation militaire de l'Inde était alors un fait accompli. Le général de Conway, conformément à ses instructions, s'était replié sur l'île de France à bord de l'*Astrée* en compagnie du capitaine de vaisseau de Saint-Riveul. L'Inde (2) n'était plus même « un cantonnement de guerre. » La France y restait désarmée, impuissante vis-à-vis des Anglais, qui étaient dès lors en position de pouvoir tout oser, tout entreprendre et réussir, en fin de compte, dans leur gigantesque entreprise, l'absorption de l'Inde. La Cochinchine, cependant, en dépit de tous les obstacles et grâce à l'énergie, au désintéressement, au patriotisme de l'Evêque d'Adran, restait le seul jalon possédé par la France en Extrême Orient; mais ce jalon, les Anglais, malgré leur ténacité, leurs ruses, leurs ressources, ne parviendront pas à l'arracher.

Il est intéressant de connaître l'état des affaires du roi de Cochinchine au moment même où l'Evêque en allait reprendre la direction. Nous avons, à cet égard, une lettre du roi de Cochinchine au roi de France. Au bas de cette lettre, dont l'original en idiome cochinchinois se trouve aux Archives de notre ministère des affaires étrangères, se lit la mention suivante, écrite et signée par Mgr Pigneau de Behaine : « Je soussigné certifie que

---

(1) Archives de la marine, série Cr, vol. 917. (Voir *Pièces justificatives.*)

(2) De Conway, avant son départ, avait nommé le capitaine de vaisseau Macnémara commandant en premier, et le colonel de Fresne commandant en second à Pondichéry, qui fut évacué par nos troupes (plus de 2.000 hommes). Notre situation s'est maintenue telle jusqu'à nos jours. Il n'y a pas, actuellement encore, un soldat français dans l'Inde, sauf dix officiers qui commandent le corps des Cipayes, lequel compte environ 1.200 indigènes.

la traduction ci-dessus, ne pouvant être littérale, quant au sens
est entièrement conforme à la lettre du roi de Cochinchine. En
foi de quoi je l'ai signée et scellée du cachet de mes armes. — A
Saïgon le 5 février 1791. Signé : Pierre, évêque d'Adran. »

Cette traduction est ainsi conçue : « Moi Nguyen-Anh, roi de
la Cochinchine, ai l'honneur de faire savoir à très haut et très
puissant prince, le roi de France, que, connaissant par l'histoire
des générations antérieures, que le sort des empires était sujet
à bien des vicissitudes et que, souvent, la fortune, après leur
avoir été favorable, paraissait leur tourner le dos (1); de même
qu'après des revers il arrivait quelquefois qu'ils fussent plus
heureux : pénétré de ces sentiments, j'avais toujours regretté
que mon royaume se trouvât dans une distance aussi éloignée
qu'il l'est de celui de Votre Majesté. Malgré les mers immenses
qui séparent les deux Etats, j'avais souvent entendu les voyageurs parler avec les plus grands éloges des vertus et surtout
de la bienfaisance de Votre Majesté. Mais, n'ayant alors aucun
moyen de faire entendre ma voix au pied de votre trône, je
m'étais contenté de conserver dans mon cœur les sentiments de
respect et d'admiration que j'en avais conçu.

« La fortune, enfin, permit que je trouvasse un homme en qui
je pouvais mettre toute ma confiance ; et, me l'étant attaché
d'une manière toute particulière, j'eus occasion de faire valoir
les grands talents que je lui connaissais. Cet homme est le sieur
Evêque d'Adran, sujet de Votre Majesté.

« En 1785, une révolution arrivée dans mes Etats m'ayant obligé
de les abandonner presque entièrement, je m'occupai aussitôt,
avec ledit Evêque, de la grande affaire que je méditais depuis
longtemps ; et, après lui avoir confié mon fils et le sceau de mes
Etats, je me décidai à l'envoyer traiter mes affaires auprès de
Votre Majesté, en qualité de mon ministre plénipotentiaire.

(1) Il n'est pas douteux, d'après cela, qu'on avait appris en Cochinchine
la révolution qui avait éclaté en France. On peut même voir dans ces lignes
une allusion, un avertissement à Louis XVI, à son tour tombé dans l'infortune. Quel que soit l'hémisphère, les peuples font la leçon aux rois, et,
tandis que les uns se relèvent, les autres s'effondrent.

L'Evêque d'Adran, arrivé dans l'Inde la même année, n'ayant pu rien obtenir de ceux qui y commandaient au nom de Votre Majesté, se trouva obligé de continuer son voyage et de mener avec lui le prince mon fils jusqu'en France. Ce fut la nouvelle qu'il me donna avant son départ et qu'il me fit parvenir par la flûte « le Castries. » Je restai plus de deux ans sans recevoir aucune nouvelle et ce ne fut qu'à la fin de 1788 que la frégate « la Dryade » me rapporta que Votre Majesté avait bien voulu traiter mon fils avec bonté et m'avait accordé les secours que j'avais pris la liberté de lui demander. Cette nouvelle ne fit qu'affermir mes espérances ; et j'avais un désir inexprimable de voir arriver les secours demandés. L'année suivante, j'eus le plaisir de voir arriver ici l'Evêque d'Adran avec mon fils et, par tous les détails qu'ils me donnèrent, je compris que Votre Majesté avait eu véritablement l'intention de venir à mon secours et que tout n'avait manqué que par l'irrésolution de son commandant dans l'Inde. Cet officier, ne sachant ni avancer ni reculer, fut cause que je l'attendis longtemps à la mer et qu'après avoir beaucoup souffert, je finis, enfin, par être frustré de toutes mes espérances.

« Par bonheur pour moi, le ciel qui fait connaître ses volontés en soumettant les cœurs des hommes avait déjà disposé tous mes sujets à me recevoir. Et j'eus, dans ce temps-là même, occasion de rentrer dans une partie considérable de mes états. Dans l'état actuel des choses, quoique la paix ne soit pas encore entièrement rétablie, je regarde cependant mon sort comme assuré, et toute mon occupation est de former mes officiers et mes soldats pour les préparer *à la bataille décisive.*

« Quant aux secours demandés à Votre Majesté, quoique je ne les aie pas reçus, j'en suis entièrement consolé, quand je pense que Votre Majesté n'y a eu aucune part et que ce n'a été la faute que de son commandant dans l'Inde (1). Je n'exprimerais

(1) Sur cette lettre est, en partie, fondée l'erreur historique que le général de Conway arrêta, de son autorité privée, l'expédition de Cochinchine en cours d'exécution, tandis qu'en réalité il n'agit qu'en vertu des ordres

jamais les vifs sentiments de reconnaissance dont je suis pénétré pour la bonté qu'a eue Votre Majesté de me renvoyer le prince mon fils ; et, en réunissant le père et l'enfant, d'avoir, comme on dit, remis dans l'eau un poisson qui en était sorti. L'éloignement, quelque immense qu'il puisse être, ne pourra jamais me faire oublier de si grands bienfaits.

« Quant à mes forces présentes, j'ai une armée assez considérable, tant de terre que de mer, et j'ai même les munitions de guerre et de bouche qui peuvent m'être nécessaires pour l'opération qui me reste à faire. Je n'oserais plus avoir *l'indiscrétion* de demander les troupes de Votre Majesté, lesquelles, dans un si long voyage, ne pourraient, d'ailleurs, que souffrir infiniment des obstacles qu'on y trouve ordinairement. Il me reste seulement à supplier Votre Majesté d'être assurée de ma part d'une reconnaissance aussi sincère et aussi étendue que si ces mêmes troupes étaient arrivées jusqu'à moi. Si, dans mes états, il pouvait y avoir quelque chose qui pût être utile à Votre Majesté, je la prie instamment de vouloir bien en disposer, et d'être assurée que je ne négligerai rien pour remplir ses intentions. Dans la distance immense qui nous sépare, je parle à Votre Majesté avec la même confiance que si j'étais en sa présence. Puissé-je être assez heureux pour lui faire connaître mes véritables sentiments, manifestés dans cette courte lettre ! — La 50ᵉ année de Canh-húng, le 17ᵉ jour de la 12ᵉ lune (1). »

Cette lettre, à laquelle la signature et le cachet de l'Évêque d'Adran donnent l'authenticité, est significative. Sur la fin de l'année 1790, le roi de la Cochinchine avait déjà *une armée de terre et de mer assez considérable, les munitions de guerre et de bouche nécessaires ;* il continuait les préparatifs *pour la bataille décisive.* Et tout cela c'était Mgr Pigneau de Behaine qui

formels du gouvernement, ordres qu'il avait reçus en temps utile, comme cela a été démontré plus haut. Seulement (cette lettre en témoigne) on (le ministre) omit de faire part de ces décisions à l'Évêque d'Adran qui, à n'en plus douter, ne connut jamais la vérité à cet égard.

(1) Lettre du roi de Cochinchine au roi de France, 31 janvier 1790. (Arch. des aff. étr., fonds : Indes orientales.)

l'avait fait comme surgir de terre dans ce pays dévasté, ruiné.
Comment avait-il obtenu ces merveilleux résultats ?

Les vaisseaux le *De Castries*, la *Dryade*, le *Pandour*, la *Méduse*,
en apparaissant tout à coup, successivement, à Poulo-Condor, à
Siam, à Tourane et à Phuquoc-Hatien, à Macao, à Manille, et
jusqu'à la baie de Saint-Jacques, auparavant inexplorée, inconnue
même des navigateurs, avaient donné une grande idée de la
puissance de la France, non seulement aux populations asiatiques,
mais encore aux étrangers, nos rivaux en Extrême Orient; et,
par surcroît, avaient procuré au roi de la Cochinchine, notre protégé, une force morale immense, qu'appuyait encore une force
matérielle respectable, grâce aux efforts et aux talents déployés
par nos marins transfuges, dont on trouvera les noms à la suite
de ce volume.

En effet, il résulte du relevé exactement fait *sur les rôles
d'équipages* que le nombre des marins français qui abandonnèrent leurs vaisseaux en cours de campagne, s'élève à 359 individus,
dont la plupart, sinon tous, prirent parti pour le roi de Cochinchine et furent l'âme de ses armées de terre et de mer. Dans ce
nombre on comptait des officiers, des élèves officiers, aptes au
commandement, MM. Olivier de Puymanel, Le Brun, Guillon, Guilloux, Magon de Médine, Tardivet, Malespine, Dayot, lesquels,
sous la main de l'Evêque d'Adran, chacun dans la mesure de ses
moyens, vont s'attacher à l'œuvre de reconstitution du royaume
de Cochinchine et le mettre promptement en état de lutter avec
avantage et d'écraser bientôt la formidable insurrection créée et
conduite par les frères Tayson.

L'entreprise sera de longue durée et des plus ardues sans doute;
elle aboutira pourtant, après dix ans d'efforts, à de magnifiques
résultats. Celui qui la dirigea ne la verra cependant pas couronnée de succès, car il périra au pied de la brèche de la principale
place forte prise sur l'ennemi.

# CHAPITRE DIX-HUITIÈME

Situation de la Cochinchine à la fin de l'année 1789. — Plan politique et
militaire conçu et exécuté par l'Evêque d'Adran. — Grave maladie de
l'évêque. — Le roi, livré à lui-même, compromet les affaires. — Lettre
du consul de Guignes. — Mémoire de la Bissachère. — Organisation de
l'armée et de la flotte cochinchinoises. — Une école de guerre à Saïgon.
— La flotte des Tayson surprise et incendiée dans la baie de Quinhon. —
Réjouissances à Saïgon. — Proclamation des Tayson contre les Français. — Mort des deux frères Tayson. — Dès ce moment leur cause est
considérée comme perdue.

La lettre du roi de Cochinchine au roi de France qu'on vient
de lire, présente, intentionnellement peut-être, la situation sous
un jour trop favorable. La vérité est qu'après l'arrivée de l'Evêque d'Adran et des Français qui s'étaient volontairement associés
à sa fortune, l'état des affaires était loin d'être aussi brillant qu'on
le présentait au roi de France. Les Tayson étaient, à la vérité, encore très forts ; et leur adversaire, quelque confiance qu'il eût
dans la justice de sa cause, n'avait guère les moyens de balancer leur puissance. L'Evêque d'Adran, instruit par les missionnaires inébranlablement restés à leur poste malgré la persécution dont ils étaient menacés, savait pertinemment à quoi
s'en tenir à cet égard.

Doussain (1), qui « travaillait » dans la moyenne Cochinchine,
lui avait écrit : « La lettre de M. Letondal (2) à feu Mgr de

(1) Doussain (Jean-André), prêtre des Missions Etrangères, originaire du
diocèse d'Angers, arrivé en Cochinchine en 1787; il y mourut en 1809.

(2) Letondal, Procureur des Missions à Macao, prit en toute occasion le
parti de l'Evêque d'Adran, notamment en 1785, alors que l'évêque avait été
dénoncé et calomnié à Rome

Céram (1), laquelle nous apprend l'arrivée de Votre Grandeur à
Donnaï avec huit nouveaux confrères, nous a comblés de la joie
la plus sensible. Ici, nos maux sont des plus grands et, à ce que
je vois, nous ne touchons pas encore à la fin. Depuis deux mois
les choses sont dans une fermentation extrême. Le rebelle du
Phuxuan (il s'agit du Tayson qui gouvernait à Hué et à Hanoï)
fait des préparatifs considérables ; il attire du Tonkin tout ce
qu'il peut de troupes, et, dans la capitale, il astreint tout le monde
aux exercices militaires. Son armée navale est déjà prête, mais
que pourra-t-elle contre des vaisseaux d'Europe ? Ses galères
montent à 120 environ. Il se propose de mener 300 éléphants (2).
Son frère (Nhac), qui ne bouge pas de Quinhon, a beau lui expédier courrier sur courrier pour l'engager à le soutenir, il reste
sourd à ses appels répétés ; car, sa politique, prétend-on, consiste à ruiner son frère, pour, ensuite, s'emparer de ses dépouilles.
Le bruit court qu'au Tonkin il y a guerre. Les uns disent que les
Chinois reviennent à la charge en faveur du roi détrôné, les
autres que les troupes du *Chua* Nguyen menacent d'y faire
irruption. On a imposé à nos chrétiens une nouvelle contribution
de dix mille livres de cuivre pour fondre des canons qui sont
énormes. Les Chinois domiciliés ont dû la subir aussi. On a pris
les « Phat » (statues du Bouddha en cuivre doré) du Tonkin,
dont on a fait huit canons, qu'on se dispose à placer sur les
faces de la citadelle de Hué. Malgré tout, cette expédition nous
paraît bien lente, et à s'organiser et à entrer en campagne. La
victoire est au Dieu des armées ; il la donne à qui il lui plaît. »

(1) Mgr Davoust (Jean), coadjuteur, puis évêque de Céram et vicaire
apostolique du Tonkin occidental, était mort quelque temps avant le retour
de l'Evêque d'Adran en Cochinchine. Labartette, son coadjuteur, fut
bientôt appelé à lui succéder sous le titre d'évêque de Véren.

(2) Le chiffre de 300 éléphants paraît exagéré. Il n'est cependant pas
douteux que dans cette étrange guerre les éléphants furent employés, de
part et d'autre, comme moteurs animés, ce qui nous reporte aux grandes
luttes de Pyrrhus, des Romains et d'Annibal, que nous ont racontées Polybe,
Diodore de Sicile, Tite Live, Florus, Elien. Mais l'Evêque d'Adran savait
ses auteurs ; il connaissait la manière de combattre les monstrueux pachy-
dermes et de les réduire sur les champs de bataille.

Labartette (1) lui mandait du Tonkin occidental : « Quoiqu'il n'y ait pas encore eu d'édit lancé contre la religion, l'état des chrétiens est pire que durant une persécution. Présentement les vexations sont si grandes, qu'on n'a, pour ainsi dire, pas le temps de songer à Dieu. Presque tout le monde périt dans la guerre. »

Longer (2), qui erre dans les montagnes du Phuyen et du Binh Thuan, provinces avoisinantes de Quinhon, constate que « les chrétiens ont beaucoup souffert et qu'ils sont réduits à un bien petit nombre par suite des guerres presque continuelles que les rebelles ont portées de tous côtés. La peste aussi a fait de cruels ravages dans tous ces districts. »

Il résulte de ces divers renseignements, d'une part, que les deux frères Tayson (le troisième, qui a perdu la basse Cochinchine par son imprévoyance et son incapacité militaire, a disparu de la scène) ne marchent plus d'accord, ce qui pourrait bien les perdre tour à tour ; et, d'autre part, que le Tonkin et la moyenne Cochinchine, épuisés d'hommes et de ressources par la guerre et la peste, appartiendront nécessairement à celui des deux partis qui réussira à se maintenir debout, sans trop lourdement peser sur les populations. D'où la double nécessité, qui s'impose au prétendant soutenu par l'Evêque d'Adran, de gouverner les peuples avec douceur, afin de permettre la reconstitution des forces vives du pays, et celle non moins impérieuse d'être toujours en armes afin d'avoir sur le champ de bataille la supériorité sur l'adversaire. Voici donc la politique intelligente et pratique que l'Evêque d'Adran suggéra au roi, et cela dès les premières entre-

(1) Labartette, prêtre des Missions Etrangères, originaire du diocèse de Bayonne, arrivé en Cochinchine en 1773, promu évêque de Véren en 1793, mourut au Tonkin en 1824 (45 ans d'apostolat).

(2) On ne trouve dans les ouvrages religieux consultés par l'auteur d'autres renseignements sur le missionnaire Longer, sinon que, pendant l'absence de l'Evêque d'Adran, il dirigea une sorte de séminaire ambulant, qu'il ne faut pas confondre avec celui qui fut transporté à Chantabun (Siam), lequel était placé sous l'autorité de Liot, ce confident, ce véritable ami de Mgr Pigneau de Behaine. Liot (Jacques), qui était arrivé en Cochinchine en 1773, y mourut en 1811.

vues qu'il eut avec lui : Ménager les peuples, avoir une armée aussi peu nombreuse que possible, mais disciplinée, aguerrie et exercée à l'européenne, de manière à se défendre, en cas d'attaque, tout en facilitant le travail du sol qui procure le bien-être et alimente le trésor de l'Etat, tels étaient les deux termes du problème à résoudre et le gage certain du succès, d'après l'évêque français. Il va sans dire qu'il fallait aussi ménager et favoriser les chrétiens.

Malheureusement, quelque temps après son arrivée, l'Evêque d'Adran tomba dangereusement malade ; et, durant sa maladie qui fut de longue durée (il ne fut rétabli qu'au printemps de 1790), les services qu'il avait commencé d'organiser, étant concentrés dans les mains du roi seul, périclitèrent de telle sorte que tout faillit être compromis.

Notre consul à Canton, qui évidemment était tenu au courant de ce qui se passait alors en Cochinchine, fournit à cet égard des indications exactes dans une lettre qu'il adressa à notre ministre des affaires étrangères (29 décembre 1791) :

« En 1789 et 1790, si le roi de la Cochinchine l'avait voulu, il aurait reconquis sur-le-champ son royaume. L'arrivée des frégates (la *Dryade*, le *Pandour* et la *Méduse*), ainsi que celle des navires venus de Pondichéry, de l'île de France et de Macao, avaient jeté l'alarme chez les ennemis. Le Tonkin attendait le moment de secouer le joug pour reconnaître son véritable roi. Mais les succès de celui-ci furent peu conséquents, ou mal soutenus. Il prit une province (le Binh Thuan), y laissa des troupes; leur petit nombre les fit chasser ; l'espoir revint aux rebelles, outre qu'il fut augmenté par le roi lui-même, par sa conduite. MM. Olivier et Le Brun, officiers français, lui donnèrent un plan de ville fortifiée. Le roi voulut de suite en faire bâtir une, quoique cela exigeât un temps plus favorable. Il a fallu alors vexer le peuple, abattre des maisons et occuper 30.000 hommes pour fortifier une place où le roi espérait se retirer, en cas de revers. Le peuple et plusieurs mandarins se sont soulevés. MM. Olivier et Le Brun ont couru des dangers comme les auteurs du projet. M. l'Evêque d'Adran, en les retirant chez lui, les a délivrés de tout accident. Cependant le calme est revenu, le roi ayant licencié ses troupes et permis à tout le monde de semer du riz. On espère une bonne récolte. Alors le peuple ne se plaindra plus. Les ennemis qui avaient vu les mauvaises dispositions des populations se préparaient d'attaquer le roi, mais sa conduite les retient, outre qu'il a plusieurs bâtiments européens qu'il a achetés ; et, comme les vaisseaux de Macao vont bientôt aller en Cochinchine, leur arrivée fera fuir les rebelles en leur inspirant une crainte salutaire.

« Le roi avait dessein d'envoyer en Europe un de ses bâtiments en novembre. M. l'Evêque d'Adran devait s'embarquer sur ce vaisseau (1).

« On voit que l'état du roi de la Cochinchine est toujours le même, combien l'arrivée d'Européens, seulement marchands, intimide et retient les rebelles. Si le roi eût été secouru, ou même s'il eût agi à propos, il serait maître de meilleures provinces pouvant donner lieu à un très riche commerce ; car, la partie qu'occupe le roi n'est pas bonne ; elle produit seulement du riz. Je ne répéterai pas ici ce que j'ai écrit dans les années précédentes. Je dirai seulement que, lorsque la Cochinchine sera calme et délivrée des rebelles, elle fournira des objets d'un très grand débit à la Chine.

« M. Le Brun, voyant que les opérations du roi étaient lentes, est venu à Macao (2). Il ne reste plus en Cochinchine (3) que

---

(1) Le roi, inquiet de la gravité de la maladie de l'Evêque d'Adran, avait songé à le rapatrier, espérant que l'air natal le rétablirait plus promptement. Mais, tout à coup, l'abcès au foie perça, et le danger était passé : le malade recouvra bientôt ses forces, grâce à sa solide constitution.

(2) Il est, dès lors, certain que le volontaire de 1re classe Le Brun ne séjourna guère plus de quinze mois en Cochinchine. Le Brun en était parti, non parce que les opérations étaient trop lentes, mais bien parce qu'il était insuffisamment payé, et surtout en raison de ce qu'il ne consentit pas à servir sous les ordres d'Olivier, volontaire de 2e classe seulement, et pourtant chef d'état-major de l'armée de Cochinchine, fonctions qui lui donnaient autorité sur son collègue.

(3) C'est une erreur. Outre Olivier, il y avait alors en Cochinchine d'autres officiers français, notamment Dayot, Vannier, Girard de l'Isle Sellé, Guillon, Guilloux. (Voir plus loin les Commissions données à ces officiers.)

M. Olivier dont M. l'Evêque d'Adran fait beaucoup d'éloges. Aucun vaisseau étranger n'est venu à la Cochinchine (1). »

Dans un Mémoire (2) adressé, en 1807, au ministre des affaires étrangères par de la Bissachère, missionnaire français qui passa dix-huit ans en Cochinchine et au Tonkin, on trouve certains autres détails qui achèvent de peindre la situation durant la grave maladie (encore une obstruction au foie) de Mgr Pigneau de Behaine. « Les Européens (pourquoi ne pas écrire les Français, ne vous déplaise, monsieur le missionnaire ? ce qui eût été absolument vrai), nouvellement débarqués à la suite de l'Evêque d'Adran, furent presque tous atteints des maladies que procure un climat humide et malsain, joint à une nourriture à laquelle ils n'étaient pas accoutumés. Beaucoup succombèrent ; et le reste, étant mal payé (le roi n'ayant pas encore de revenus assurés), déserta en partie, et s'embarqua à bord des bâtiments de commerce portugais.

Un autre fait, révélé dans ce Mémoire, a trait spécialement à l'officier Dayot : « Un jour, en son absence, y est-il dit, la corvette (le *Donnaï*) qu'il commandait fut assaillie par un typhon et jetée à la côte, en grand danger de ne pouvoir être renflouée. En un pareil moment la perte était sensible, le roi préparant alors une expédition maritime. Les mandarins aussitôt d'insinuer au roi que, nécessairement, il y avait eu négligence calculée de la part de l'officier français, afin de retarder l'expédition. Sur ces soupçons, le roi, irrité, fit saisir et mettre Dayot à la *cangue*. En l'absence de l'Evêque d'Adran, alors malade, des amis intervinrent et réussirent à faire ajourner le jugement. Au retour de l'évêque, après sa guérison, Dayot fut relaxé, mais il résolut, lui aussi, de quitter la Cochinchine. » L'évêque parvint cependant à calmer Dayot, qui ne suivit pas Le Brun à Macao.

La guerre en permanence, la peste intermittente, et, par surcroît, un troisième fléau aussi fâcheux pour les Etats que pour

---

(1) De Guignes à ministre des affaires étrangères ; Canton, le 29 décembre 1791. (Arch. des aff. étr. ; fonds : Indes orientales.)

(2) *Mémoire sur la Cochinchine et le Tonkin*, par de la Bissachère, 1807. (Arch. des aff. étr. ; fonds : Indes orientales.)

les particuliers et que Rabelais a appelé plaisamment « faulte d'argent », voilà les divers et graves maux auxquels l'Evêque d'Adran eut à porter remède, après son rétablissement.

La question militaire était la plus sérieuse, la plus urgente ; l'évêque français y pourvut aussitôt et de la manière suivante : Il donna le commandement de la marine à Dayot, à qui il fit conférer le grade de capitaine de vaisseau. Le roi espère, est-il dit dans le brevet qui lui fut remis, qu'il se signalera par sa bravoure et par son intelligence à commander les vaisseaux qui lui seront confiés, et qu'il se rendra surtout recommandable par sa sévérité à faire observer la discipline militaire. S'il arrivait que, par sa faute, il ne répondît pas à ce qu'on attend de lui dans la place importante qu'il occupe, il mériterait d'être puni selon la rigueur des lois (1). » Vannier (2) (Philippe) et Girard de l'Isle Sellé (3) (Julien) furent aussi, et en même temps, pourvus du grade de capitaine de vaisseau, mais placés sous l'autorité de Dayot, et devant commander : le premier, le *Donnaï*, le second, le *Prince de Cochinchine*. « Le roi espère qu'ils montreront toujours le plus grand zèle pour le bien de l'Etat et qu'ils n'oublieront point que, comme la carrière dans laquelle ils entrent peut être pour eux le chemin de la gloire s'ils le parcourent comme on l'attend d'eux, elle ne les conduirait qu'à la peine portée par les lois, s'ils venaient à négliger leurs devoirs (4). » Guillon (5) (Jean-Baptiste) et Guilloux (6) (Guillaume) furent nommés lieutenants de vaisseau, sous les ordres immédiats de Vannier et de Girard de l'Isle Sellé.

(1) Brevet du roi pour Dayot (Jean-Marie), capitaine de vaisseau ; Saïgon, le 27 juin 1790.

(2) Le nom de Vannier ne figure sur aucun des rôles des bâtiments de l'Etat français que nous avons consultés. Il devait, de même que Dayot et Girard de l'Isle Sellé, appartenir au cadre colonial.

(3) Même observation que pour le précédent.

(4) Brevets du roi (identiques) pour Vannier et Girard de l'Isle Sellé ; Saïgon, le 27 juin 1790.

(5) Guillon servait sur la *Dryade* comme volontaire de 2º classe, rang du 22 décembre 1787. (Voir *Pièces justificatives*.)

(6) Guilloux fut embarqué sur le *Vengeur*, puis sur le *Duc de Chartres*, en qualité de volontaire de 2º classe. (Voir *Pièces justificatives*.)

En même temps, le commandant Dayot reçut la mission de se rendre successivement à Macao, à Canton et à Manille avec les vaisseaux de guerre le *Donnaï* et le *Prince de Cochinchine*. Le mandarin Trung devait l'accompagner en qualité d'intendant ou de commissaire civil. Les instructions qui leur furent données portent : « Ils (Dayot et Trung) recevront à bord des vaisseaux 3.900 piculs de riz qu'ils vendront à Macao pour le mieux et d'un commun accord. Ils permettront aux officiers de l'état-major, aux officiers mariniers et aux matelots de toucher le reste des appointements qui leur reviennent *pour huit mois* échus le 1er juin dernier, qui montent à la somme de 3.848 piastres. (Leurs appointements courants seront payés à leur retour ici sur le pied convenu.) — Ils remettront aux *commissaires* des vivres des deux bâtiments au 1er août prochain 300 piastres par mois pour fournir à la subsistance des deux bâtiments durant le voyage. — Ils feront toute diligence possible pour recouvrer à Macao l'argent de 5.000 pieds d'arec à 3 piastres le pied, qu'Antoine-Vincent de Rosa doit au roi, plus une ancienne dette du même montant à 6.208 piastres, plus l'argent de 1.908 pieds d'arec à 3 piastres le pied que doit au roi son client Antoine Milner, de Macao (ensemble 26.933 piastres et 4 condorins). De l'argent à retirer, tant des marchandises que de la dette, Dayot tirera 3.848 piastres moins un quan pour la solde des officiers et des équipages, et remettra le surplus au mandarin Trung qui en prendra soin. Ils se rendront ensuite à Manille où, après avoir demandé la permission au gouverneur général, ils caréneront les vaisseaux, les pourvoiront de voiles, de cordages et autres agrès nécessaires. Ils achèteront 500 piculs de soufre et y trouveront un chargement de riz qu'ils transporteront à Macao, où ils le vendront. Avec l'argent, dont ils tiendront un compte exact, ils y achèteront (à Macao) mille pics de fer, 500 pics de clous, de bons fusils et des canons de douze livres de balles et au delà. — Ils partiront de Macao de manière à être de retour ici (Saïgon) au plus tard vers le milieu de janvier prochain (1791). — S'ils trouvaient un grand et bon vaisseau, muni de toutes les choses nécessaires, et pouvant au moins porter quarante mille de canjus, il leur est permis d'en donner 40.000 piastres, moyennant paiement en trois termes (10.000 piastres comptant, 5.000 piculs de riz au retour, le surplus au moins de juin 1791 (1).

Dayot reçut en même temps des instructions verbales confidentielles, relativement aux opérations militaires.

Il fut, en outre, muni d'une lettre de la chancellerie du roi de la Cochinchine pour le gouverneur général des Philippines, dans laquelle il est dit : « Les hommes qui habitent l'univers étant tous frères, cette vérité, monsieur, nous donne la confiance de vous écrire... Aujourd'hui que, pour nos besoins, nous sommes obligés d'envoyer deux de nos vaisseaux à Macao et à Canton, nous chargeons M. Dayot, Français de nation, qui les commande, et le mandarin Trung qui l'accompagne, de se rendre à Manille pour acheter du soufre et y caréner les deux bâtiments. Dans le cas où ils auraient besoin de votre secours, nous vous prions, monsieur, de vouloir bien ne pas les abandonner, et si les fonds venaient à leur manquer, de les leur procurer avec la même confiance que si nous avions nous-même contracté alliance avec vous. Si, dans la suite, nous pouvions être assez heureux pour trouver l'occasion de reconnaître ces services, nous vous prions d'être assuré que nous la saisirions avec le plus grand empressement (2). »

A examiner attentivement ces documents d'ordres divers, on y découvre clairement indiqués, quoique en termes concis, le système de gouvernement dont l'Evêque d'Adran était l'âme et l'auteur; et même les principes de discipline et d'administration

---

(1) Ordre du roi, à Saïgon, le 27 juin 1790, sceau du Conseil et sceau particulier de l'Evêque d'Adran.

(2) Le Conseil royal de Cochinchine au gouverneur général des Philippines, à Saïgon, le 22 juin 1790, sceau de l'évêque.

Le gouverneur espagnol aux Philippines se montra favorable à ces ouvertures, témoin la réponse suivante : « Sa Majesté a appris avec la plus grande satisfaction que M. le gouverneur général des Philippines, mettant en pratique cette vérité constante que l'amitié entre les Etats voisins s'entretenait par des services mutuels, avait donné à M. Dayot les moyens de tout terminer avec succès. Sa Majesté lui en témoigne sa plus vive reconnaissance et l'assure qu'elle n'oubliera jamais ce service ; à Saïgon, le 1er juillet 1791. » (Sceau de l'évêque.)

d'après lesquels la guerre désormais allait être dirigée. On apprend aux officiers français qui, étant encore jeunes, pouvaient l'ignorer, qu'il y a en Cochinchine, de même qu'en France, des lois, et qu'on les leur appliquera, s'il y a manquement de leur part. Mais, en attendant, le pouvoir prend ses précautions, ses garanties. Il adjoint un lettré au commandant de la flotte, et ce lettré du nom de Trung, membre du conseil royal, partage avec lui la responsabilité des opérations : tels les *Soff'êtes* que le sanhédrin de Carthage déléguait auprès des généraux et des amiraux en campagne, tels les *représentants du peuple* que la *Convention nationale* tout à l'heure déléguera aux armées.

Le mandarin dont il s'agit tenait aussi la caisse ; il fournissait d'argent les *commissaires* aux vivres à bord des vaisseaux, lesquels avaient charge de se pourvoir directement. Il ressort, de plus, de ces *instructions,* que le commandant de la division navale et le mandarin royal étaient conjointement investis du pouvoir de nouer avec les gouverneurs des colonies européennes avoisinantes des relations politiques et commerciales. Les marchandises qu'ils apportent, ils doivent les laisser en dépôt entre les mains de correspondants attitrés, ou les réaliser en espèces, ou les troquer contre des armes et des munitions. L'impôt se payant en nature en Cochinchine, le roi, pour faire face aux multiples dépenses qui incombent à son trésor, est bien obligé de se travestir en marchand de denrées ; et on conviendra que le moyen qu'il emploie, tout primitif qu'il est, semble approprié au pays qu'il gouverne et aux circonstances dans lesquelles il se trouve.

Quant au pouvoir que l'Evêque d'Adran a rempli auprès du roi de la Cochinchine, il a de grandes analogies avec celui qu'exercèrent, dans l'ancienne France, Suger, abbé de Saint-Denis, sous Louis VI et Louis VII ; George, cardinal d'Amboise, sous Louis XII ; enfin, le cardinal de Richelieu, sous Louis XIII. L'identité de situation et la similitude de conduite avec le dernier de ces hommes d'Etat est particulièrement frappante. Car, de même que le cardinal de Richelieu, l'Evêque d'Adran négocia directement avec les puissances étrangères, organisa des flottes et des troupes, dirigea ou commanda des armées d'une certaine importance,

puisqu'on peut sans exagération les évaluer à 50.000 hommes.
De même que le cardinal de Richelieu, l'Evêque d'Adran eut sa
garde particulière, sa bannière propre de soie rouge (ses succes-
seurs, les Vicaires apostoliques de la Cochinchine, la conservent
précieusement, mais, par ordre supérieur sans doute, ils ne la laissent guère voir) qui le précédait à la guerre, qui, sur les vaisseaux, confondait ses plis avec le blanc étendard royal. L'Evêque
d'Adran, enfin, selon de la Bissachère, dans les conseils de guerre
et autres, était toujours assis à côté et à même hauteur que le
monarque asiatique. On peut donc bien dire que Mgr Pigneau
de Behaine a été le dernier prélat guerrier de notre histoire ;
seulement son action, pour s'être fait sentir au loin et en dehors
de l'Europe, ne fut pas pour cela moins méritoire, ni moins utile à
sa patrie et à sa religion, qu'il servit et qu'il aima d'un égal amour.

Après la marine, l'Evêque d'Adran s'appliqua à organiser l'armée cochinchinoise, laquelle jusqu'alors ne s'était composée
que de bandes. Le jeune Olivier de Puymanel fut à cet égard
l'agent spécial et direct de ses volontés, en quelque sorte son
chef d'état-major général.

Les difficultés étaient grandes et multiples dans cette Cochinchine épuisée par quinze années de guerres civiles implacables.
Les bras non seulement manquaient pour porter les armes, mais
encore pour cultiver le sol. Comme avant tout il faut vivre,
l'Evêque d'Adran fit décider que la majeure partie de la population ne serait pas distraite de la culture du sol, et qu'on devait
provisoirement se borner à former une armée de 3.000 hommes,
à la parfaite instruction de laquelle les marins français qu'il avait
amenés seraient constamment employés. Dans sa pensée, ce noyau
d'armée, qu'il savait insuffisant comme nombre, devait, en attendant, être une école pour les soldats et surtout pour les officiers
indigènes alors absolument inexpérimentés dans l'art de la guerre.
C'est pour les initier à cet art qu'il traduisit lui-même en idiome
cochinchinois des ouvrages français appropriés, qu'il les annota
et dont il doit se trouver quelque part, là-bas, des exemplaires
qu'on a tort vraiment de cacher, comme on cache sa glorieuse
bannière rouge. Olivier de Puymanel eut encore l'honneur d'être

choisi par l'évêque pour diriger cette école mixte, d'où sortirent
des cadres d'officiers et de sous-officiers indigènes rompus à la
discipline des camps, et qui donneront bientôt la preuve et la
mesure de leurs vertus guerrières.

A ce dernier titre, deux exemples mémorables sont bons à
rapporter.

Kaó-Koún et Taó-Koún furent les deux plus fameux généraux
qu'ait produits l'école militaire instituée par l'Evêque d'Adran.

Le premier, aigri par l'injustice et les violences du roi à son
égard (il avait été mis à la cangue pour une faute dans le service
sans importance), était passé dans le camp adverse, en 1795. Cinq
ans après, revenu de son erreur qui pouvait être excusable, il
se rendit, seul, au camp du roi, alors établi à Quinhon et lui
demanda d'être puni comme rebelle ou de le servir désormais
comme soldat, étant également prêt à recevoir la mort qu'il
méritait, ou à aller la chercher, en combattant ses ennemis. Le
roi fut touché de cette démarche spontanée; il confia au général
repentant le commandement d'une armée. A quelque temps de
là, Kaó Koún montait le premier à l'assaut de Quinhon (cette
capitale des Tayson a été plusieurs fois prise et reprise) et faisait
prisonnier le dernier représentant du parti des rebelles. Il permit
à celui-ci de fuir, en le prévenant qu'une autre fois il ne serait
pas probablement aussi heureux. L'acte accompli, le général Kaó
Koún fut se jeter aux genoux du roi, lui avouant ce qu'il venait
de faire et lui disant : « J'avais été pendant longtemps à la solde
de cet homme, pouvais-je lui donner la mort ? » Le roi lui par-
donna et convint qu'à sa place il en eût fait tout autant. Kaó-
Koún lui demanda ensuite la permission d'aller voir sa mère qui
habitait loin de là, dans une province du sud. « Allez vers votre
mère, lui dit le roi, et dites à cette femme que je la salue et la
félicite d'avoir donné à mon royaume un homme tel que vous. »

Taó Koún, après la prise de Quinhon, en 1799, y avait été laissé
pour la défendre. Assiégée par l'armée des rebelles pendant plusieurs mois consécutifs, la vieille ville rebelle fut réduite à capi-
tuler. Le général cochinchinois s'enferma dans la citadelle, et la
fit sauter. Il y périt avec la garnison.

L'Evêque d'Adran avait, on le voit, formé à son école de guerre des officiers d'une bonne trempe morale (1).

A côté de cette Ecole militaire mixte, il y avait le camp dit « des recrues », à la tête duquel fut placé un certain Laurent Barisy. Ce Laurent Barisy était-il français? Son nom et son prénom l'indiqueraient, mais les documents officiels se taisent sur sa nationalité, alors qu'ils la mentionnent expressément au regard des autres officiers d'origine française. Nous avons compulsé vainement les cadres de nos troupes coloniales de l'Inde et de l'île de France, les rôles d'équipage de nos bâtiments de guerre : Laurent Barisy n'y figure pas. Les documents cochinchinois le qualifient tantôt de capitaine, tantôt de lieutenant-colonel Barisy-man, selon qu'il dirige le camp « des recrues », ou qu'il commande un navire de guerre; car, il paraît qu'il a été tour à tour marin et soldat, une sorte de maître Jacques. Il commandait notamment le vaisseau « l'Armide », lorsque ce bâtiment fut capturé par les Anglais dans la mer des Indes, ce qui donna lieu à une énergique revendication du gouvernement cochinchinois dirigé par l'Evêque d'Adran.

« J'ai appris, écrit le roi ou plutôt le conseil royal au gouverneur des Indes anglaises, j'ai appris avec la plus grande surprise que la frégate anglaise « Nom-Such », commandée par le capitaine Thomas, s'était emparée, contre le droit des gens, du vaisseau « l'Armide » placé sous le commandement d'un de mes officiers (Laurent Barisy) que j'avais envoyé dans différents ports de l'Inde pour m'acheter des armes et autres munitions de guerre. Ce capitaine Thomas, croyant tout braver parce qu'il était le

(1) Ces traditions se sont conservées tant qu'a duré l'armée cochinchinoise. En 1867, quand Thu-duc nous céda les trois provinces méridionales qui complétaient notre domaine de la basse Cochinchine, le général Phan-Than-Giang reçut la mission de nous faire la remise des places fortes. Il exécuta l'ordre ponctuellement. Phan-Than-Giang alla lui-même ouvrir la porte de la dernière citadelle aux troupes françaises lorsqu'elles se présentèrent, et remonta tranquillement dans son cabinet. L'officier français prit possession, puis monta pour saluer le général cochinchinois. Il le trouva assis dans un fauteuil, immobile, les mains croisées sur la poitrine que couvrait sa longue barbe blanche. Il le crut endormi; il était mort. Phan-Than-Giang s'était empoisonné.

plus fort, a amené mon pavillon et hissé en sa place celui de la Grande-Bretagne... Cette conduite si injuste est restée impunie... Je n'ai pas besoin de vous faire observer, milord, que je ne m'attendais pas à un pareil procédé. Je vous demande donc quel motif a pu autoriser le capitaine Thomas dans la conduite de pirate qu'il vient de tenir. Je vous prie de faire faire à mon pavillon les réparations que les lois anglaises exigent en pareil cas... *Vous devez sentir que si je voulais me dédommager par la voie de compensation, j'en trouverais facilement le moyen* (1). » Et les Anglais cédèrent à ces raisons comminatoires. L'*Armide* fut ramenée à Saïgon et satisfaction pleine et entière donnée au pavillon cochinchinois.

Tout en organisant l'armée et la marine, l'Evêque d'Adran n'avait garde d'omettre les fortifications dans son système défensif. L'ancienne citadelle de Saïgon, édifiée sous sa direction dix années auparavant, fut remaniée et considérablement agrandie sur de nouveaux plans. Il arrêta aussi le projet des travaux à la Vauban qui bientôt s'élevèrent à Vinhlong, Hatien, Chaudoc, Mytho, Bienhoa, etc., pour couvrir les principales positions du pays, et s'y mettre à l'abri des insultes de l'ennemi, qu'il vînt de l'Est ou de l'Ouest, de Siam ou de la haute Cochinchine.

Cependant, la division navale commandée par Dayot, et à laquelle avait été confiée la mission que l'on sait, en rentrant à Saïgon dans les délais qui lui avaient été impartis, eut une occasion heureuse de frapper un coup habile sur les Tayson. Partie de Macao bien munitionnée, l'escadrille du roi de Cochinchine fit la rencontre en mer de la flotte des rebelles, sortie de Tourane, et, lui donnant vigoureusement la chasse, la contraignit à entrer précipitamment dans la baie de Quinhon, et l'y suivit. Aussitôt s'engagea un furieux combat naval, à la suite duquel les galères (2) des rebelles, chargées d'hommes, de vivres, etc., furent incendiées, anéanties.

(1) Le roi de Cochinchine au gouverneur général des possessions anglaises dans les Indes ; Saïgon, le 20 novembre 1798.

(2) V. pour le nombre et la valeur des galères cochinchinoises la première partie de notre travail.

Cette éclatante victoire, due à l'audace et à la vigueur des officiers et des équipages français qui montaient le *Donnaï*, le *Prince royal* et un troisième bâtiment acheté à Macao, eut dans les circonstances où l'on se trouvait de grandes conséquences. A Saïgon, la joie fut extrême. Les fêtes du Tet de 1791 (c'est le nouvel an) furent célébrées avec un éclat inusité. Les indigènes virent une montgolfière s'élever dans les airs; ils assistèrent à des expériences d'électricité qui les émerveillèrent. L'incendie de la flotte des rebelles fut un véritable coup de théâtre qui raffermit les uns, et atterra les autres.

Car, à Quinhon, à Hué, à Hanoï, dès l'annonce de cette désastreuse nouvelle, une terreur folle, une peur panique se répandit partout, glaçant tous les courages. Les farouches Tayson, pour relever leur prestige si durement atteint, eurent beau lancer une proclamation furibonde, ils ne réussirent pas à calmer les populations. « Le peuple timide de Giadinh (Saïgon), y disaient-ils, ose aujourd'hui se mettre en mouvement et lever une armée, pourquoi le craignez-vous tant ? Pourquoi votre cœur est-il saisi d'effroi ? Si ses armées de terre et de mer se sont emparées de vos ports dans un temps où vous ne les attendiez pas, c'est parce que vous n'avez pas eu le courage de les combattre, et c'est pour cette raison bien plus que par les talents qu'elles ont déployés, qu'elles se sont emparées de tous les endroits qui sont aujourd'hui en leur possession. Votre armée de terre s'est enfuie de son côté, et celle de mer s'est enfuie du sien. Mais, maintenant, nous préparons une armée formidable par terre et par mer, et nous allons réduire les ennemis de notre nom avec la même facilité que nous froisserions un morceau de bois pourri ou de bois sec. Ne faites aucun cas de vos ennemis ; ne les craignez point ; ouvrez seulement les yeux et les oreilles pour voir et entendre ce que nous allons faire. Vous verrez que les provinces de Binh-Khang et de Nha-trang, débris du cadavre de Giadinh, la province du Phu-yen, centre de la guerre, et les autres depuis le Binh-Thuan jusqu'au Cambodge, toutes, d'un seul coup, vont rentrer sous notre puissance. Nous vous exhortons tous, grands et petits, à nous rester fidèlement attachés, en attendant que

notre armée purifie la province de Giadinh... Ne soyez pas assez
crédules pour ajouter foi à ce qu'on dit des Français. Quelle
habileté peut avoir cette espèce d'hommes? ils ont tous des yeux
de serpents verts! Vous ne devez les regarder que comme des
cadavres flottants qui nous sont jetés ici par les mers du nord.
Que vient-on nous parler de vaisseaux de cuivre, de ballons, etc.?
Tous les villages auront soin de faire partout des ponts pour
faciliter le passage de nos troupes. Recevez avec respect ce
manifeste, car tel est notre bon plaisir (1). »

Vaines menaces ! le crédit des Tayson était irrémédiablement
perdu ; une poignée de Français l'avait ruiné.

L'année suivante, nouveau désastre. Le Tayson qui s'était
intitulé empereur, qui dominait au Tonkin et dans la haute
Cochinchine, le plus redoutable par ses talents militaires et son
énergie, mourut subitement (sept. 1792), laissant pour lui succéder
un fils, âgé de onze ans, incapable de recueillir l'héritage, d'ailleurs, bien compromis. L'autre Tayson, celui qui s'était renfermé
dans Quinhon comme dans une citadelle inexpugnable, suivit
bientôt son frère dans la tombe. Le prétendant qu'appuyait l'Evêque d'Adran eut dès ce moment la partie presque gagnée. Ce
n'était plus qu'une affaire de temps, de persévérance, de sagesse
et de bons conseils.

(1) Phuxuan (Hué), le 10° jour de la 5° lune de la 5° année de Quang-
Trung.

# CHAPITRE DIX–NEUVIÈME

---



Quand l'Evêque d'Adran eut donné avec ses dernières forces
ses derniers soins à l'œuvre à laquelle il avait voué et consacré
sa vie tout entière, la mort survint ; il la reçut avec la tranquillité
d'âme d'un homme qui disparaît de la scène du monde avec la
conscience du devoir rempli, avec la joie intime qu'éprouve le
voyageur enfin parvenu, après une longue et pénible route, à
l'étape définitive où le repos l'attend.

Les troupes royales de terre et de mer, pour la cinquième fois
attaquaient Quinhon dont on sait l'importance stratégique et la
force de résistance ; et, comme l'effort était suprême, l'Evêque
d'Adran avait lui-même marché à l'ennemi avec sa haute bannière rouge. Il n'avait plus à sa disposition, alors, pour le remplacer
et conduire la campagne, son fidèle et intelligent ami, le colonel
Olivier de Puymanel qui était mort, quelques mois auparavant,
à Malacca, usé par le climat et par les fatigues d'un labeur sans
relâche.

La tente de l'Evêque d'Adran était dressée au milieu d'un cam-
pement qui occupait la langue de terre formant la petite baie dite

« de Thinai. » Toute la flotte cochinchinoise y était réunie en ce moment, interceptant les communications avec la mer, tandis que le gros de l'autre armée, forte de 40.000 hommes, sous le commandement direct du roi, enfermait la citadelle, la ville et les remparts de Quinhon dans un demi-cercle de fer mesurant une étendue de quatre à cinq lieues. Jour et nuit, le canon faisait rage, de part et d'autre.

Autour de la tente de l'évêque sa garde d'honneur veillait. Sous sa tente, on voyait sa haute bannière en damas rouge, une longue table couverte de cartes, de croquis, etc., de belles nattes recouvrant entièrement une arène mouvante, moelleuse. Au dedans et aux alentours, partout régnait un absolu silence. Alors, en effet, sur une chaise longue de rotin clissée de bambous était étendu l'évêque d'Adran, mortellement atteint, cette fois, non par quelque projectile ennemi, mais par la maladie implacable qui le consumait. A sa droite, le missionnaire Lelabousse, à sa gauche, le médecin Despiaux, qui tous deux ne le quittaient pas, car ils savaient, l'un et l'autre, que l'état du malade était désespéré.

Le missionnaire lui lisait les passages de l'*Apocalypse* sur la Jérusalem céleste, et de temps en temps lui donnait à baiser un petit crucifix en argent. Le médecin, à chaque retour périodique des crises qui allaient s'accélérant et s'aggravant, lui administrait une potion calmante. Et le missionnaire et le médecin, simultanément, invoquaient en silence, l'un par d'ardentes prières le secours du Tout-Puissant, l'autre les ressources suprêmes que la science pouvait encore lui fournir. Et l'évêque était impassible, comme si son âme eût déjà épuisé toutes les amertumes de la vie. Faisant tout d'un coup un pénible et douloureux effort, il se redressa sur sa chaise et, se tournant vers le missionnaire, il dit :

« Me voilà donc enfin rendu au bout de cette carrière tumultueuse que, malgré moi, je parcours depuis si longtemps. Voilà que mes peines vont enfin finir et mon bonheur commencer. Je quitte volontiers ce monde où l'on me croyait heureux. J'y ai été admiré des peuples, respecté des grands, estimé des rois. Mais je ne regrette pas tous ces honneurs. Ce n'est là que vanité et affliction. La mort va me procurer le repos et la paix, l'unique objet de mes désirs. Je l'attends avec impatience. Si je suis encore utile sur la terre, je ne refuse pas le travail. Je me soumets à toutes les croix que j'ai trouvées au milieu des grandeurs. Mais si Dieu veut bien m'appeler à lui, je suis au comble de mes vœux. Quoique je craigne ses jugements terribles, j'ai la plus grande confiance en ses miséricordes. »

Il se retourna vers le médecin et, lui souriant, il dit : « Mon ami, ne soyez pas affligé si vous n'avez pu me guérir. Vous avez fait tout ce qui dépendait de vous. Retournez auprès du roi et racontez-lui ce que vous avez vu. Surtout dites-lui bien que je suis sans inquiétude ni frayeur. Il sait déjà comment les Français vivent ; il est bon qu'il sache par vous comment ils meurent. »

Sur cet ordre, Despiaux sortit de la tente. L'Evêque d'Adran, d'ailleurs, entrait en agonie ; sa fin approchait.

Le missionnaire Lelabousse, seul, fut là pour recueillir les dernières pensées du mourant. L'évêque lui demanda le crucifix ; et, le prenant dans ses mains défaillantes, il prononça ces suprêmes paroles : « Croix précieuse qui, toute ma vie, fûtes mon partage, et qui, en ce moment, êtes ma consolation et mon espoir, permettez-moi de vous embrasser pour la dernière fois. Vous avez été outragée en Europe. Des Français vous ont renversée et rejetée de leurs temples. Puisqu'ils ne vous respectent plus, venez en Cochinchine. J'ai voulu vous faire connaître à ce peuple plus grossier que méchant, et vous planter en ce royaume jusque sur le trône des rois. Mais mes péchés m'ont rendu indigne d'être l'instrument d'un si grand ouvrage. Plantez l'y vous-même, ô mon Sauveur ! et érigez vos temples sur ceux du démon. Régnez sur les Cochinchinois. Vous m'aviez établi pour leur annoncer votre Evangile. Aujourd'hui que je les quitte pour aller à vous, je les remets entre vos mains. Je vous demande pardon de toutes les fautes que j'ai commises depuis trente-trois ans que j'en suis chargé, avec la grâce de mourir dans votre saint amour (1). »

En cet instant (9 octobre 1799) se brisa un des plus beaux moules que la nature ait organisés ; en cet instant disparut un

_______

(1) *Lettres édifiantes*, tome VIII. — *Mercure français*.

grand caractére, s'éteignit une des plus hautes intelligences qui aient brillé dans le monde moral. Si, comme l'a dit Tacite dans un mouvement de poétique tendresse en parlant d'Agricola, son beau-père, les grandes âmes ne périssent pas avec les corps; et s'il est un séjour marqué aux mânes des saints, ce que croient les chrétiens d'accord en cela avec des philosophes, celui qui s'appela Pigneau de Behaine n'a certes pas été enfermé tout entier dans la tombe. Car il avait lutté, il avait souffert, il avait atteint la plénitude de la vie humaine, ayant eu, par surcroît, le suprême honneur de tomber dans l'action.

Son corps fut enveloppé dans des étoffes de soie, et déposé dans un cercueil de bois précieux. On l'embarqua, de nuit, sur un vaisseau de guerre, « le Phung », qui alla, pavillon en berne, le déposer à Saïgon. La mort du prélat fut tenue secrète pour ne pas nuire aux opérations militaires alors engagées. L'armée assiégeant Quinhon y eût immanquablement vu un fatal présage, et la place assiégée une espérance de délivrance prochaine.

Quinhon capitula le 2 novembre; l'armée royale victorieuse rentra aussitôt à Saïgon; le roi, dès lors, put s'occuper des soins de rendre à l'illustre défunt les honneurs qui lui étaient dus.

Les funérailles eurent lieu le 17 décembre, à deux heures du matin, par une nuit sans étoiles.

Quatre-vingts hommes, en tenue de campagne, portèrent le cercueil qu'enveloppait entièrement le damas rouge. Pour éclairer le convoi à travers l'obscurité profonde, une énorme croix enflammée projetait au loin des lueurs sombres. Six coffrets sculptés à jour reposaient sur des tables qu'on portait également à bras. Il était écrit sur le premier en grosses lettres d'or : « Au Souverain du ciel. » Sur les quatre autres apparaissaient des images représentant *saint Paul, saint Pierre,* patron du prélat, l'*Ange gardien* et la *Vierge Marie*; enfin, le sixième renfermait la crosse et la mitre épiscopales. La fameuse bannière de damas rouge qui mesurait quinze pieds de hauteur et sur laquelle brillaient en lettres d'or les titres du défunt, dominait cet ensemble grandiose. Douze mille hommes, artillerie en tête, entouraient la bannière, et cent vingt éléphants la flanquaient. D'innombrables fanaux, flambeaux et cierges, aux multiples couleurs, éclairaient l'interminable cortège, masse profonde de quarante mille individus de tout âge et de toute condition. Le roi, les ministres, toute la cour, suivaient, à pied, et fermaient le cortège. Le défilé dura sept heures.

Quand, enfin, on eut atteint le lieu qui avait été choisi pour l'inhumation (c'est là où devait être élevé le tombeau), le roi s'avança avec gravité jusqu'auprès du cercueil, et, en manière d'oraison funèbre, prononça ces paroles : « Je possédais un sage, un intime confident de tous mes secrets, qui, malgré la distance de mille et mille lieues, était venu dans mes Etats et ne me quitta jamais, lors même que la fortune me tournait le dos. Pourquoi faut-il qu'aujourd'hui qu'elle a repassé sous mes drapeaux, une mort prématurée soit venue nous séparer tout à coup? Je parle de Pierre Pigneau, décoré de la dignité épiscopale et du glorieux titre de plénipotentiaire du roi de France. Ayant toujours présent à l'esprit le souvenir de ses anciennes vertus, je veux lui donner un nouveau témoignage de mon affection. Je le dois à ses rares mérites. Car si, en Europe, il passa pour un homme au-dessus du commun, ici, on le regarda toujours comme le plus illustre étranger qui eût paru en Cochinchine. Dès ma plus tendre jeunesse, j'eus le bonheur de rencontrer ce précieux ami, dont le caractère cadrait si bien avec le mien. Quand je fis les premières démarches pour monter sur le trône de mes ancêtres, je l'avais à mes côtés. Il était pour moi un riche trésor où je pouvais puiser tous les conseils dont j'avais tant besoin pour me diriger. Tout à coup, mille malheurs vinrent fondre sur ce royaume et mes pieds devinrent aussi chancelants que ceux de Thien-Kang (1), de la dynastie des Ha. Alors il me fallut prendre un parti qui nous sépara, comme le ciel de la terre. Je lui remis entre·les mains le prince héritier (et véritablement il était digne de cette confiance) pour aller intéresser en notre faveur le grand monarque qui régnait dans sa patrie. Il réussit à m'obtenir des secours. Ils étaient déjà

_______

(1) Empereur de Chine qui vivait en 1057 et que ses malheurs ont rendu célèbre dans le monde asiatique.

rendus à moitié chemin, lorsque ses projets trouvèrent des obstacles. Mais, à l'exemple d'un ancien, regardant mes ennemis
comme les siens, il vint par attachement pour ma personne se
réunir à moi afin de les combattre. Il arriva dans le temps qu'il
avait promis. A la manière insinuante et pleine de douceur avec
laquelle il avait formé mon fils, on voyait qu'il avait un talent
unique pour élever la jeunesse. Mon estime et mon affection
pour lui croissaient de jour en jour. Dans les temps de détresse,
il nous fournissait des moyens, que lui seul savait trouver. La
sagesse de ses conseils, la vertu qui brillait jusque dans l'enjouement de sa conversation, nous rapprochaient de plus en
plus. Nous étions si unis, si familiers ensemble que, lorsque mes
affaires m'appelaient hors de mon palais, nos chevaux marchaient
de front. Nous n'avons jamais eu qu'un même cœur. Depuis le
jour où, par le plus heureux des hasards, nous nous sommes
rencontrés, rien n'a pu refroidir notre amitié. Je comptais que
sa florissante santé me ferait goûter, longtemps encore, les doux
fruits d'une étroite union. Mais voilà que la terre va couvrir ce
bel arbre. Que j'en ai de regrets ! Pour manifester à tout mon
peuple les grands mérites de cet illustre Français, et répandre au
dehors la bonne odeur de ses vertus, qu'il cacha toujours, je lui
décerne le brevet d'instituteur du prince héritier et la première
dignité après la royauté, et je le nomme : l'*accompli.* Hélas !
hélas ! le corps tombé, l'âme s'envole, et pas de main pour la
saisir et pour la retenir. J'ai fini ce pauvre éloge, mais les regrets
de mon cœur et ceux de mon peuple seront éternels. O belle, ô
grande âme du maître, daignez, daignez agréer ces hommages
suprêmes ! »

L'année suivante (1800) on éleva à l'Evêque d'Adran, dans l'endroit même où il avait vécu les dernières années de sa vie, le
plus beau des tombeaux (1) qui se puisse voir en Extrême Orient,
et le roi y fit graver ce qui suit : « L'illustre docteur français

---

(1) Le 3 août 1861, M. de Chasseloup-Laubat, ministre de la marine et des
colonies, fit décréter *propriété nationale*, à Saïgon, le tombeau élevé en
1800 à l'Evêque d'Adran par le roi de la Cochinchine. La maison natale de
l'Evêque d'Adran à Origny-en-Thiérache menaçait ruine. Des mains

Pigneau (Pierre), chrétien dès son enfance, fut versé dans toutes les connaissances des savants. Il était encore jeune quand il vint dans notre royaume, qui était alors rempli de troubles. Le docteur français fut pour nous un auxiliaire dévoué. Il se montra, dans ces circonstances difficiles, aussi distingué par son instruction que par la prudence de ses conseils. Il voulut bien se charger de la mission importante de demander l'appui d'une flotte alliée dans un pays lointain, et il ne put nous l'amener qu'après avoir franchi les montagnes et affronté les périls des mers. Pendant plus de vingt ans, il travailla avec une ardeur constante, soit en étudiant les meilleurs gouvernements, soit en suggérant les mesures à prendre pour nous faire reconquérir et pacifier nos provinces. Toutes les actions de ce sage méritent d'être transmises comme des exemples à la postérité. Si notre royaume est parvenu au plus haut degré de splendeur, il le doit surtout au génie et aux soins du grand maître. En 1799, il vint dans la province de Quinhon et mourut au port de Thinai le 11e jour du 9e mois, dans la 58e année de son âge. Le 10e mois de la même année, il fut élevé à la dignité de premier ministre et de précepteur du prince royal. Il fut enseveli au nord de la ville de Giadinh (Saïgon), dans le lieu qu'il avait désigné pour recevoir son tombeau. »

> « Voilà, précisément et gravé sur le marbre,
> « ce que je viens de raconter. »

Après ces funérailles homériques, après cette expression élevée de la reconnaissance d'un monarque intelligent, qu'ajouterais-je ? — Rien qu'une réflexion.

Quand, aujourd'hui encore, on prononce le nom de l'Évêque d'Adran devant un Asiatique quelconque, l'Asiatique salue et s'incline. Cet exemple, tout bon Français devrait le suivre désormais ; car nul plus que l'Evêque d'Adran n'aima la France ni ne la servit avec plus de dévouement filial, loyal et désintéressé.

pieuses l'ont relevée, il y a quelques années, et y ont fait graver l'écusson authentique du prélat. J'apporte, à mon tour, ce livre qui est mon faible hommage à la mémoire de l'évêque patriote.

# PIÈCES JUSTIFICATIVES

I

Après que l'*Assemblée nationale* eut mis les biens du clergé à la disposition de l'Etat, comme biens nationaux, eut aboli les Ordres religieux, et, enfin, établi par *la Constitution civile du clergé* une nouvelle organisation ecclésiastique en France, les membres de la Maison des Missions Etrangères, présents alors à Paris (septembre 1791), adressèrent à l'*Assemblée nationale* le mémoire ci-après, qui fut imprimé à un très petit nombre d'exemplaires, devenus aujourd'hui fort rares. C'est pourquoi nous le réimprimons, en raison de l'intérêt historique que ce mémoire présente, et des renseignements précieux qu'il contient en ce qui concerne l'Evêque d'Adran et la Cochinchine. Ce mémoire est intitulé : *Observations sur l'établissement des Missions Etrangères, adressées à l'Assemblée nationale* (1).

—

*La maison des Missions Etrangères à Paris* est l'unique établissement d'une société de prêtres séculiers et toujours français qui, sans aucune espèce de vœux, sans autres liens que ceux du zèle et de la charité, se destinent à porter les lumières de la foi et à publier la gloire du nom français dans les pays orientaux.

Cette Association ne peut être comparée à aucun corps ecclésiastique, ni réputée congrégation. Il n'y a point de supérieur général qui ait autorité sur tous les associés. Le seul point qui les réunit, c'est la possession des biens en commun. Il est vrai que, pour autoriser cette possession de biens en commun, et

(1) A Paris, chez Chapart, libraire-imprimeur, Place Saint-Michel, nº 129, (1791). — Archives coloniales, fonds : Clergé, Missions.

pour en fixer l'administration, ils ont eu besoin de lettres patentes
du roi ; mais ils ont cela de commun avec des compagnies de
négociants, réunis pour des manufactures et autres objets, lesquelles sont également autorisées par lettres patentes.

*La Maison des Missions Etrangères établie à Paris* n'est autre
chose que l'hospice, et la maison de correspondance de toute
l'Association, le siège de l'administration, et la retraite des
individus associés, que des infirmités ou autres raisons légitimes
obligent de repasser en France.

C'est très improprement qu'on l'appelle « Séminaire. » Elle
n'est ni pour disposer aux saints Ordres, ni pour l'éducation
publique. On n'y reçoit que des prêtres, ou des ecclésiastiques
qui, ayant fini leurs cours d'études, y restent un ou deux ans
pour éprouver leur vocation et acquérir les connaissances relatives à l'œuvre qu'ils veulent entreprendre. Ensuite on les envoie
dans quelques-unes des missions de Chine, Cochinchine, Tonkin,
Siam, la Côte de Coromandel, etc., où ils travaillent sous la
juridiction spirituelle d'un de leurs associés, qui est ordinairement Evêque. Ils sont libres de quitter leurs missions, dès qu'ils
le jugent à propos.

Les prêtres *des Missions Etrangères* qui travaillent dans les
pays orientaux ont eu et ont tous les jours la consolation de voir
que Dieu bénit leurs travaux par un grand nombre de conver-
sions. Dans la seule mission du Tonkin, on compte 300.000 chrétiens. Combien de milliers d'autres n'y en a-t-il pas dans la Chine,
la Cochinchine, au Cambodge, à Siam, etc. !

Mais, en établissant le royaume de Jésus-Christ dans les régions
éloignées, ces prêtres n'ont jamais perdu de vue les intérêts de
leur nation. Les services qu'ils lui ont rendus jusqu'ici, et qu'ils
peuvent lui rendre dans la suite, seraient une raison d'être suffisante, s'il n'en existait pas d'autres encore. Le Français aime
toujours sa patrie, et le zèle pour la religion ne fait en lui qu'é-
purer cet amour.

Les missionnaires étant les seuls européens qui puissent pénétrer dans l'intérieur de la Chine, de la Cochinchine, du Tonkin,
du Cambodge et autres contrées de l'Asie, ils peuvent, seuls,
avoir et fournir des notions exactes sur plusieurs objets, dont il
est important pour les Français d'être instruits. Ils se sont toujours fait et se feront toujours un devoir de communiquer toutes
les découvertes et connaissances utiles qu'ils acquièrent, soit
pour les sciences et la littérature, soit pour le commerce. Ce
sont les missionnaires français qui ont enrichi la bibliothèque
du roi d'une quantité de livres chinois, et des plus importants.

On peut espérer d'eux, en ce genre, les plus grands services. Sans le naufrage d'une barque chinoise, arrivé en 1788, les prêtres de la Société des Missions pourraient offrir le Code des lois du Tonkin. Ils l'attendent de jour en jour, et se proposent d'y joindre les lois de la Cochinchine, que M. l'Evêque d'Adran a promis de leur envoyer le plus tôt qu'il lui serait possible. Dès qu'ils les auront reçues, ils s'empresseront d'en faire hommage à la nation.

Les missionnaires sont encore à portée de donner des renseignements sur l'histoire naturelle, la géographie, etc. Ils peuvent également procurer des connaissances utiles au commerce. L'éloignement extrême qu'ils ont toujours marqué de tout esprit de commerce et d'ambition leur a toujours fait tourner l'affection et l'estime qu'ils s'étaient acquises à l'avantage de leurs compatriotes qui, dans ces pays éloignés, ont très souvent besoin de secours, de soutien, ou de correspondance.

Ce sont les missionnaires *de la Société des Missions Etrangères* qui ont donné lieu au commerce que la France a entrepris dans les pays orientaux, et à la formation de la première Compagnie des Indes. Ce sont eux qui avaient obtenu du roi de Siam, vers 1670, que les Français qui allaient fréquemment commercer et hiverner dans le port de Mergui, dépendant de Siam, ne fussent point assujettis aux vexations des officiers siamois ; et ce prince, quoiqu'infidèle, avait chargé les missionnaires eux-mêmes de pourvoir aux besoins des vaisseaux de leur nation.

On pourrait citer plusieurs exemples de missionnaires qui se sont exposés à de grands dangers pour rendre service aux commerçants de leur nation. M. d'Après, dans son *Neptune oriental* (1), rapporte, assez au long, avec quel zèle M. Gouge (2), missionnaire de cette Société, s'employa, dès 1720, même au péril de sa vie, pour sauver la frégate « la Galatée », qui appartenait à la Compagnie de France. Aussi, l'ancienne Compagnie des Indes non seulement leur accordait le passage gratuit sur ses vaisseaux, mais elle leur faisait, annuellement, des gratifications considérables. Cette reconnaissance de la part d'une Compagnie commerçante annonce assez la grandeur des services qu'elle avait reçus et recevait des missionnaires.

Les Anglais, les Suédois, les Danois, etc., paraissent eux-mêmes reconnaître l'utilité de semblables établissements par l'affection

---

(1) *Neptune oriental,* ou routier général des côtes des Indes orientales et de la Chine, par d'Après de Mannevillette, lieutenant des vaisseaux de la Compagnie des Indes. Paris, 1749, chez J. F. Robustel.

(2) Gouge (Charles), du diocèse de Reims, parti pour la Cochinchine en 1685, y est mort en 1733.

qu'ils accordent aux missionnaires, et les services essentiels qu'ils leur rendent dans l'occasion, comme de les passer, même gratuitement, sur leurs vaisseaux.

Dans ces derniers temps, en 1786, 87 et 88, leur procureur, résidant à Macao, a eu l'avantage de se rendre utile aux officiers et aux équipages de plusieurs vaisseaux français expédiés vers ces plages et obligés d'y relâcher. C'est ce que peuvent attester les commandants des vaisseaux ou frégates « le Castries, la Calypso, la Dryade, le Pandour. »

Il n'a pas tenu à l'Evêque d'Adran, qui amena en 1787 à Paris le fils unique du roi de Cochinchine, de procurer à la France un port de la plus grande importance (Touron ou Hoïnan), et, si ses vues à ce sujet n'ont pas été secondées, il a du moins empêché que ce port n'ait été accordé à d'autres nations, malgré les instances et les offres considérables qui lui ont été faites *avant son voyage en France, et depuis son retour dans les Indes* (1).

Le capitaine Cook, dans le quatrième volume in-8° de son dernier voyage, s'explique assez clairement sur les grands avantages qu'un établissement à la côte de Cochinchine procurerait à la nation française, en cas de guerre.

Le commerce de la Cochinchine a paru si intéressant, que les habitants de l'île de France et de Bourbon, dans leur assemblée du 3 septembre 1788, ont fait un arrêté, où ils disent que « MM. les Administrateurs en chef seront suppliés de solliciter de Sa Majesté, au nom de la colonie, d'accorder à tous ses sujets la liberté du commerce de la Cochinchine..., ce royaume étant celui de l'Asie qui fournit le plus de denrées commerçables propres à l'Europe..., de manière qu'elles suffiraient, seules, à l'emploi d'un capital de plus de 40 millions, etc. (Extrait d'une feuille intitulée : seconde délibération de l'assemblée tenue au Port-Louis le 3 septembre 1788, avec la permission de MM. les Administrateurs en chef des îles de France et de Bourbon ; île de France, imprimerie royale, 1788.)

---

(1) « Si j'avais été assez peu patriote pour me laisser guider par l'humeur, il n'y a pas encore quinze jours que j'aurais pu profiter des offres qu'ils (les Anglais) me faisaient. Je suis bien éloigné de tenir une pareille conduite. » (Extrait d'une lettre de M. l'Evêque d'Adran en date de Pondichéry, 8 juin 1789.) — « Les Anglais lui firent offrir secrètement leurs services avec tous les avantages qu'il voudrait. Ils lui offrirent..., et pour lui-même 100.000 pièces d'or qui valent chacune 9 livres de notre monnaie. Il répondit qu'il ne pouvait, au préjudice de sa nation, accepter leurs services. » (Extrait d'une lettre du missionnaire Tarin, en date de Pondichéry, 9 juin 1789.)

C'est ce que M. l'Evêque d'Adran, qui a une parfaite connaissance de ce royaume, a mis sous les yeux de la Cour, en 1787.

Tant de services importants que les *Missions Etrangères* ont rendus et continueront de rendre à la nation en France, et surtout dans les Indes, pourraient-ils ne pas leur assurer la protection et la bienveillance de l'*Assemblée nationale* ? Ces avantages ne sont-ils pas infiniment plus estimables que les modiques sommes que coûte cet établissement ?

Car, qu'en coûte-t-il à la France pour entretenir non seulement les prêtres de cette Société et les aspirants aux Missions qui sont à la maison de Paris, mais encore les missionnaires dispersés en six ou sept royaumes de l'Orient, qui sont actuellement au nombre de six évêques et de trente-huit prêtres français chargés de six collèges, sans parler d'un nombre de prêtres indigènes et de catéchistes qu'il faut entretenir ou soulager ?

Il n'y a, pour fournir à toutes ces dépenses, que 65.000 livres de revenu net, y compris des dîmes qui rendaient 12 à 13.000 livres, une gratification du gouvernement de 15.000 livres, une du clergé de 1.300 livres, et plusieurs rentes sur des communautés ecclésiastiques qui sont supprimées. Le reste consiste en rentes sur l'Hôtel de ville, en deux petits hôtels et en quelques maisons à Paris. Il n'y a, en fonds de terre, que 12.000 livres de revenu environ. Encore faut-il observer que la plus grande partie de ces fonds sont des acquisitions faites des deniers et des épargnes des prêtres associés pour cette bonne œuvre. On ne comprend pas ici, avec les autres missions, celle de la côte de Coromandel, où il y a de plus deux évêques et un collège à Pondichéry, parce que cette mission, dont le roi a chargé *la Société des Missions Etrangères* depuis quelques années, a un revenu particulier de 18.500 livres de rente sur le roi, comme il a été remarqué dans la déclaration faite à l'Hôtel de ville.

La nation française, si grande dans ses vues et si féconde dans ses ressources, pourrait-elle être forcée de détruire, pour une somme si modique, un établissement aussi utile et aussi honorable à la religion, que glorieux et avantageux à l'Etat ?

Après ce beau plaidoyer *pro domo*, la cause des *Missions Etrangères*, devant la grande *Assemblée nationale* de 1791, fut entendue et gagnée.

## II

Itinéraires des bâtiments de l'Etat, qui étaient en cours de campagne dans les mers des Indes et de la Chine de 1785 à 1790.

Listes nominatives des volontaires de marine, quartiers maîtres, timoniers, pilotes, canonniers et autres marins des diverses spécialités des susdits bâtiments de l'Etat, lesquels se firent congédier, ou désertèrent en cours de campagne, ou passèrent pour s'être dévoués, à la suite de l'Evêque d'Adran, pour organiser l'armée cochinchinoise.

### 1° La Résolution.

La frégate « la Résolution » partit de Brest le 13 mai 1785 sous le commandement du capitaine de vaisseau Bruni d'Entrecasteaux, et fut désarmée à l'île de France le 16 février 1789. Stations : rade de Falsbaye, cap de Bonne-Espérance (14-30 août 1785); Port-Louis, île de France (23 septembre-20 octobre 1785); Bencolm, île de Sumatra (26 décembre 1785-15 janvier 1786); Colombo, île de Ceylan (5 mars - 28 mars 1786); Trinquemale (4 avril-1er mai 1786); Karikal, côte de Koromandel (3-4 mai 1786); Pondichéry (4 mai soir - 1er juillet 1786); Trinquemale (5 juillet-18 août 1786); Pondichéry (20 août-9 septembre 1786); Trinquemale (15 septembre - 22 octobre 1786); Batavia (21 novembre - 1er décembre 1786); Canton, en Chine (13 février-5 mars 1787); Malacca (21-27 mars 1787); Pondichéry (27 avril-23 juin 1787); Trinquemale (28 juin-4 septembre 1787); Pondichéry (6 septembre 1787, 3 février 1788); Galles, île de Ceylan (8 février-12 mai 1788; Trinquemale (15-17 mai 1788); Pondichéry (19 mai-29 juin 1788); Port-Louis (9 août-22 décembre 1788); rentrée à Port-Louis le 8 septembre, et y désarmée le 16 février 1789.

Noms des marins de *la Résolution* s'étant fait congédier, ou ayant déserté en cours de campagne, savoir : Barthélemy (Marc), gabier; Kérandrain (Jean-Louis), gabier; Riou (Allain), gabier; Lafont (Guillaume), gabier; Calvès (Michel), matelot; Corre, matelot; Cossec (Pierre-Charles), matelot; Moulic (Yves), matelot; Boussard (Julien), matelot ; Brunet (Joseph), matelot ; Baller (Louis), mousse; Bossard (Louis), mousse ; Clément (Nicolas), mousse ; Dislui (Jacques), mousse ; Bohu (Joachim), matelot canonnier; Walsin (Joseph), matelot, anglais; Boorn (William), matelot, anglais; Hooper (John), matelot, anglais; Chopreu (John), soldat, anglais ; Girauperle, soldat du régiment de Pondichéry; Gesnel (Louis), soldat de la légion de Lauzun; Lanois (Joseph), soldat de la même légion ; Wèbre (Baltasar), soldat de la même légion ; Pierre (François), matelot, portugais ; Douard (Joseph), matelot canonnier; Vitelle (Jacques), timonier; Pellerin (François), charpentier; Catteville (Jean-Joseph), matelot; Sarray (Nicolas), matelot; Launay (Charles), matelot; Le Brun (Paul), matelot; Cazeau (Jean), matelot; Harnais (Julien), quartier maître (1). Total : 33.

## 2° La Vénus.

La frégate « la Vénus » partit de Brest le 18 juin 1785, et se perdit dans le golfe de Perse. Le capitaine de vaisseau qui la commandait était passé (18 juin 1788) sur « la Méduse. » Stations : Ile de France (29 mai-5 juillet 1785); Znilou (2-4 août 1785); Mahé (21 août 1785-30 janvier 1786); Cochin (1er-5 février 1786); Ile de France (6-10 mars 1786); Pondichéry (20 mai-4 juin 1786); Calcutta et Chandernagor (4 juillet-19 novembre 1786); Pondichéry (27 novembre-1er décembre 1786); Trinquemale (2-4 décembre 1786); Mahé (14-18 décembre 1786); Moka (22 janvier-3 février 1787); Suez (1er-14 avril 1787); Moka (11-18 juin 1788); Pondichéry (30 juillet-10 septembre 1787); Ile de France (25 octobre 1787-30 avril 1788); Pondichéry (20 juin-15 juillet 1788), d'où partie, et présumée perdue corps et biens dans le golfe de Perse, ou sur la côte d'Afrique.

Noms des marins de *la Vénus* s'étant fait congédier ou ayant déserté en cours de campagne, savoir : Le Brun (Théodore), volontaire de 2e classe (rang du 8 février 1788) passé sur *la Méduse* le 19 juin 1788; Le Breton (Jacques), quartier maître; Evanneau (François), matelot voilier; Vroir (Toussaint), timonier; Chevallier (Alexandre-Julien), timonier; Chopillard (Toussaint-Pierre), timonier; Guillon (Paul), timonier; Bucaille (Guillaume), timonier; Postel (Jacques-André), timonier; Colombel (Antoine-Victor), timonier; Capelain (Jean-Charles Boromée), matelot; Boulou (Sébastien), matelot; Datin (Jean-François), matelot; Michel (Nicolas), matelot canonnier; Fuchs (Antoine), matelot canonnier; Berré (Jean), soldat de marine; Laurent (Jean-François), soldat de marine; Fontaine (Antoine), matelot canonnier; Giraud (Pierre), soldat de marine; Martin (Etienne), soldat de marine; Henry (Joseph), soldat de marine; Ecoute (Félix), soldat de marine; Patris Masson, soldat de marine; Martineau (Antoine), id.; Reverdy (Pierre), id.; Maugendre (Jacques), id.; Garre (Jean), id.; Le Roux (Léonard), id.; Labossière, id.; Despieds (Pierre), id.; Lesenne (Mathieu), id.; Ducoudray (Julien-François), id.; Rousseau (Jean-Jacques), id.; Rousseau (Jean-Baptiste), id.; Beldame (François), id.; Cotteu (George), soldat de marine; André (Pierre), id.; Vialer

_________

(1) Archives de la marine, rôle d'équipage de la *Résolution*, série Cc, vol. 867.

(Louis), id. ; Nué (Jean), gabier ; Garnier (Jean-Pierre), gabier ;
Guillemain (Jean), gabier ; Sicard (Alexis), matelot ; Grillour (François), matelot ; Gaillac (Jacques), matelot ; Le Breton (Simon), id. ;
Nouzeau (Jean), id. ; Aureau (Jean), id. ; Descomptes (Pierre), id. ;
Guilloux (Pierre), timonier ; Landy (Jacques), matelot ; Cloarec
(Joseph), id. ; Martin (Yves, id. ; Rival (Denis), id. ; Villienne (Jean),
id. (1). Total : 54.

### 3º **La Dryade**.

La frégate « la Dryade » partit de Lorient le 27 décembre 1787
sous le commandement du capitaine de vaisseau de Kersaint, et
rentra à Brest le 23 août 1790. — Stations : Ile de France (8-
26 avril 1788) ; Pondichéry (18 mai-15 août 1788) ; île de Poulo-
Condor (15-19 septembre 1788) ; Cavite, Manilles (7 octobre-29 novembre 1788) ; Macao, en Chine (13-29 décembre 1788) ; Tourane,
Cochinchine (8-13 janvier 1789) ; Cham-Callao (14-16 janvier 1789) ;
Cham-Chen (17-18 janvier 1789) ; Cambir, de terre (18-19 janvier
1789) ; Cancao et Phuquoc (24-27 janvier 1789) ; Poulo-Yang (28 janvier-1ᵉʳ février 1789) ; Poulo-Condor (10-12 février 1789) ; Malacca
(19-22 février 1789) ; Pondichéry (13 mars-12 avril 1789) ; Trinquemale (12 avril-15 mai 1789) ; Pondichéry (27 mai-11 juillet 1789) ;
île de France (3 août-6 décembre 1789) ; Brest (23 août 1790).

Noms des marins de la *Dryade* s'étant fait congédier, ou ayant
déserté en cours de campagne, savoir : Le Renne (Jacques),
matelot ; Campion (François) ; matelot ; La Carpe (Antoine), matelot ; Doinet (Jean), matelot ; Damas (Jean), matelot ; Vivier
(Louis), novice ; Dinan (Jean-Marie) novice ; Salec (Jean-Marie),
novice ; Groult, mousse ; Rio (Louis-Marie), novice ; Blanchet
(George) mousse ; Guillon (Jean-Baptiste), volontaire de 2ᵉ classe
(rang du 22 décembre 1787), de Vannes ; entré à l'hôpital de Pondichéry le 1ᵉʳ août 1788, sorti le 14 dudit mois, rentré avec la
frégate à Pondichéry le 1ᵉʳ juillet 1789, et y est resté. *Nota :* Arrivé à Brest, muni d'un passeport de la mairie de Saint-Brieuc,
le 18 germinal an XIII (avril 1804) ; embarqué sur le vaisseau
« le Républicain » comme 2ᶜ maître de timonerie. M. Guillon,
nommé lieutenant de vaisseau en Cochinchine le 27 juin 1790,
y servit donc jusqu'au jour de sa rentrée à Brest, c'est-à-dire
pendant près de 14 ans. Olivier de Puymanel (Victor-Louis-Cyriaque-Alexis), volontaire de 2ᶜ classe (rang du 15 décembre 1787),
déserté à Poulo-Condor le 19 septembre 1788 ; Pierre-Marie,

(1) Archives de la marine, rôle d'équipage de la *Vénus*, série Cc, vol. 967.

2e canonnier; Lemerle (François), matelot ; Maume (Dominique), matelot; Lauzy (Charles), matelot chargeur; Le Tousse (Charles), matelot gabier ; Quermorvant (François), matelot gabier ; Corré (Corentin) matelot chargeur; Terray (Jean-Baptiste), mousse (1). Total : 21.

### 4° La Méduse.

La frégate « la Méduse » partit de Lorient le 27 décembre 1787 sous le commandement du capitaine de vaisseau de Tanouarn (cet officier étant entré à l'hôpital à l'île de France le 17 octobre 1788, fut remplacé par le capitaine de vaisseau de Rosilly pour le reste de la campagne); *La Méduse* était de retour à Brest le 27 octobre 1791. — Stations : Pondichéry (13 mai-29 août 1788); île de France (24 septembre-30 octobre 1788) ; Mahé (30 novembre-26 décembre 1788) ; Surate (25 janvier-12 février 1789) ; Trinquemale (17 avril-16 mai 1789) ; Pondichéry 17 mai-15 juin 1789); Malacca (11-13 juillet 1789) ; Poulo-Condor (19-23 juillet 1789) ; baie de Saint-Jacques, Cochinchine (24 juillet-4 août 1789); Cavite (Manille) (4 septembre-13 décembre 1789); Macao, rade de Tipa (4-15 janvier 1790); baie de Saint-Jacques (27 janvier-17 février 1790); Pondichéry (15 mars-27 juillet 1790) ; Port-Louis (25 août 1790-15 avril 1791); Brest (27 octobre 1791). — Ont débarqué à la baie de Saint-Jacques (28 juillet 1789) : le prince de Cochinchine, le cousin du prince, l'Evêque d'Adran, Paul, Gilles, Barthélemy et Nam, pages du prince ; Boisserand, Pilon, Tarin, Leblanc, missionnaires ; Gérard, Le Tousse (Mathieu) cuisiniers ; Fransique, Bonaventure, Isidore, domestiques de Monseigneur d'Adran.

Noms des marins ayant déserté, ou s'étant fait congédier en cours de campagne, savoir : Le Brun (Théodore), volontaire de 1re classe (rang du 1er janvier 1789), entré à l'hôpital de Pondichéry le 28 juin 1788, sorti le 28 août suivant, débarqué à Macao le 13 janvier 1790, et y resté ; doit au sieur Nicolas Lolier 45 piastres à 5l, 8s, faisant 243 livres; Gouréan (Jacques) quartier maître ; Richard (Louis), quartier maître ; Pifteau (Guillaume) 2e pilote ; Jean, interprète cochinchinois, débarqué à la baie de Saint-Jacques le 2 février 1790 ; Doller (André), 2e canonnier; Olivier (Michel), 2e canonnier; Hamon (Jean-Jacques), 2e maître de charpentage ; Pierre-Jacques, 2e maître de charpentage ; Dupont (Alexandre), matelot; Le Roux (Jacques), matelot; Lamothe (Nicolas), id.; Gérard (Antoine), id.; Planchet (Louis), id.; Giraud la Forme, id.; Camawa (Barthélemy), id.; Montrans (Jean), id.;

(1) Archives de la marnie, rôle d'équipage de la *Dryade,* série Cc, vol. 918.

Honoré (Augustin-Marie), id.; Lisle (Jean), id.; Florentin (Marie), id.; Moriot (Jean-Jacques), id.; Feuillet (Guillaume), id.; Besson (Nicolas), id.; Beaumont (Louis), id.; Verbreux (Michel), id.; Petit (Gabriel), id.; Bertrand (Jean), id.; Marc (Julien), id.; Jauvar (Jean-Marie), id.; Julie (Jean), id.; Armel-Meslau, id.; Morin (Nicolas), id.; Lamothe (Pierre), id.; Perrin (Louis), id.; Filou (Pierre), id.; Quehaye (Pierre), id.; Dufaure (Jean), id.; de Souza (Joseph), boulanger; Simon Manuel, matelot, de Corse; Duverneuil (Louis), id.; Gauvin (Jean-Louis), id.; Le Houalleur (Louis), id.; Demonty (Pierre), id.; Cossa (Pierre), id.; Jean-Louis, id.; Bizeau (Jean), id.; Jaouen (Jean-Marie), id.; Madec (Yves), id.; Stéphan (Joseph), id.; Patern-Danet (Louis), id.; Daupté (Jacques), Le Gaque (Pierre), id.; Porqués (Antoine), id.; Benoit (Jacques), id.; Gérard (Antoine), id.; Le Roy (Jean), id.; Bonneau (André), id.; Parcevaux (Michel), id.; Sorès (Antoine), id.; Barbarou (Pierre), id.; Martinet (Guillaume), Ponjérard (Charles), id.; Kisoret (Louis), id.; Urvois (Michel), id.; Breau (Guillaume), id.; Grignon (François), id.; Sabattier (Joseph), id.; Dutoux (Jean), canonnier; Armel (Jacques), matelot; Boidec (Louis), id.; Boinnet (Jacques), Risse (Bernard), id.; Bartet (Joseph), id.; Malbic (Jean-Baptiste), id.; Garnier (François), id.; Gordon (Thomas), id.; Bousset (Jean), id.; Perrein (Etienne), id.; Dragon (Pierre), id.; Cointrel (Jean-Marie), id.; Equet (Jean), id.; Ancel (Jean-Charles), id.; Blein (André), id.; Dupont (Pierre), id.; Noret (Pierre), id.; Laporte (Bertrand), id.; La Faye (François), id.; Martel (François), id.; Dupays (Julien-Basile), id.; Clavier (François), id.; Merlot (François), id.; Quernadec (Toussaint), id.; Le Tousse (François), quartier maître; Favre (Henri), matelot; Taste (Jean), id.; Rivière (François), id.; Bonifait, id.; Luce (Pierre-Louis), id.; Bauché (Guillaume), id.; Chouet (Jacques), id.; Prolong (Jean), id.; Verneuil (Jean-Pierre), id.; Lemeur, id.; Guillemet (Jean), id.; Padellec (Jacques), id.; Le Duic (Nicolas), id.; Nézet (Mathurin), id.; Hunsec (Joseph), id.; Bonnion (Joseph), novice; Thomas (Jean), id.; Le Roy (Jean-Pierre), id.; Panen (Jean-Pierre), id.; Dehescouet (Auguste-Marie), id.; Lozier (Jacques), id.; Montarlot (Jean), id.; Alluson (Louis), id.; Dumas (Joseph-Anne), id.; Daran (Charles), id.; Aubert (Joseph), id.; Pedro (Jean-Marie), id.; Guy (Pierre), id.; Thébaut (Louis-Jacques), id.; Thominé (Guillaume), id.; Hernio (Jean-Jacques), id.; Giraud (Antoine), id.; d'Héleine (Henri) (1), id. Total : 126.

----

(1) Archives de la marine, rôle d'équipage de la *Méduse*, série Cc, vol. 917.

### 5° La Subtile.

La corvette « la Subtile », partie de Lorient le 30 septembre 1784 sous le commandement du lieutenant de vaisseau de la Croix de Castries, rentra à Brest le 2 avril 1788. *Nota :* Chaigneau (Jean-Baptiste), volontaire de 2ᵉ classe (rang du 1ᵉʳ juillet 1787), promu à la 1ʳᵉ classe le 1ᵉʳ décembre 1787, figure sur les contrôles de la *Subtile*, ainsi que son frère cadet Chaigneau (Etienne), volontaire de 2ᵉ classe. Chaigneau (Jean-Baptiste), embarqué à Brest sur la *Flavie*, en 1791, déserta en 1794, à Macao, et passa au service du roi de la Cochinchine.

Noms des marins de la *Subtile* s'étant fait congédier, ou ayant déserté en cours de campagne, savoir : Carel (Louis), 1ᵉʳ maître ; Fisto (Pierre-Marie), contre-maître ; Robic (Louis), 1ᵉʳ maître ; Lyon (Pierre-Daniel), contre-maître ; Hervo (Jacques), id.; Vrignault (Jean-Louis), 1ᵉʳ pilote ; Bouffé (Jean-Michel), matelot ; Rolland (François), id.; Bonlaire (Auguste), id.; Radelat (Louis), id.; Stéphant (Vincent), officier marinier ; Perret (Jean-Marie), matelot ; Baylle (Jacques), id.; Le Loup (Michel), 2ᵉ maître canonnier ; Bacchi (Claude), canonnier de 2e classe ; Clément (François), id.; Goatz (André), canonnier de 3ᵉ classe ; Fossé (Antoine), id.; Fortré (Jean-Baptiste), id.; Bonler (Jean), maître calfat ; Rouxel (Nicolas), 2° voilier ; Guilloux (François), matelot ; Aude (Albin), id.; Dayo ou Daillaud (Marc), id.; Raoul (Charles), id.; Mégrossin (Félix), id.; Savelse (Manuel), id.; Noirès (Louis), id.; Goin (Jean-Louis), id.; Monnier (Pierre), id.; Béchenec (Toussaint), id.; Faucher (Antoine-Louis), id.; Dumats (Pierre), id.; Bonfils (Antoine), id.; Duclos (Eloi-Marie), id.; Quinet (Nicolas), id.; Quérinot (Pierre), id.; Bonnaventure (Louis), id.; Renaud (Louis), id.; Aubé (Toussaint), id.; Logéa (Ignace), id.; Antoine-Mathieu, id.; Brière (Gabriel), id.; Sevrin (François), id.; Cavez (Jean-Jacques), id,; Claireau (Jacques), novice ; Le Blanc (Pierre-Simon), novice ; Le Prêtre (Joseph), mousse (1). Total : 48.

### 6° L'Astrée.

La frégate « l'Astrée », partie de Brest le 13 décembre 1786 sous le commandement du capitaine de vaisseau du Rocher de Saint-Riveul, rentrée à Brest le 25 février 1790. Elle ramena en France Bruni d'Entrecasteaux, remplacé par le général de Conway dans le gouvernement des îles de France et de Bourbon.

(1) Archives de la marine, rôle d'équipage de la *Subtile*, série Cc, vol. 871.

Noms des marins de l'*Astrée* s'étant fait congédier, ou ayant déserté en cours de campagne, savoir : L'Abbé (Barnabé) quartier maître ; Bayar (Louis), id.; Tilman (Cyprien), id.; Maillot (Pierre), matelot ; Le Baillif de Kerbusquer (Joachim), id.; Jel (Pierre-Antoine) id.; Lozier (Jacques), id.; Stéphant (Yves), id.; Quernec (Jean-Marie); Bechennée (Toussaint), id.; Placé (Jean-François), id.; Reculé (Henri), id.; Alexandre (Pierre), id.; Laborde (Pierre), id.; Bryon (Jean-Pierre) (1), id. Total : 15.

### 7° Le Duc de Chartres.

La corvette « le Duc de Chartres » armée à l'île de France du 1er janvier 1784 au 20 février 1786. Guilloux (Guillaume), volontaire de 1re classe, provenant du *Vengeur*, débarqué à Pondichéry le 22 juin 1784, et y resté. (Extrait du rôle d'équipage.)

### 8° Le Nécessaire.

La flûte « le Nécessaire » armée à Lorient le 1er janvier 1787 sous le commandement du lieutenant de vaisseau Bouvet, et y rentrée le 28 mai 1789.

Noms des marins s'étant fait congédier, ou ayant déserté en cours de campagne, savoir : Bouquet (Joseph, canonnier ; Telmanne, id.; Laroque (Joseph), id.; Guyet (Jean-Louis), id.; Perron (Jacques), matelot; Le Corre (Michel), timonier, Lasquier (Pierre), matelot; Brizard (Pierre), id.; Villeseint, canonnier; Coste (Pierre), id.; Clausse (Pierre), id.; Allain Quellenec, id.; Masson (Honoré), timonier ; Le Bihan (Joachim), calfat; la Roque (Alexis), matelot; Martinen (Jacques), matelot (2). Total : 16.

### 9° Le Dromadaire.

La flûte « le Dromadaire » partie de Brest le 7 février 1788 sous le commandement du lieutenant de vaisseau de Vallongue, et y rentrée le 27 août 1789. — Stations : Lisbonne (6-29 mars 1788); Sanyago, côte d'Afrique (11-12 avril 1788); île de France (27 juillet-1er août 1788) ; Pondichéry (27 septembre-4 octobre 1788) ; île de France (4 novembre 1788-17 mars 1789) ; Falsebaye, cap de Bonne-Espérance (12 avril-29 juin 1789); Brest (27 août 1789).

---

(1) Archives de la marine, rôle d'équipage de l'*Astrée*, série Cc, vol. 897.
(2) Archives de la marine, rôle d'équipage du *Nécessaire*, série Cc, vol. 1050.

Marins ayant déserté, ou s'étant fait congédier en cours de campagne, savoir : Lascarre (Joseph), matelot; Pogne (Joseph), mousse ; Gonzalvès (Emanuel) et Idalgo (Philippe), matelots, espagnols (1). Total : 4.

### 10° Le Pandour.

La corvette « le Pandour » partie de Brest le 12 juin 1787 sous le commandement du lieutenant de vaisseau Gras de Préville.

Marins s'étant fait congédier, ou ayant déserté en cours de campagne, savoir : Magon de Médine, lieutenant de vaisseau du cadre colonial ; Desperles (Dominique), chirurgien major ; Tardivet (Emmanuel), volontaire de 1ʳᵉ classe ; Malespine (Etienne), volontaire de 3ᵉ classe (prend à l'île de France le commandement du navire particulier « le Capitaine Cook » ; Jeandron (Pierre), quartier maître ; Gervoize (Augustin), 1ᵉʳ pilote ; Barbarin (Jean-Baptiste, pilote ; Vannier (François), maître canonnier ; Lagier (Etienne-François), canonnier ; Ribault (François), id.; Darbois (François), id.; Imbert (Laurent), maître voilier; Ferret (Jean-Baptiste), canonnier, chef de pièce ; Delisle (Louis), canonnier ; Le Renne (Jacques), id.; Guillaume (Jean), matelot ; Cadet-Launay, id.; Fourcade (Pierre), id.; Merlier (Antoine-Nicolas), id.; Guilloux Anquetin (François), id.; Duclos (Mathurin) ; Darnonville (Thomas), Jacques Pèdre, id.; Maréchal (Louis), id.; Jean-Pierre, id.; Boucany, id.; Cavé (Jacques), tonnelier ; Desangles (Nicolas), cuisinier ; Perchappe (Louis), id.; Hugues, domestique (2). Total : 31. — Passagers : l'abbé Le Bousse, débarqué à Macao le 29 décembre 1788 ; le R. P. Emanuel, capucin espagnol, débarqué à Poulo-Condor le 12 février 1789; Antonio, Emanuel, Francisco, Cochinchinois, débarqués à Poulo-Condor le 12 février 1789.

### 11° Le Mulet.

La flûte « le Mulet » partie de Brest le 5 avril 1788, sous le commandement du lieutenant de vaisseau marquis de Mallès, y rentrée le 15 juin 1789. Stations : Sanyago (5-23 août 1788); Pondichéry (10 septembre-10 octobre 1788) ; Trinquemale (12-20 octobre 1788); Cochin (7-30 novembre 1788); Mahé (2-3 décembre 1788) ; Pondichéry (20 décembre-23 janvier 1789) ; cap de Bonne-Espérance (14 mars-15 avril 1789); Brest (15 juin 1789).

(1) Archives de la marine, rôle d'équipage du Dromadaire, série Cc, vol. 950.
(2) Archives de la marine, rôle d'équipage du Pandour, série Cc, vol. 825.

Marins s'étant fait congédier, ou ayant déserté en cours de campagne, savoir : Boudin (Guillaume), maître calfat; Mariau (Louis), canonnier ; Georgeault (Pierre), chirurgien auxiliaire ; Lazon (Mathieu), maître valet; Le Meur (Gabriel), novice ; Joseph-Charles, canonnier ; Floch (Pierre), id. ; Guilloux (Augustin), id.; Pérennet (Yves), id.; Le Begou (Jean), id.; Dubosq (Jacques), novice ; de la Chaussée, 2ᵉ chirurgien auxiliaire (1). Total : 12.

### 12° Le Marsouin.

La flûte « le Marsouin » partie de Bayonne le 6 avril 1788 sous le commandement du major de vaisseau marquis de Grasse-Briançon, arrivée à Brest le 1ᵉʳ août 1789.

Marins s'étant fait congédier, ou ayant déserté en cours de campagne, savoir : Morin (Bernard), quartier maître; Loubès (Jean-Baptiste), id. ; Lissalde (Pierre), pilote ; Castaing (Jean), canonnier ; Bignou (Pierre), maître canonnier ; Lestir (Laurent), charpentier ; Chardiac (Martin), calfat ; Vannier (Louis), d'Honfleur, capitaine du navire de commerce « le Don royal » naufragé à l'île l'Assomption (mer des Indes), ramené à Brest. Total : 8.

—

Récapitulation des pertes éprouvées en cours de campagne : La Résolution, 33 hommes ; — la Vénus, 54 ; — la Dryade, 21 ; — la Méduse ; 126 ; — la Subtile, 48 ; — l'Astrée, 15 ; — le Duc de Chartres, 1; — le Nécessaire, 16 ; — le Dromadaire, 4 ; — le Pandour, 31 ; — le Mulet, 12 ; — le Marsouin, 8. — Total général : 369 hommes.

Ainsi, d'après le relevé des rôles d'équipage des douze bâtiments ci-dessus mentionnés, l'évaluation des marins français supposés avoir quitté le drapeau pour suivre l'Evêque d'Adran en Cochinchine est de 369 individus. Mais il convient d'ajouter à ce chiffre une bonne partie des équipages de la *Revanche*, de l'*Espérance*, de l'*Ariel* et de la *Flavie* qui, en 1794, ayant été désarmés à Macao pour ne pas être capturés par les Anglais, passèrent alors aussi à la Cochinchine avec armes et bagages. De ce nombre fut un officier, Chaigneau (Jean-Baptiste), enseigne à bord de la *Flavie*, qui, pour y être venu sur le tard, ne fut pas moins utile à la cause, à laquelle il consacra, d'ailleurs, le restant de sa vie. L'auteur eût voulu ne pas omettre les noms de ces derniers marins, mais il lui a été impossible de les relever sur les rôles d'équipage, parce que ces rôles n'ont pas été envoyés *aux Ar-*

(1) Archives de la marine, rôle d'équipage du *Mulet*, série Cc, vol. 950.

*chives de la marine,* et qu'ils ne peuvent être consultés que dans les Archives des ports d'attache, que l'auteur ne connaît pas. Il faut espérer qu'un ministre intelligent de la marine fera, quelque jour, réunir *au dépôt des Archives centrales* les rôles d'équipage de tous nos bâtiments de guerre, qui sont fort utiles pour l'histoire, comme on vient de le voir, et qu'on a eu le tort de laisser trop longtemps enfouis dans nos ports, où on ne peut aller les compulser, faute de savoir exactement où ils se trouvent.

FIN

# TABLE DES MATIÈRES

Pages.

Bar-le-Duc. — Imp. SCHORDERET et Cⁱᵉ. — 2233.

www.ingramcontent.com/pod-product-compliance
Ingram Content Group UK Ltd.
Pitfield, Milton Keynes, MK11 3LW, UK
UKHW021646170726
13836UKWH00005B/2422